Fastos

Fastos magistratuum et triumphorum Romanorum ab vrbe condita ad Augusti

Fastos

Fastos magistratuum et triumphorum Romanorum ab vrbe condita ad Augusti

ISBN/EAN: 9783741192456

Manufactured in Europe, USA, Canada, Australia, Japa

Cover: Foto ©Thomas Meinert / pixelio.de

Manufactured and distributed by brebook publishing software
(www.brebook.com)

Fastos

Fastos magistratuum et triumphorum Romanorum ab vrbe condita ad Augusti

FASTOS

MAGISTRATVVM ET TRIVMPHORVM ROMANORVM
AB VRBE CONDITA AD AVGVSTI OBITVM
EX ANTIQVIS TAM NVMISMATVM
QVAM MARMORVM MONVMENTIS
RESTITVTOS

S · P · Q · R ·

HVBERTVS GOLTZIVS HERBIPOLITA VENLONIANVS
DEDICAVIT

SERIES EORVM QVAE HOC LIBRO
CONTINENTVR.

QVÆ, GOLTZI, Nymphæ ſedet hæc venerabilis, ore
Auguſto? G. Vrbs. S. Quæ'nam? G. Caput orbis maxima ROMA,
Vıſo antiqua vrbs clara, vrbs felicıſſıma : leges
Quæ toti orbi ſuas, & ſceptra ſuperba coëgit
Tot Reges populoſque truces, terraſque tuaſque.
S. Quæ pedıbus parmaque premit, quæ conſidet arce?
G. Hi ſunt bis genuını colles, tot parmula paruis
Mœnıbus includit primùm, poſt grandior illis
Adıecit ternos, ſeptıeno vertice gaudens.
S. Quæ dextras coram ungunt? G. Eſt ardua VIRTVS,
Et FORTVNA potens, quıbus omnıa regna duabus
Firma loco conſtare ſolent, & fixa perennı
Durare imperıo diuıno numine : ROMA
His orta eſt, his creuıt, mırıfıceque per orbem
Illuxıt, bello felıx, laudataque pace.
S. Quın latere à dextro recubat vir, quæ fera latus?
G. A dextra eſt Tiberıs fluuıus ; Lupa parte ſınıſtra,
Cur gemını auctores Vrbıs (mırabıle vıſu)
Romulus atque Remus fratres ſimul vbera ſugunt.
S. Hınc atque hınc quæ'nam palis affixa videntur?
G. Aſpıcıs exuuıas, ſuſpenſaque poſtıbus arma,
Arma virûm, gladıos, clypeos, galeasque ſuperbas,
Telaque, thoraceſque, ærata & cuſpıde contos,
Hoſtıbus à vıctıs ſpolıa, æ vıctrıcıa ſıgna.
S. Inferıus quæ turba oculos demıſſa dolentes
Deſıdet hıc mœronı manıbus poſt terga reuınctis?
Quıſque alıı foſco conſperſı membra colore?
G. Captıuos cernıs, domıtos, & ſub iuga mıſſos,
Carcere concluſos tetro, atque calıgıne cæca,
Quı proprıam mıſerı ſortem lacrymantur acerbam.
Nam ſimulac nata eſt Vrbs, æ caput extulıt ınfans,
Trecentum prımıs ſtatım voluentıbus annıs,
Vel prece, vel precıo, vel duro Marte propınquos
Sollıcıtat populos, Vıentes, atque Sabınos,
Albanos, Latıos, Etruſcos, atque Camerens:
Inde Fıdenates, Voſſcos, Samnıtas, & AEquos,
Aurıncoſque, Saleſtınoſque, acreſque Falıſcos,
Vulſınıos, Prıuernateſque, Tarentınoſque,
Atque alıos verſu quos non comprendere fas eſt,
Quı ſunt naſcentıs prıma ıncunabula ROMÆ.
Scılıcet Amphıtryonıaden, dum paruulus ınfans
Vagıt adhuc cunıs, & adhuc lambentıa ſugıt
Vbera, ſıc quædam duo peſtıfera monſtra dracones
Comprehıſſe ferunt manıbus, iochoque dedıſſe.
  At poſtquam ſenım tenerıs exceſſıt ephebıs
ROMA, nouas vıres, & maſcula robora cœpıt
Collıgere: vt pontum curuis tentare carınıs,

A ij

Dein

Dein Numidas vastare, atque insuetus ire Afros
Ausa sit. His postquam praeclare adolevit in armis,
Evasitque magis robusta aetate virili,
In Poenos movit: quos dum certamine multo
Verberat, indiget vicem praebet sua crura sagittis,
Romani tandem imperij subuertà duello est
AEmula Carthago. viden' vt nautibus illa
Illuget spoliis? His non contenta virago
Armipotens, modò Corsicos, Sardos, Siculósque,
Illyricósque, modò Insubres, Gallósque cis Alpes,
Istros, Germanósque viros, Ligurésque fatigat,
Alpibus emensis, superato & monte Pyrenes,
Mox impacatos late populatur Iberos:
Exæquatque solo turres, cum turribus arces,
Oppida concutiens terra multa, æquore multa.
Eruit inde Argos, Agamemnoniásque Mycenas,
Ipsúmque AEaciden genus armipotentis Achillis,
Vltraménos Troiæ reliquos dein vastat Achiuos,
AEmathios, AEtolos, Ambraces, atque Corinthos,
Cappadocas, Thracas, Mysios, Cretásque dolosos,
Bœotos, Cilices, Hauros, Armeniósque,
Ac quoscunque tulit Iudæa, aut Pontica tellus.
Parte alia Allobrogas, Salios, Aruernia castra,
Ruthenos, fortes Belgas, Celtas, Aquitanos,
Cum Cymbris Mauros, Cyprum, Salamina, Rhodúmque,
Pannonas, AEgaeos, Lycios, Syros, Arabésque,
Ast vbi cunctorum sedisti, sunútque propinqua
Roma suit, veluti natis bona cuncta relinquit
Mater, ita imperij totas committit habenas
Cæsaribus, leges vt ligant, atque resigant,
Et res amissas repetant, partásque relentent,
Adiiciantque alias: quorum virtute patéque
Fortuna florens multum Respublica eruit,
Exemplo toto duellos orbe Britannos,
Orcadas, Hibernos, Danos, Scythásque, Gothósque,
Extremósque hominum Morinos, Parthósque rebelles,
Quíque habitant Nili septemplicis ostia, Persas,
Sauromatas, Medos, Indos, Garamantas, & acres
Teutonas, atque Vbios, Batauos, fortésque Sicambros
Sub iuga miserunt, & quos numerare molestum est,
Vltima quaque pater Thule, quaque vltima Calpe,
Et quà flant Eurus, Zephyrus, Boreásque, Notúsque.
Hos ego Romani studiosus nominis, V R B I
AETERNAE æternum dico consecróque tropheum.

IN FASTOS MAGISTRATVVM
RO. EX ANTIQVIS TAM NVMISMATVM
quàm marmorum monumentis, opera & studio M. Laurini Domini de Watervlict,
ab Huberto Goltzio Herbi-
polita restitutos.

ΑΔΟΛΦΟΤ ΜΗΚΕΡΧΟΤ ΒΡΟΥΤΙΕΠΣ.

Αἱ βίβλοι, τίνες ἐςὶ; τί καθΰπτε· Θυγατέρες μὲν
ΟΥΒΕΡΤΟΥ ΧΡΤΣΟΙΟ, τὸν Ἐρβίπολις τίκε δ῏α·
Ἐν ἄλλοιας δ᾽ ἰδ᾿ οισι Φαῖφο Λαυρῆνος ἀεέιμων,
Διαρίσκομεν ΛΑΤΡΙΝΟΣ] ἑωρ᾿ οτι τῶ ἀττολιάθροι,
Ὁ Φλαδρϊεσι πηλδωσιν ἀφ᾿ ὕδατος ἁμοὶ βέοντος,
Τῶι Ῥωμαίων λόγο μδϥ, Ῥώμην τὴν καλ᾿ ολίωστρον,
Τοὺς πολίμους, νίκας τε, τροπαῖα τε δῂ βασιλέων
Αὐσονίδων, τὰ Διάστρα πολίωρια, τοὺς τε Θρεμβέθους,
Ἀρχόντων μαβάλους, τιμάς τε, ἢ, ἱερὰ λαοῦ,
Δαίμονας ἀδὲ Θεοὺς ἰδ᾿ ἵκας, αεα Θηιοσῦ, ἑοριὰς,
Τὰς πολλας τι ασηγόρεας, κρατηραϊΔ τε ἀγῶνας,
ΑΘΛᾶ τι, ὃ ἱεράων πυρπολεΔ ἀγαλμαν᾿ ἀγυίαις,
Καὶ στατύας λαυίαυ τᾶ ασηρίκαις λίθ᾿ ἀμφ᾿ ἱεραις,
οἷς του σημαινει τὰ νομίσματα μυρία ταῦτα,
Χρύσεα σὺν χαλκοῖσι, τὰ χάλκεα τ᾿ ἀργυρέοισιν·
Ἀρχαῖοι ξύμπαντα χρόνοι, ξύμπαντα γε χῶρη·
Ἐν Φλαδρετι ἐμψάγεθ᾿, ἀγαΘαὶ μεινμιαὶ τε ἀνδρῶν·
Ἡμᾶς Ῥωμαίοις χεῖρε Γηρᾶδ᾿ (δῂ᾿ ἱκηρες ὕμμε·
Ἐκραὶ) σὺν Κραναοις, λαβίοι, Τράγμι τὰ σκαλιαγος·

EIVSDEM.

Roma vetus quondam miseras perpessa ruinas
    Concidit, & Romæ diruta Roma iacet.
Colligit hanc, priscamque nouæ (mirabile) Romæ
    Restituit Romani Flandrica Bruga suam.

IOAN. GELDRII RVSSELLANI
FLANDRI AD ROMAM.

Debita quæ semper præconia reddere laudum,
    Claraque pro meritis præmia Roma soles:
Iam tua LAVRINOS rara ornauit alma corona
    Exornet, sed ne frondea dona paret.
Non Iouis, aut Bacchi, Veneris, non Palladis arbor,
    His poterit dignum conciliare decus.
Et si longæua circundes tempora lauro,
    Non hoc apta satis tempore laurus erit.

A iij   Phœ-

Phœbus enim teneris sibi notus semper ab annis,
　His pridem LAVRI nomen habere dedit.
Póst vbi Phœbeas coluisset vterque Camœnas,
　Implicuit doctis laurea serta comis.
Ergo vt omne meritum capiant virtutis honorem,
　Aurea laurigera munera fronte gerant.
Per quos tota viret, & per quos AVRPTI ille
　Exercet mira GOLTZIVS arte manum,
Qui nitor ille tibi, quam longa aboleuerat ætas,
　Redditur, & Latio Roma vetulta solo.
Vt tua non tantùm veteris tibi gloria regni,
　Et ducibus redeat splendor honósque tois,
Quorum iterum antiquos titulos, celebrésque triumphos
　Cernas, & varia parta trophæa locis;
Sed quóque nunc putes ob cusa numismata formis,
　Nil sit Romana notius historia.
I nunc, & cultos solos dic esse Latinos,
　Et Germana tibi barbara terra siet.
Qui suit Herbipoli Germanis natus in oris,
　Vt modò sis tanto culta decore,facit.
Quò si non meruit statuam de marmore viuo,
　Quæ prostet medio conspicienda foro,
Hoc saltem, GOLTZI 61 felix, dicito, qui me
　Legit, & penitus nec cecidisse sinis.

DANIELIS ROGERII ALBI-
MONTANI.

Annus qui priscis signarim tempora Fastis,
　Nescio quàm multos sæcula nostra legant:
Vnus at HVBERTVS sic vincit GOLTZIVS omnes,
　Vincit vt exiguas maxima Luna faces.
Hoc quà'nam auctor ratione confecit, & arte?
　Quo duce tam clara præstitit ille viris?
Scilicet è tenebris educta numismata, Fastos
　Hunc melius veteres & docuère dies.
Quǽque abj spernent tanquam ridenda, notandis
　GOLTZIVS hæc Fastis valtiora probat.
Immo sic prisci rides qui munera sæcli,
　Dic nihil antiquas vtile ferre notas.

HVBERTI GOLTZII HERBIPOLITAE
VENLONIANI
AD SENATVM POPVLVMQVE
ROMANVM
PRAEFATIO.

OMANORVM Imperatorum, Cæſa-
rumque hiſtoriam, ex antiquis numiſmatibus inſtauraturus, qui in id haud
ita nuper omnes & animi & corporis
actiones intendiſſem, & poſt nõ pœni-
tendos hoc in inſtituto progreſſus, ab-
ſolutoq; iam primo totius operis libro,
(quem Iulium Cæſarem inſcripſimus) altius aliquantõ &
diligentius mecum ipſe perpenderem, ampliſſime Senatus,
quemadmodum auguſtum illud imperij veſtri decus & fa-
ſtigium, quod tenui humiliq; ab initio profectum, tot clariſ-
ſimorum virorum & heroum induſtria, prudentia, & virtute, tot laboribus & moleſtijs, multorum annorum ſpatio,
paulatim eluctatum, quaſi per gradus quoſdam ad ſummũ
peruenerit, ad vnum Iulium Cæſarem eſſet delatum: mira
& incredibilis quædam inſtituti mei, eiusq; quod initió ce-
peram conſilij mutandi, animum meum inceſſit cupiditas;
quæ tanto me ſtudio inflammauit, nihil vt eſſet optatius,
quàm in primis & antequàm reliquos, qui de Imperatorib.
reſtabant, libros proſequerer, veſtrorum Faſtos Magiſtratuum explicare, eosq; cùm ex veruſtis numiſmatibus, tum
ex ipſis marmorum antiquorum monumentis, iam inde à
condita veſtra illuſtriſſima Roma, in certum ordinem re-
digere. Nimirum vt ſeptem Reges primùm, deinde obſer-
uato cuiuſq; anni tempore Conſules, Dictatores, Magiſtros
Equitum, Decemuiros, Tribunos Militum, Cenſores, &
ſi qui alij veſtram hanc Remp. vſque ad ſingulare Cæſaris
& Auguſti imperium gubernarunt, perpetua ſerie & ordine

dine aptissimo describerem. Tum etiam, vt Triumphos
& Ouationes signatis annis & diebus (quotquot vel ex
priscis, quæ supersunt marmorum fragmentis, vel ipsis numismatis, & verissimis quibusq; historijs reperiri poterant)
vnà cum Lustris, Ludis Sæcularibus, Bellisq; omnibus, &
ipsis pace vbique parta Iani clusi temporibus, eadem opera
adiungerem. Quem laborem eo potissimù consilio suscepi,
vt ex huiusmodi descriptione, non modò tota administra-
tionis ratio, quæ Regum tempore & Reipublicæ fuit, ingen
tesque mutationes, quæ coortis subinde inter Senatum &
Populum grauissimis seditionibus, priusquam totum illud
vestri imperij corpus coalescere posset, inciderunt, faciliùs
cognoscerentur; verùm etiam quò clarè perspiceretur,
quemadmodum Monarchia Romana, cùm ex minima &
propè despecta origine paulatim in summam excreuerit po
tentiam, tum etiam speciem quandam æterni & perpetuò
duraturi imperij præ se tulerit: quando nulla post hominù
memoriam neque magnitudine latior, neque pace belloq;
gloriosior, neque sæculorum interuallo diuturnior extitit:
vt quæ vel hactenus priscam authoritatem summa cum virtute defensam retineat, & mordicùs tueatur. Exemplo sanè
alieno à reliquis Monarchijs, quæ vt subitò natæ & exortæ,
ita etiam repentè nullis progressionibus viæ, collapsæ sunt,
& conciderunt. Cuius rei, si quæras, nullam aliam caussam
reperias, quàm quòd ex personis duntaxat, non (vt in imperio Romano) ex regionibus, prouincijs, vrbibus, Senatori-
bus, atque ipso adeò populo, earum fama penderet, & auctoritas. Quo factum est, vt Assyriorum Principes breuis-
simo tempore Chaldæis Monarchiam eripuerint & extor-
serint: ita vt hæc duo imperia (Chaldæorù inquam & Assyriorum) quanquam diuersa, multi vnum esse putauerint.
Neque id profectò iniuria. Nam cùm Mædorum proceres
se ingessissent, & quasi intrusissent, ita vt ex ijs, quos iam dixi,

popu-

populis, modò hic, modò ille, modò tertius quispiam, aut etiam
interdum tres simul pari potestate imperarent, haud facilè ex
ijs, quæ Agathias, Herodotus, Xenophon, Metasthenes, Iustinus, Dion, Diodorus Siculus, alijque historicorum antiquis-
simi literis prodidére, diiudicari potest, penes quos potissimùm
summum imperium aliquanto, imò longiori aliquo tempore
fuerit, nisi quòd Mædi oppressis tandem ceteris, rei summam
ad se traduxére, quá tamen non vltra annos CXCI. obtinuére.
Neque in dissimilem fortunam incidisse videntur & Græci,
quorú Monarchia vti ab Alexandro Macedone initium sum-
psit, ita decurso sex annorú & septem mensium spatio, simulac
ipse Alexander rebus humanis exemptus esset, de sua gloria
decidit, & in partes quatuor, siue Tetrarchias diuisa est. Et
quamuis ñ ipsi, qui prouincias inter se partiti fuerant, sæpenu-
merò natis (vt in æmulatione regni solet) contentionibus, alius
alñ quo iure, qua iniuria, iugum imponere niterentur, non-
nullique ex his, vel quòd armorum & bellandi peritia ceteris
præstarent, vel ipsius fortunæ beneficio adiuti, interdum supe-
riores euaderent, nunquã tamen tantum ipsis spatñ concessere
Romani, vt à præteritis difficultatibus & bellorum laboribus
penitus recreati, se prorsus erigere, totúmque è cinerib. caput
extollere possent. Quod quidem ipsis eò fuit effectu facilius,
quòd ea esset tum temporis per totum terrarú orbem Romani
nominis celebritas, ea auctoritas, eaq; potentiæ fama, vt Reges
alijque viri Principes & populi etiam longissimè dissiti, non
tam armis & aperto Marte reprimerentur, & in quiete conti-
nerentur, quàm solis iussis, sine vi, aut ferro, terrore perculsi tre-
pidare, imperata facere, atque in fide permanere facilè coge-
rentur. Sensit hoc Syriæ Rex Antiochus Epiphanes, cùm iam
maximum & validissimum in expeditionem eduxisset exercitum, quò Ptolemæum Philometorem Ptolemæi Epiphanis
& Cleopatræ sororis suæ filium, fortunis & regno exueret, im-
periumque ad se transferret. Siquidem cùm Ptolemæus Ro-

B manos

manos de auxiliis interpellasset, & C. Popillius legatus à Senatu ob id ad Antiochum missus, Populi Romani nomine ipsi
denuntiasset, vti ab armis discederet, Antiochus verò spatium
deliberandi petiisset: Popillius indignatus virgula locii in quo
Rex consistebat, circumscribens, magna animi præsentia & fi-
ducia, anteq́ ex loco circumscripto excederet, disertè respon-
dere iussit, credereq́, non tam Legatum, quàm vniuersum Senatum cum ipso colloqui. Quæ res ita Antiochum perculit,
vt nulla interposita temporis mora, statim pacem promitteret.
Ceterùm non minorem etiam ante illa tempora Vrbis vestræ,
Senatusq́; & Populi Romani auctoritate fuisse vel illud argu-
mento esse potest, quòd Ptolemæus Philopator Ægypti Rex
Populum Ro. tutorem filio suo Ptolemæo Epiphani adhuc
puero instituerit, vt aduersus Antiochi insidias & potentiam,
Romanorũ præsidio, tanquam præsenti quodam numine tutus, defenderetur munireturq́;. In quo quidem tuendo ea cura, diligentia, & fides à populo Ro. præstita est, vt Lepidum tũ
fortè Pontificem maximum ad pueri tutelam Alexandriam
mittere non dubitarit: malueritq́; opera & ministerio amplissimi viri tam in sacris quàm aliis Reipublicæ vsibus destitui, q̃
committere, vt fides ipsorum frustrà implorata videri posset,
vel quicq̃ eorum quæ ad regia incunabula cum conseruanda,
tum amplificanda pertinerent, desiderari. Hinc postea & alij
Reges non pauci, vel sola fidei, & propè diuinæ beneficentiæ,
qua populum Ro. aduersus socios, amicos, & fœderatos vti
solitum intellexerant, fama impulsi, liberos suos etiam infantes
aut ætate minùs prouectos in tutelam educandos iisdem tra-
dere non sunt veriti. In quibus fuit & Iuba Mauretaniæ Rex.
Quamuis enim non aliud imperium tanto sanguine, tot cla-
rissimorum virorum cædibus, tot tantisq́; laboribus, rerumq́;
difficultatibus, quæ variis obiectis casibus vndique incurre-
runt, partum sit & constitutum, quantis Romani imperij mo-
les est conflata: Liberalitatis tamen, Fideique, etiam in hostes,

&

& Clementiæ laude reliqua omnia longo interuallo superauit.
Quæ cùm in alijs plurimis, tum in hoc potissimù enituit, quòd
nõ omnes prouincias, nec omnia regna, quæ virtute & rei mi-
litaris peritia subegisset, sibi vendicaret, suçq; ditioni subijceret:
sed nonnunq etiam immunitate tributorum concessa, liberos
suis legibus viuere permitteret, interdum alijs Regib. aut viris
principibus confœderatis possidenda cõcederet. Testis huius
rei Asia deuicta, quam Regi Attalo Romani vtendam possi-
dendamq; tradidère, certi plus hinc honoris & gloriæ sibi im-
periòq; suo apud omnes passim partum iri, si opulentissimã flo
rentissimamq; vel totius orbis partem non sibi retinerent, sed
priuatæ vtilitatis ratione neglecta alijs donarent. Testis & illa
illustrisatq; eximia Populi Ro. in Grçcos liberalitas, quam etsi
ad perpetuam memoriã annalium monumentis diligenter cõ-
signarunt, nunq tamen meritis efferre laudibus potuère histo
rici: cùm scilicet T. Quinctius Flamininus Imperator, Philip-
po Macedonum Rege superato, affluenteq; ad spectacula cer
taminũ ex more vniuersa Græcia, silentio tubæ sono indicto,
clarè per præconem pronuntiari iussit, S. P. Q. R. ipsumq; Fla
mininũ, omnibus Græciæ vrbib. quæ sub Philippi Regis imperio fuissent, libertatem, immunitatem, & concedere.
Quid enim speciosius, quid iterum moderatius, q̃ ita alios vin
cere, vt de eorum libertate nihil detrahas? quid ad omnem po-
steritatem illustrius, q̃ non odio & ira, sed benignitate potiùs &
beneficétia cum hostibus certare? Fuère quidem in Romanis
etiam cõplures aliæ virtutes, sed inter quas arcem & principem
locum teneret Liberalitas ceterarũ quasi regina: quã quidem
non tantùm S. P. Q. R. publicè in vniuersos, verùm etiam pri
uatim ita exercuère Imperatores aliquot Romani, vt vel per
hanc solam exteras nationes, vrbesq; nõ paucas sub imperium
Po. Ro. adiunxerint. Ita vt ex his facilè perspici & cõstare pos
sit, Romanos nõ tam vi & armis, q̃ benignitate, liberalitate, fide,
clemétia, moderatione, aliisq; cognatis virtutib. (quibus tam in

vni-

vniuersum populus Ro. q̃ singuli ferè Duces & Imperatores
vti ceteris longè præstitére, ita easdem & frequentius & liben
tius exercuére) totum ferè terrarum orbem sibi subegisse.
Quantulum enim summæ ipsorum angustiæ, tenuique filo
fortuna pendens côtra Carthaginensium opes & potentiam,
Græcorum sapientiam, Gallorum, Germanorumque robur &
multitudinẽ alioqui valuissent? Vt merito χάσμα illæ omnium
iudicio approbatæ & sermone celebratæ videri possint: *Vincit
omnia virtus*: &, *Domat omnia virtus*, & si quæ sunt id genus aliæ:
ex quibus nihil tam altè à natura constitutũ esse intelligimus,
quò virtus vel per se, & nullis adiuta adminiculis, non possit
eniti. Quanquam & Fortunam illis diuinitus quodammodo
adiunctam, & tanquam obsequentem, plurimum ad tantas res
gerendas momenti attulisse credendum est. Nam vti rectè &
non sine iudicio à Marcellino scriptum legimus, quũ primùm
vrbs Roma suo splendore orbi illucesceret, vt ad honoris cul
men æternæ pacis foedere eueheretur, Virtus & Fortuna alias
ferè dissentientes consensère: quarũ si alterutra defuisset, nun
quam illa ad perfectũ fuisset peruentura. Cuius quidem con
sensionis vis & effectus ex auspicatissimis vrbis incrementis,
felicissimisque successibus & progressionibus, quas ad rerum
summam constituendam fecit, facilè perspicitur. Siquidem ab
eodem Marcellino memoriæ proditum est populum Ro pri
mis trecentis annis (quam veluti primam ipsius ætatem haud
ineleganter neq; absurdè pueritiæ terminis concludit) multa
bella sub ipsis quasi vrbis moenibus tolerasse & sustinuisse.
Deinde adultiore iam ætate post varias bellorum calamitates,
hinc Alpes, illinc fretum Herculis transcendisse. Postea quum
ad adolescentiam iam processisset, & quasi virile quoddam
robur collegisset, ex omnibus orbis partibus laureas trium
phosq; reportasse. Postremò ingrauescente ætate quasi tran
quillitatis & quietis appetentiorem, posteaquam gentes indo
mitas, moribus feras, natione barbaras, iam sub suam ditionem
sub-

subiunxisset, instituusq́; & legibus ornasset, & libertatis funda
menta firmissimé iecisset, veluti prouidam & optimam paren
tem, in Cæsares, tanquam in liberos suos, omne patrimonij sui
ius transtulisse. E quibus cuiuis haud difficile fuerit æstimare
& cognoscere, cùm totum imperij Ro.corpus, tum peculiare
illud decus & gloriam nunquâ intermorituram vrbis vestræ,
quæ sanè hactenus non dicam superiorem, sed ne parem quidem vnquam habuit. Quod enim aliud imperium longiùs ac
latiùs fines suos aliquando protulit, quàm Romanum? quod
omnes ferè orbis regiones suo ambitu complexum, nó solùm
nationes eo tempore cognitas, sed & antea ignotas, imò ne au-
ditas quidem sibi parere coegit. Quæ ciuitas, quæ gens, quæ
natio vnquam deductis é suo corpore colonis, tot ac tam diuersas
orbis partes vel incultas, vel malè habitatas frequentauit & ex-
coluit? Quæ tot vrbes à fundamentis extruxit, vel dirutas & à
cultura hominû desertas nouis hominum cœtibus recreauit,
quot vestra olim Roma? transmissis in id multoties in omnes
ferè totius mundi oras etiam remotissimas per freta & maria
q̃plurimis ciuium suorum milibus, qui vel nouas vrbes conde-
rent, vel euersas & disiectas instaurarent, pulcherrimisq́ue &
magnificis operibus tam ad vtilitatem commoditatemq́; cùm
publicam tum priuatam, quàm ad splendorem dignitatemq́;
exornarunt & instruxerunt. Testantur id etiamnû innumeræ
quæ passim extant, antiquorum operum reliquiæ & monumenta. In quancunque enim te regionem contuleris, (si qua
modò cultior est) quoquò te verteris, quaquà deflexeris, statim in oculos incurrent Theatra, Amphitheatra, Circi, Naumachiæ, Hippodromi, Fora, Curiæ, Palatia, Basilicæ, Porticus,
Thermæ, Balnea, Cryptæ, Labyrinthi, Aquæductus, Viæ,
Pontes, Castra, Castella, Portæ, Arcus, Trophæa, Columnæ,
Obelisci, Metæ, Templa, Ædes, Sacella, Aræ, Sepulchra, Cip-
pi, Termini, Bases, Statuæ, Colossi, Tabulæ inscriptæ, aliaq́; id
genus innumera antiquitatis monumenta à maioribus vestris

paſſim relicta. Inter quæ quis ſatis miretur porrectos in plura
paſſuum milia Aquæductus, qui in profundiſſimis conuallib.
plurimis fornicibus aliis ſuper alios vel ad ſydera vſque exſtru
ctis, alibi perfoſſis vaſtiſſimis duriſſimisq́ue rupibus & cautib.
deductisq́ue altiſſimis montium iugis, ſumma imis æquabant?
Quis iterum dignis laudibus extollat immenſa illa tot Viarū
prægrandib. ſaxis inſtratarum ſpatia? quæ per vniuerſum orbem, quà Romanū patebat imperium, quaquauerſus per Alpes, perq́ue alios aſperrimos inacceſſosq́ue montes, pérq́i altiſ-
ſimas paludes & voragines, per vaſtiſſimas ſolitudines, aliàque
loca inuia directæ & munitæ, legionibus olim veſtris de pro-
uincia in prouinciam, ab Occidente in Orientem, rurſus à Me
ridie in Septentrionem, facillimum cōpendioſiſſimúmque iter
præſtare ſolebant? Quæ quidem omnia non tam ingenio &
viribus humanis, q̄ quaſi Deorum effecta perfectáque conſilio
& manibus (quod & hodie à pleriſque creditur & prædicatur,
dum hæc à cacodæmone, vel aliàs incantationibus & magicis
artibus intra breuiſſimum tempus extructa affirmant) quanq̄
iam ſemilacera, & cùm hominū opera & ſtudio, tum ipſa temporis iniuria conuulſa labefactatáque & ruinā minitantia, pri-
ſtinam tamen maieſtatem retinentia, & vel ipſa antiquitate re-
uerenda, infinitam inexhauſtámque maiorum veſtrorum po
tentiam, tum excelſum illum & longè ſupra mortalia ſe effe-
rentem populi Ro. animum irrefragabiliter nobis arguunt.
Vt interim de incredibili Numiſmatum antiquorum tam au
reorum & argenteorū, quàm æreorum vi & copia hîc ſileam:
quæ cùm abhinc duobus annorū milibus plus minus procudi
cœpta ſint, plurimáque ex his etiam ipſa vetuſtas abſumpſerit,
& longè plura in varios vſus conflata ſint, quotidie tamen paſ
ſim per vniuerſum orbem cùm ex antiquorum operum rude
ribus, tum ex ipſo terræ ſinu nūmi per maximos aceruos eru-
untur effodiunturq́ue, tam ipſa notarum & typorum diuerſi-
tate, quàm pretio & materiæ nobilitate ſpectabiles : & in his
ple-

plæriq; vel à prima ætate, & plurimis etiam sæculis ante Cæsarû
tempora signati: idq; ita abundanter & copiosè, vt non tam aliquando depositos, aut casu iniectos, quàm terram ipsam nummis
scaturire putes. Quod ipsum non omnimû opum inexhaustarû,
& immensæ Romanorum potentiæ, & quàm latè eadem se pro-
tulerit, argumentû est. Præterea facit & hoc non parum ad laudem Vrbis vestræ, quòd sicuti imperij sui fines longè latèque per
orbem terrarum produxit, deductisq; innumeris ciuium suorû
coloniis, vti quàm latissimè Romana pateret ciuitas effecit, ita pul
sa protinus omni barbarie, & morum feritate, primùm quidem
sermonem Romanû per omnes terrarum oras diffudit: qui tandem ita omnibus familiaris effectus est, vt & hodie côplura idio-
mata (potissimûm per Europam) indigenis suis vernacula, inde
fluxisse & deriuata certû sit. Tum etiam sacra & leges omnibus
passim communicauit, ita vt hodieq; vniuersa Europa, & aliæ nô
paucæ prouinciæ, nô aliis aut sacris aut legibus, quàm Romanis
vtantur. His si quis adiungere velit domestica Vrbis vestræ orna
menta, eáque quæ partim apud vos nata & effecta, partim ex o-
mnibus orbis partibus tum nobilium opera artificum, tum naturæ ipsius deliciæ & miracula inuecta sunt, sigillatim percensere
instituat, eadem quis opera aut sydera cœlo micantia sereno, aut
quantas æstus voluit arenas enumeret. Quare ne hic mihi labor
incassum suscipiatur, vnicum Cyneæ elogium huc attulisse contentus ero: qui à Pyrrho Epirotarum Rege Orator Româ missus, reuersúsq; Regi interroganti: quid tandem de ipsa Vrbe ipsi
videretur, & qualem eam offendisset, respondit breuiter: Quot
domos, tot templa sibi visa esse, tòtque Reges quot ciues. Quæ
quidè si tum temporis fuit Cyneæ de vestra Roma opinio, quid
amabo dicturus fuerat, si qualis sub Augusto trecentis post annis fuit, ipsi videre contigisset? Qui eam ita maximis sumptuo-
sissimisque operibus vndique exornauit, vt non dubitauerit glo
riari, se lateritiam inuenisse, relicturum marmoreã. Hinc minus
mirum videri debet, si ipse D. Augustinus vir tantus aliquando
inter

inter cetera optârit, Romam vidiſſe eo ſtatu, quo fuit quum præ-
cipuè floreret & vigeret. Quid nunc dicam de iis, quæ partim ad
otium, fontem omnis mali, tollendum, partim ad ſubleuâdos ex-
hilarandosq; feſſos vexatosq́ue nunc diutinis bellis, nunc longa
morborum lue, aut annonæ difficultate, aut aliis calamitatibus
populi Romani animos, interim & ad ipſum Deorum cultum,
auertendamq́ue, ſiue placandam Deorum iram inſtituta fuêre?
Quæ Romæ ita frequentabantur, & continuo in vſu erant, vt
pauci admodum per totum annum dies ab his vacui eſſent: qua-
lia fuêre Ludi propè infiniti tam Circenſes, Theatrales, q̃ Sce-
nici, Compitalicij, & alij : Certamina agonalia, Decurſiones,
Venationes, Naumachiæ, Munera gladiatoria, infinita rerū ad-
mirandarum, & nunquam antea conſpectarum, atque ex remo-
tiſſimis orbis partibus cōquiſitarum, ſpectacula, Congiaria, Do-
natiua, Epulæ publicæ, Viſcerationes. Præterea quotidianæ tantùm nō feriæ cùm votiuæ, tum ſtatæ: dies feſti tot Deorum, Na-
tales virorum Principum cùm publicè tum priuatim celebrari
ſoliti, Templorum, Ædium ſacrarum, aliorumq́; locorum, imò
ipſarum ſtatuarū Dedicationes, Funera publica, Supplicationes,
Ouationes, Triumphi, Sacrificia tam publica, ſolennia, & anni-
uerſaria, quàm alia priuata infinita. E quibus omnibus nullum
iucundius, nullum plauſibilius ſpectaculum, nihil quod populi
animos æquè afficeret, ac Triumphi: in his nanque cernere erat
præter innumeros gentium barbararum efferatarunq́; greges,
qui populum Romanum grauiſſimis longiſſimisque bellis infe-
ſtarant, ipſos etiam Reges, aliosque hoſtium Duces, & Imperatores captiuos vinctòsq; agi : tum in ferculis ipſis non oppidorū
tantùm & caſtellorum, ſed montium & fluuiorum ipſorum ſi-
mulachra transferri : præterea immenſa auri argentiq́; tam facti
quàm infecti, tam rudis quàm ſignati pondera, vniuerſas Gazas
regias, Tabulas, Signa, Statuas, Toreumata, vaſa prægrandia ex-
quiſitiſſimè elaborata, & nō minùs opere quàm materia ipſa æſti
manda, denique infinita Barbarici Aſiaticiq́; luxus inſtrumenta.

Ea-

Eáq; triumphorum magnificentia tanto sumptu, tanto appa-
ratu instructa fuit, vt vel ex vno triumpho Romanorum opes,
magnitudo, & potentia cognosci potuerit. Et verò hæc vestra
Roma orbis rerúmq; Domina, quanquam & ipsa voluentibus
annis, confectóque iam duodecim sæculorum curriculo, quæ
Marcus Varro per duodecim illos vultures, quos Romulum
dum Vrbi condendæ auguria caperet, vidisse tradunt, signi-
ficari voluit, (vt nihil est in rerum natura perpetuum, & cui
non dominetur sæua & ineuitabilis Fati necessitas) tandem in
Barbarorum potestatem peruenerit, non tamen, vt reliquæ o-
mnes ante ipsam Monarchiæ, vetus imperij ius aut nomen vnquam amisit. Quando ne ipsi quidem Gothi, quanquam aliàs
infestissimi, vsqueadeò inuidêre gloriæ æternitatíque nominis
Romani, vt id semel extinctum, aut perpetuis obrutum sepul-
tumíque tenebris cuperent. Quin potiùs Odoacer, Theodo-
ricus, Alaricus, Theodahatus, Totilas, Witiges, Hildewal-
dus, reliquáq; Gothicorum Regum & Principum turba, qui
Roma occupata in reliquo ferè Occidente rerū potiebantur,
quasi æmulatione quadam Principum Romanorum perpe-
tuitati nominis Romani studuisse videntur, dum & ipsi nummis suis exprimi & inscribi curarūt varia vrbis Romæ elogia.
In plærisque enim legimus, VRBS ROMA: in nonnullis, IN-
VICTA ROMA: in non paucis, ROMÆ ÆTERNÆ: in ali-
quibus, GLORIA ROMANORVM: in aliis verò aliter. Solus Ataulphus Gothici nominis illustrandi ceteris studiosior,
Gothiam appellari voluit, publicato nummo, in quo Roma
cultu & habitu peculiari & solito, quóque potissimùm digno
satur, sederet, cui Victoria lauream offerret, cuíq; inscriptum
esset, MEMORIÆ GOTHIÆ. Idémq; vetuit eam deinceps
Augusti vrbem appellari, sed à se Ataulphi vrbem dici voluit.
Sed quid hac sua ambitione profecerit, euentus docuit: Ma-
net enim, manebítq; æternùm, dum hæc mundi fabrica con-
stabit, Augustum illud & venerandum Vrbis vestræ nomen,

C   vnum

vnumque etiam hodie & legittimum Romanum imperium
agnoscimus, quod nec vlla temporum circunscriptione termi-
nandum credimus. Nam Barbaricum illud Othomannorū
regnum, vt tyrannidem potius, quàm imperij nomine dignū
censemus, ita grauissimo molis suæ casu impulsum ruiturum
aliquando, & eundem quem reliqua Orientis regna finem
habiturum speramus & credimus. Cùm igitur hæc ita
sint, Viri amplissimi, vos potissimùm ex vniuersq mortalium
cœtu dignos iudicaui, quibus hosce Magistratuum olim vestrorum Fastos dedicarem inscriberemq; , vt sub vestri nominis auspicio gratius acceptiusq; apud omnes in lucem aliquando prodirent. Quando vos estis, qui in illorum qui hic descri-
buntur Magistratuum locum successistis, quiq; eandem Rem-
publicã vestro consilio, vestra prudentia administratis. Quod
vt ita facerem, vestrorum in me meritorū ratio præter cetera
postulabat, qui me licet aduenam & peregrinum non solùm
in Capitolium vestrum admittere dignati estis, sed (quæ vestra
est in quosuis, & potissimùm exteros, nunquam satis laudata
humanitas) etiam intra Palatia vestra & tecta priuata, atque
adeó in intimos ædium vestrarum recessus recepto, iuuandi
promouendique instituti mei ergò, opulentissimos thesauros
cùm à numismatib. omnigenis, tum à reliqua supellectile an-
tiquaria & antiquitatis monumentis instructissimos, aperien-
dos, proferendos, ſindideq; & citra inuidiam communican-
dos curaueritis: ita vt non solùm inspectio, sed & ipsa contre-
ctatio rerum maximè singularium mihi libera fuerit. Quó
magis fore confido, vt hunc meum laborem gratum
& acceptum sitis habituri, & me simul grati animi
significationem dare cupientem, vestra gratia, vestroq; fauore non indignum ex-
istimaturi. Brugis Flandrorum,
IIII. Idus Ianuar. M.D.LXVI.

AD LECTOREM.

VID obsecro, beneuole Lector, noui aliquid in publicum emittenti gratius atque optatius esse possit, quàm
vt ipsius & meus & institutum, priùs quàm in repre-
hensionem incurrant, rectè intelligantur? Sed eius interim, qui suas lucubrationes aut immerito negligi, aut
improbari, aut de iis perperam iudicari nolit, partes etiã
sunt, vt animi sui sentétiam planè & perspicuè explicet,
& quasi oculis subiiciat. Quod hoc loco mihi o-
mnibus modis faciundum esse duxi, praesertim cùm id huius operis ratio,
ita vt in eo aliqua necessitatis pars esse videretur, efflagitaret. Proinde hoc te
primùm scire velim, in ea opinione me non versari, vt hos nummos, qui horum Fastorum initio proponuntur, Regibus ipsis imperantibus cusos esse
existimem: quandoquidem id longo interuallo pòst factum esse, dubitari
nõ potest. Primùm enim, cuius nota est Romuli, siue Quirini caput, M. Terentius Varro Lucullus Consul circa annum vrbis conditae DCLXXX. ferijt,
sicuti & C. Memmius Quirinus. Secundum, in quo Mars ad Rheam velut
eam mox compressurus accedit, Antoninus Pius Augustus: tertium, in quo
pastor Faustulus Romulum & Remum apud lupam inuenit, Sextus Pompeius Postulus Consul anno vrbis conditae DCCXVIII. & quartum, qui Romuli Conditoris aratro sulcum pomoerij vrbis Romae ducentis imaginem
gerit, Titus Caesar Vespasiani Augusti filius signari iussit. Deinde is, qui inis
Romulum triumphantem exhibet, & item alter, in quo eundem optima fe-
rentem spolia vides, ab Antonino Pio Augusto percussi sunt. Reliquorum
autem numismatum cùm vtraque pars aduersa & auersa expressa sit, quarũ
altera semper illius cuius nummus est, aut sub cuius magistratu signatus est,
nomen côtineat: facilè à quibus, vel quo ferè tempore, & in cuius honorem
& gratiam procusa sint, perspicitur. Hoc enim in Consularib. numismatis
obseruatum est & animaduersum, posteris eorum, quorum egregia extarét
in Remp. merita, siue ob rem bello benè & feliciter gestam, rempublicam
probè administratam, siue etiam ob opus aliquod ad vtilitaté dignitatemq;
publicam extructum, à Senatu concessum & indultũ fuisse, vt praeclara maiorum suorum, aut à quibus se oriundos videri volebant, facta, etiam longo
pòst tempore ac pluribus saeculis, publicis nummorum monumentis impressa, & suae luci restituta, in hominum memoriam reuocarent, & quantũ
in ipsis erat, immortalitati aeternitatiq; consecrarent, additis nonnunquam
& vultibus ipsorum, qui ex antiquis cùm statuis cum alijs imaginibus (quas
longo ordine seriatim vel à prima origine in atrijs suis dispositas, etiam in
multa saecula ad pompas funebres, aliaq; similia asseruare, & spectandas proponere solebant) in ipsis nummis ad viuum expressi erant. Hinc L. Titurius
Sabinus in nummis suis propter Sabini cognomen, caput T. Tatij Sabini

C ij   Regis

Regis Sabinorum signauit, & in parte auersa Sabinarum raptum, non num-
quam etiam Virginem Tarpeiam, quæ prodita arce Tarpeia à militibus Sabinis clypeis obruta interijt. Similiter & C. Memmius Quirinus, propter
Quirini cognomen, caput Dei Quirini, quod & Romuli, suis nummis im-
pressit: vti Pompeij & Pomponij, Numæ Pompilij, Pomponis filij caput &
effigiem, quòd vtraque forsan gens ad hunc suam originem referret. Simili
quoq; ratione L. Hostilius Mancinus Consul anno ab vrbe condita DCVIII.
& L. Marcius Philippus Consul anno vrbis DCXCVII. capita Regum Tulli
Hostilij & Anci Marcij in nummis suis publicârunt: C. autem Marcius Censorinus Anci Marcij, & Numæ Pompilij capita, simul vno in nummo cum
portu Ostiensi in parte altera: M. verò Tullius Decula Consul anni DCLXXII.
Seruij Tullij vultum & imaginem expressit. Ceterùm Tarquinioru familia
cùm vrbe simul & regno pulsa velut extincta concidisset, nulla eius in numismatis retineri & conseruari memoria potuit: quanquam L. Tarquinius
Priscus, qui regnum non minùs fortiter, quàm prudenter, & modeste admi-
nistrarat, eo honore minimè indignus esset. Atque hæc ferè ad Regios nummos, qui primis octo Fastorum nostrorum tabulis spectantur, pertinent:
quanquã etiam ad eandem hanc rationem exigenda sunt etiam illa numismata, quæ postea Consularium aliorumque Magistratuum tabellis à nobis
adduntur: potissimùm si quibus argumenta rerum multò antè gestarum
continentur, aut nomina leguntur inscripta eorum, qui vel anteq; nummus
argenteus Romæ procuderetur, Consulatum, aut alium aliquem Magistratum gesserunt. Quòd autem ad reliqua attinet, illud te monitum velim,
nummorum omnium, qui ab anno vrbis conditæ CDXXCIII. vsq; ad finem,
singulis Consulatibus & Censuris affixi cernuntur, partes aduersas & auer-
sas tabellis minusculis sibi connecti, in quibus, notis quibusdam literarum,
metallum, ex quo numisma conflatum est, indicatur, siquidem N aureum,
M argenteum, Æ æreum ipsum esse significat. Quòd si duobus tribúsve
metalli generibus nummus aliquis procusus sit, totidem etiam huiusmodi
notæ conspiciuntur adiunctæ: quibus etiam notulis Græci aliquot chara-
cteres αβγδ. &c. vt nummi magnitudo cognosci possit, subijciuntur. quò
etiam figurâ infrà posita, quæ ex pluribus circulis alijs alio maiorib. constat,
ijsdémq; characteribus per singulos circulos notata, pertinet. Nimirum vt
intelligas, numisma, ad quod character aliquis in tabella ascriptus est, tantum esse, quantum est interuallum inter supremam figuræ, quam dixi, li-
neam circularem, & alteram cui idem character, quem nummo additum vides, suprascriptus est. Ceterùm Dictatorum & Magistrorum Equitum, præterea Triumphorum numismata, non quidem tabulis illis, quibus Dictatorum Magistrorúmque Equitum nomina inscripta sunt, aut ipsi Triumphi
annotati, imponuntur, aut incumbunt, vt supra in Consulatibus, aut Censuris, sed singulæ illorum numismatum partes hinc inde ab vtroque latere
tabu-

tabulis ampliorib. Dictaturarum & Triumphorum affixæ adhærent. E quibus
itidem singulæ exiguæ dependent tabellæ, quæ similibus notis & charactenb.
cùm metallum, tum modum nummi ostendunt. In ipsis aut Triumphorum
tabulis sæpius videre est longiusculam huiusmodi virgularum seriem ////////.
quæ diem, nonnunq̃ & mensem, quo actus est Triumphus, ignorari demon-
strat, vtpote qui nec ex veteribus marmorum monumentis, neq; ex ipsis histo
riarum scriptoribus colligi potest. Eôdem pertinent similes virgulæ in tabellis
quibusdam oblongioribus, quæ post mortem Diui Iulij, & post annum DCCX.
iuxta Consules suffectos in locum ordinariorum locatæ sunt, significant enim
diem & tempus, ex quo Consul ille suffectus est, & Consulatum inierit, esse in
obscuro. In tabulis verò Consulum, Censorum, Dictatorũ, Magistrorum E-
quitum, & reliquorum Magistratuum, non raro videbis huiusmodi virgulas
ante literas P. & N. sic /.P. /.N. quæ si ante vtranq; literam erit, significat & patris
& aui illius Côsulis, Censoris, aut alterius Magistratus, qui in tabella describitur
est, nomen non extare. Si ante alterã tantùm, scilicet N. sic /.N. significat nomen
aui tantùm ignorari. Quæ quidem patrum & auorum prænomina, siquidem
sciri potuissent, loco virgularum ponenda fuerant ijs literis quibus prænomina
scribi solent, vt A. P. C. CN. Q. M. L. T. & similibus, quibus Auli, Publij, Caij, Cneij,
Quinti, Marci, Lucij, Titi nomina, & similia significantur. Præterea nôlim hoc
tibi persuadeas, optime Lector, me in ea esse sententia, qui putem hæc Consulum & aliorum Magistratuum, quos hic tibi exhibemus, numismata, eodem
semper anno aut tempore publicata & signata fuisse, quo ipsi huiusmodi Ma-
gistratũ gerebant, ad quem nummi à nobis appacti sunt. In paucis enim nummis Consulatum expressum videmus : Dictaturam verò in nullis, præterquã
in Cæsaris numismatis reperias. Titulum Magistri Equitum nusquam adhuc
in nummis deprehendi: & Censuræ inscriptio primùm in Tiberij Claudij Cæ
saris numismate legitur. Sed quum ipso istius instituti initio diu multumque
mecum cogitarem, & sollicitus hærerem, in quem potissimùm ordinem Consularia hæc numismata à me digeri possent, multa & varia animo agitanti, illa
demùm ratio atq; ordo visus est q̃ maximè appositus & conueniens, quem mihi
potissimùm suggessit, imò præscripsit, Mæcenas ille meus ferè vnicus Marcus
Laurinus Dominus de Watervliet, omnis rei antiquariæ vti studiosissimus, ita
simul & scientissimus: cuius opem atq; operam vt mihi hactenus in omnib.
maximo fuisse vsui re ipsa compen & expertus sum, ita etiam ipsius monitis &
consilijs lubentissimè tutissimeq; acquiesco. Is itaq; mihi auctor fuit, vt Fastis
Magistratuũ Romanorũ vnà cum Triumphis, cùm ex antiquis monumentis,
tum ex aliorum scriptis in ordinem digestis, vt à pluribus ante me factum vi-
debam, nominib. q̃ Magistratuum simul & Triumphis in tabellas, cuiusmodi
vides, transcriptis, quotcunq; nummos reperire possem, in quibus eadem illa
nomina legerentur, qui Magistratum illum gessissent, aut Triumphũ egissent,
tabellis ipsis adiungerem: quanquam non quidem in eo ipso Magistratu, cui à

nobis aſcripti & aſſignati ſunt, percuſſi, ſed ab ipſis Quæſtoribus, Proquæſtoribus, Ædilibus, Triumuiris, Duumuiris, vel dum alio aliquo Magiſtratu, qui pecuniæ feuundæ facultatem haberet, fungerentur: vt aliquoties in nummis ipſis annotatum videmus. Et cùm plerunque contingat plures eundem ſimul obire Magiſtratum, hinc non infrequens eſt, vt vni numiſmati duo, nonnung̃ & tria nomina inſcripta legantur. Qui rurſus cùm aliàs ſeorſim vel Conſulatu, vel alium aliquem Magiſtratum cum alio aliquo geſſerint, quàm qui ipſis ſeu in Quæſtura, vel Ædilitate, vel aliàs collega fuit, coactus ſum, quanquam inuitus admodum, eundem nummum aliquoties iterare, & pluribus locis proponere, ſolicet quoties vnum è nominib. ipſi impreſſis in Faſtis noſtris occurreret: ita tamen vt non ſæpiùs quam ſemel ſinguli nummi propter ſingula nomina à nobis in proſcænium, vt ita dicam, producta ſint: ſcilicet quæ duo nomina continerent, bis, quæ tria, ter, nec ampliùs. Sicubi autem loca vacua occurrent nõ appictis numiſmatibus, hic ſcias me deſtitutum fuiſſe exemplarib. nummorii, quos iis locis reponerem. Cuius quidem rei culpa, quum locupletiſſimos eosq̃; q̃ plurimos habeam per vniuerſam ferè Europam meæ in conquirendis vndiq̃; nummorũ antiquorum exemplarib. diligentiæ & ſtudij indefeſſi teſtes viros præſtantiſſimos, nõ vereor ne in me reiiciatur. Quin potiùs quicquid id eſt damni & iacturæ (vti eſt quàm maximum) tempori ipſi, & vetuſtati omnia vorantis & conſumetis inuidiæ & iniuriæ imputandum veniæ. Vt interim de deteſtanda imperitorũ quorundam auaritia hic ſileam, qua hactenus maximos optimorum & omnigenũm nummorum aceruos in varios vſus conflarunt, & fructu incredibili iniquiſſime nos ſpoliarunt, vti & aliàs aliquando expoſtulaui. Atqui magna & certa ſpes affulget, quæcunque nunc in manibus ſunt, & quæ poſthac è tenebris erui continget, diligentiùs deinceps fideliùs que conſeruanda, & ab interitu vindicanda, quòd ea non ſolùm paſſim apud omnes magno in pretio, quaſi cimelia quædam, haberi videam, verùm etiam quòd quis ſit vſus ipſorum numiſmatu, ſimul quantum ex ipſis fructus peti, & vtilitatis percipi poſſit, nemini ferè obſcurũ eſſe mihi perſuadeo. Quanquam non deſunt quidam etiamnum viri alioqui non indocti, qui in ea ſententia verſantur, & obſtinatiùs hærẽt, vt credant ſterile prorſus & vacuum eſſe antiquitatis ſtudium, vt in quo ſit curioſitatis plurimum, fructus nihil aut parum. Quàm tam ſiniſtram de re nunquam ſatis laudata opinionem, vt vel tandem exuant, operæpretiũ me facturũ credidi, ſi paucis, & quaſi παρέργως, vacuum multiplicemq̃; huius ſtudij vſum eſſe oſtenderem. Primùm enim, ſi rem Grãmaticam tractes, an non multa cognitione non indigna de antiqua & recta vocum ſcribendarum ratione, quam ὀρθογραφίαν Græci vocant, de pronuntiatione, & notis, tam in nummis ipſis, quàm in reliquis antiquorum monumẽtorum reliquiis, inuenies? Si Poëticen, plurima quoque ex Poëtarum fabulis petita, de Diis Gentium, Semideis, Heroïbus, Nymphis, aliaq̃; innumera, quæ Poëtarum ſunt propria, paſſim ſe offerunt. Si Iuriſprudentiam quæris, & rem politicam?

Varia occurrent Senatusconsulta, Leges, Magistratus, dignitates, officia, imò
vniuersus ferè Reipublicæ Romanæ status, ipsáque administrandæ ratio ex
solis ferè nummis cognosci potest. Rursus si te Religionis, & rerum sacrarũ
cura tangit, hic præter varia sacerdotiorũ, quæ apud antiquos erant, genera,
publicos sacrificiorum ritus & ceremonias, aliáq; ad Deorum cultum per-
tinentia, multifaria quoque sacrorũm apparatuum, tam vestium, vasculorũ,
quàm aliorum instrumenta inuenias, è quibus non pauca in nostram trans-
lata religionem etiam hodie agnoscimus. Quòd si animum tuum delectat
historia, quid quæso aliud numismata, quàm Historiæ etiam his quæ scri-
pto mandatæ, & posteris tradicæ sunt, vti diuturnæ magis, ita fideliores & e-
lucidatiores? quòd in his res gestæ figuris expressæ sub aspectum subijcian-
tur, simul etiam verbis additis, vt passim in plærisq; numnis est videre: ita
vt multa veterum rerum monumenta in his apertiús, quàm in quibusdam
quæ manibus hominum teruntur historiis, interdum etiam ea, quorum reliqui scriptores aut nullam, aut non nisi obscuram mentionem fecerunt, ex-
plicentur. Quòd, si quid aliud, hic certè Fastorum nostrorum liber testatis-
simum facit: quòd in eo vel per sola numismata quo vides ordine & rationè
digesta, obseruato cuiusq; anni tempore, quæ olim Romæ, in Italia, aliisque
Prouinciis pace ac bello acciderunt, nò minùs spectanda, quàm legenda proponuntur. Nec minùs ad rem militarem conferre numismata certum est,
tam propter diuersissimorum bellicorum instrumentorum, armorum, ma-
chinarum, nauium bellicarum, coronarũ militarium, signorum, vexillorũ,
aliorumq; omnigenùm bellicorum & terra & mari apparatuum, quam ea
nobis suppeditant, copiam: quàm ipsarum expeditionum, profectionum,
adlocutionum militarium, triumphorum, ouationum rationem, variasque
legionum, & cohortium nomenclaturas & appellationes, aliáq; innumera
ad disciplinam militarem spectantia, quæ omnia passim in numismatib. lo-
cupletissimè pertractantur, & cognoscenda traduntur. Taceo nunc quantũ
hinc iuuari possit, si quis de asse & eius partibus & reliqua re nummaria, aut
ponderibus aliquid cómentari instituat. Quid, quòd nec Geographi nummos sine fructu tractabunt, cùm in his omnium ferè regionum, prouincia-
rum, vrbium, & fluuiorum non solùm nomina, sed tantum nò situs & pro-
prietates graphicè depingantur? Postremò, ne te diutiùs remorer, si Physicã,
& rerum naturalium cognitio, si variarum etiam rarissimarum rerum aspe-
ctus te afficit, præter infinita multiformiáq; omnigenũm etiam longissimè
petitorum animantium, arborum, plantarum, fruticũ genera, figuras & spe-
cies, nihil ferè sub cœlo parens natura creauit, nihil operosa ipsiusq; Naturæ
æmula hominum industria inuenit aut parauit, quod non tibi nummi spectandum proponunt: nihil est vsquã memorabile, quod non in numismatibus, aliisque antiquitatis monumentis exprimatur, & tanquam in tabula
picta spectandum proponatur. Quæ cùm ita sint, vt nemini deinceps obscu

rum

rum esse possit, quàm latè harum rerum vsus pateat, & quàm non sit infœ-
cundum antiquitatis studium, superfluum fuerit de re manifesta & côfessa
copiosiùs hic,loco & tempore alieno, disserere. Suffecerit hic addidisse non
paucos posterioris huius nec infelicissimi, qua ad rem literariam, sæculi magni nominis viros,atque in grauissimis alioqui & maximis seriis disciplinis,
quales sunt Iurisprudentia,Medicina,Philosophia,Historia,& similes,abso-
lutissimos, nô designatos solidioribus literis & hoc rei antiquariæ studium
adiungere, nonnunquam & pleraque ex ipsa antiquitate petita perquàm
commodè & appositè scriptis suis interserentes. Testes mihi huius rei locu-
pletissimi innumeri ferè passim per Italiam,Gallias, & Germanias,atq, alibi
viri in omni literatura celeberrimi & versatissimi, partim quidem iam fato
functi,relictis tamen immortalibus clarissimisque studiorum suorum monumentis, partim etiamnum superstites, & qui quotidianis ingeniorû suorum fœtibus rem-literariam simul & antiquariam iuuare, prouehere, & il-
lustrare non cessant. Vti inter cæteros (ne hic omnes recenseam) quondam
Politianus, Budæus, Bembus, nuper Wolfgangus Lazius, nunc verò Antonius Augustinus, Carolus Sigonius, Paulus Manutius, Onuphrius Panuinius,Ioannes Sambucus Pannonius: qui,vti alioqui eruditissimus,ita & totius antiquitatis percallentissimus, simulǭ ab omnigenis antiquitatis monumentis instructissimus, pro singulari ipsius in nos nostrosque labores
studio, tum ad hoc opus, tum ad alia quæ etiamnum præ manibus habeo,
haud paruas nobis attulit commoditates. Sed quando iam, benigne Lector, vniuersam instituti nostri rationem, quam in hoc opere sequuti sumus, tibi planam & manifestam esse mihi persuadeo, quod superest, opta-
rim, vt siquidem hæc nostra qualiacunque, quo candore & studio à nobis
in lucem proferuntur, eadem animi æquitate & frontis serenitate
legentur spectabunturque,vti vicissim tantum ex iis fructus
& voluptatis percipias, quantis illa mihi vigilus
& laboribus constitère.

Sis felix, & vale.

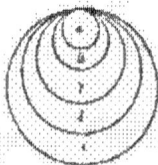

ROMA A ROMVLO CONDI COEPTA EST
ANNO QVARTO OLYMPIADIS SEXTAE
EX A D XI KAL MAI
ISQVE DIES NATALIS VRBIS ROMAE
PARILIA APPELLATVS EST

ROMVLVS SILVIVS QVI POSTEA QVIRINVS
APPELLATVS EST REX PRIMVS
REGNAVIT ANNOS XXXVII MENSES II DIES XVIII
IDEMQ PRIMVS SACRA LEGESQ DEDIT SENATVM ET EQVITVM
ORDINES LEGIT PLEBEMQ CVRIAS ADSIGNAVIT

ANNO AB VRBE CONDITA IIII
SABINAE RAPTAE
BELLVMQ PRIMVM SABINVM
EXORTVM EST

T TATIVS SABINVS
A ROMVLO IN REGNI SOCIETATE ADMISSVS EST

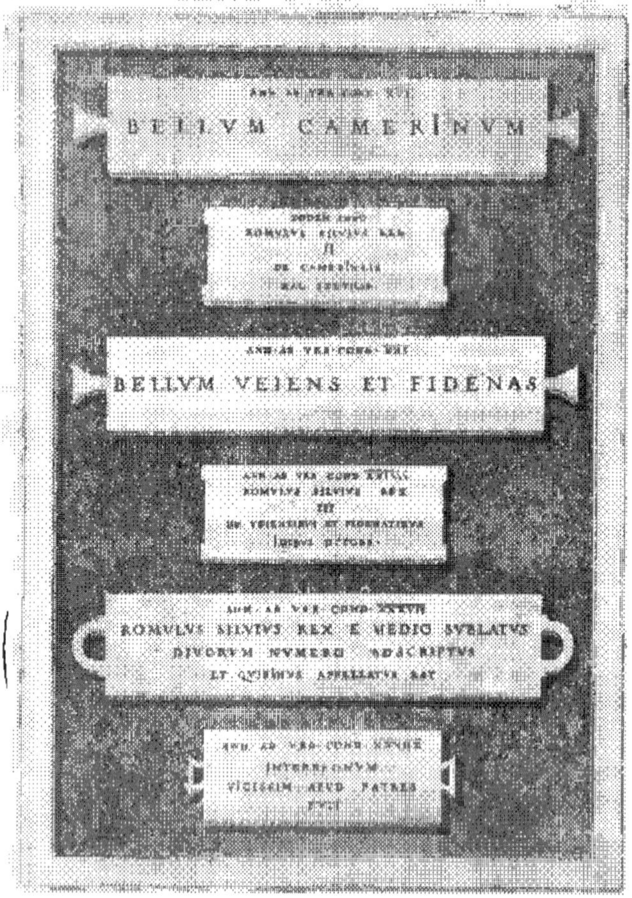

ANN·AB·VRB·COND·XVI
BELLVM CAMERINVM

POPVLI ROMVLVS SILVVS REX
II
DE CAMERINIS
KAL·IVNIIS

ANN·AB·VRB·COND·XXI
BELLVM VEIENS ET FIDENAS

ANN·AB·VRB·COND·XXVIII
ROMVLVS SILVVS REX
III
DE VEIENTIBVS ET FIDENATIBVS
IVLIVS·DVCIBVS

ANN·AB·VRB·COND·XXXVII
ROMVLVS SILVVS REX E MEDIO SVBLATVS
DIVORVM NVMERO ADSCRIPTVS
ET QVIRINVS APPELLATVS EST

ANN·AB·VRB·COND·XXXIIX
INTERREGNVM
VICISSIM APVD PATRES
FVIT

BELLVM ALBANVM

ANCVS MARCIVS NVMAE F NVMAE N

BELLVM LATINVM

OSTIA CONDITA

SER · TVLLIVS · SER · F · REX · SEXTVS

BELLVM ETRVSCVM SECVNDVM

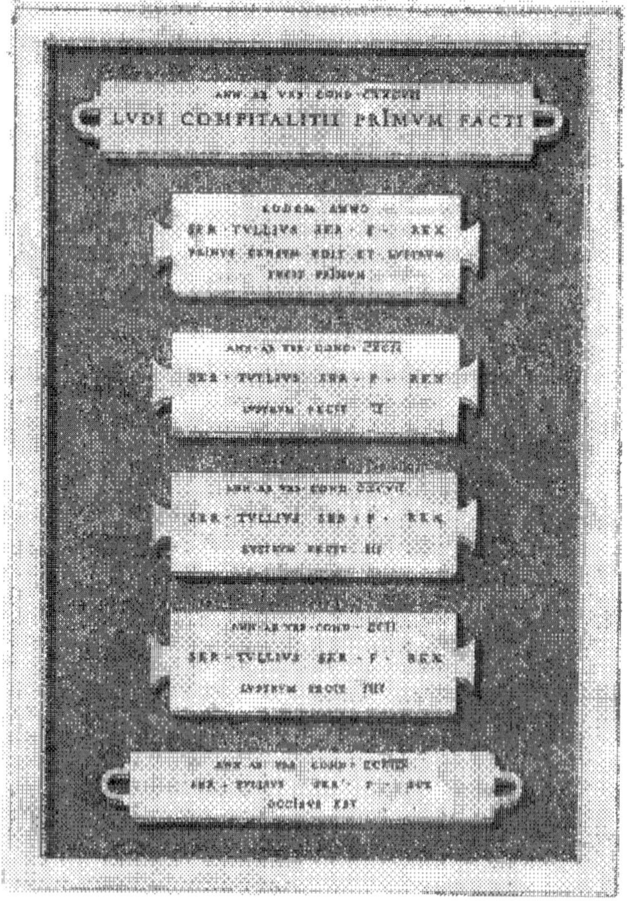

ANN AB VRB COND CXXXVII

LVDI COMPITALITII PRIMVM FACTI

EODEM ANNO

SER TVLLIVS SER F REX

PRIMVS CENSVM EGIT ET CIVITATEM

TRIBVS PRIMVM

ANN AB VRB COND CXCII

SER TVLLIVS SER F REX

SVFFRAGIA FECIT II

ANN AB VRB COND CXCVII

SER TVLLIVS SER F REX

SVFFRAGIA FECIT III

ANN AB VRB COND CCII

SER TVLLIVS SER F REX

SVFFRAGIA FECIT IIII

ANN AB VRB COND CCVIII

SER TVLLIVS SER F REX

ROGAVIT XXV

BELLVM VOLSCVM

CAPITOLIVM CONDITVM

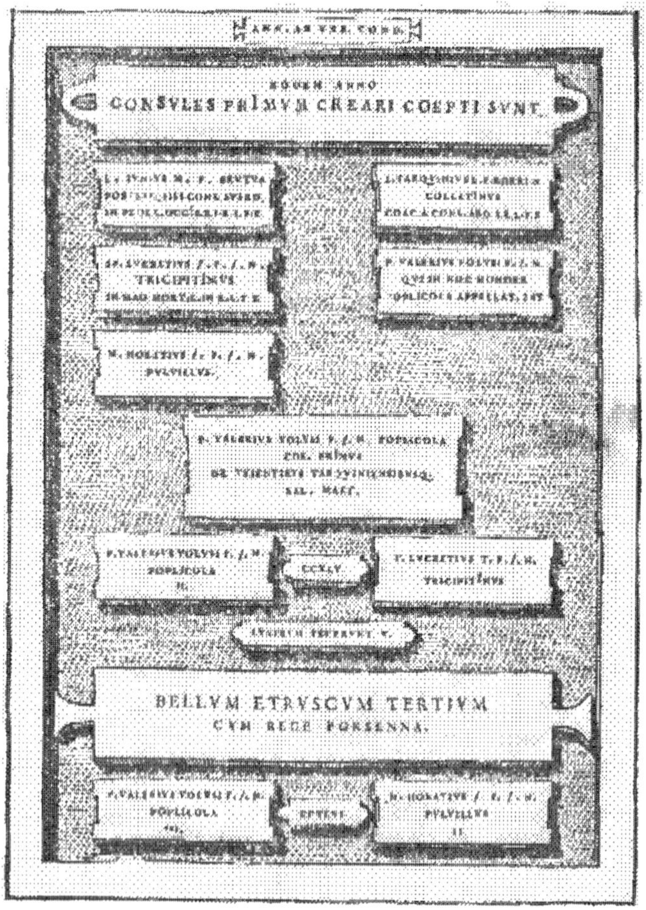
CONSVLES PRIMVM CREARI COEPTI SVNT.
COLLATINVS
TRICIPITINVS
PVLVILLVS.
BELLVM ETRVSCVM TERTIVM
CVM REGE PORSENNA.

ANN. AB VRB. COND.

SP. LARTIVS /. F. /. N.
FLAVVS.

CCCLVII.

T. HERMINIVS /. F. /. N.
AQVILINVS.

M. VALERIVS VOLVSI F.
/. N. VOLVSVS.

CCCLVIII.

P. POSTVMIVS Q. F. /. N.
TVBERTVS.

M. VALERIVS VOLVSI F. /. N. VOLVSVS
COS.
DE SABINEIS
IIII IIII IIIIIIII

P. POSTVMIVS Q. F. /. N. TVBERTVS
COS.
DE SABINEIS
IIII III IIIIIIII

P. VALERIVS VOLVSI F. /. N.
POPLICOLA.
IIII.

CCCLIX.

T. LVCRETIVS T. F. /. N.
TRICIPITINVS
II.

P. VALERIVS VOLVSI F. /. N. POPLICOLA
II. COS. IIII.
DE SABINEIS ET VEIENTIBVS
NONIS MAI.

P. POSTVMIVS Q. F. /. N.
TVBERTVS
II.

CCLX.

AGRIPPA MENENIVS C. F.
LANATVS.

P. POSTVMIVS Q. F. /. N. TVBERTVS
II COS. II.
OVANS PRIMVS DE SABINEIS
III. NONAS APRIL.

b ij.

ANN. AB VRB. COND.

AGRIPPA MENENIVS C. N. LANATVS
COS.
DE SABINEIS
PRIDIE NONAE APRIL.

OPITER VERGINIVS /. F.
TRICOSTVS

CCLI.

SP. CASSIVS /. F. /. N.
VICELLINVS

SP. CASSIVS /. F. /. N. VICELLINVS
COS.
DE SABINEIS

POSTVMVS COMINIVS /. F.
AVRVNCVS

CCLII.

T. LARTIVS /. F. /. N.
FLAVVS

T. LARTIVS /. F. /. N.
FLAVVS

PRIMVS DICTAT.
REI GERVND. CAVSSA
PRIM. MAG. EQ.

SP. CASSIVS /. F. /. N.
VICELLINVS

SVFFECTVM FECERVNT VI.

SER. SVLPICIVS P. F. /. N.
CAMERINVS

CCLIII.

M. TVLLIVS /. F. /. N.
LONGVS
IN MAGISTR. MORT. EST

P. VETVRIVS /. F. /. N.
GEMINVS

CCLIIII.

T. AEBVTIVS T. F. /. N.
HELVA

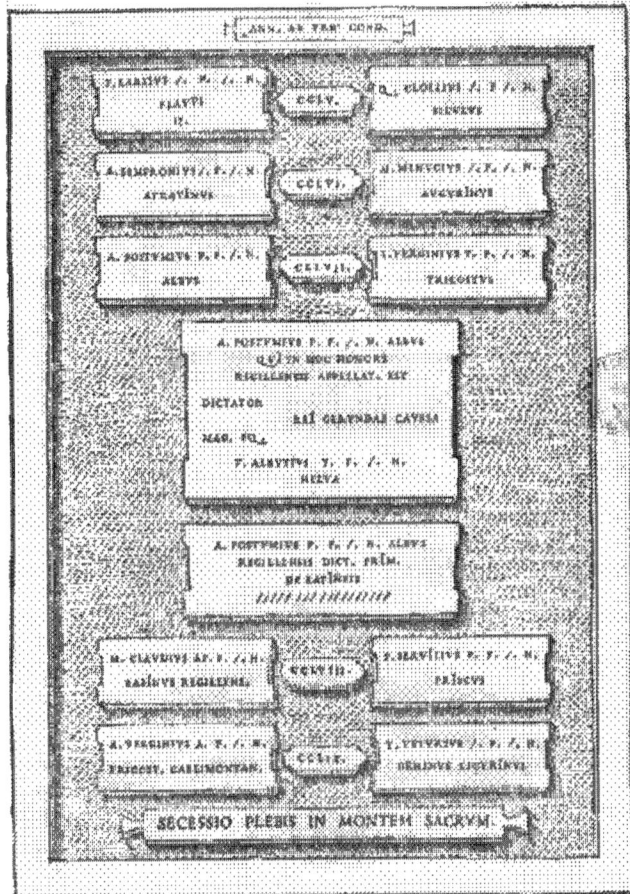

ANN. AB VRB. COND.

SP. NAVTIVS SP. F. P. N. RVTILVS — CCLXV. — SEX. FVRIVS F. F. F. N. MEDVLLIN. FVSVS

C. AQVILLIVS F. F. F. N. TVSCVS — CCLXVI. — T. SICINI F. F. F. N. SABINVS

T. SICINIVS F. F. F. N. SABINVS
COS.
DE VOLSCIS
[illegible]

C. AQVILLIVS F. F. F. N. TVSCVS
COS. OVANS
DE HERNICIS
[illegible]

SP. CASSIVS F. F. F. N. VECELLINVS III. — CCLXVII. — PROCVLVS VERGINIVS TRICOSTVS RVTILVS.

LEX AGRARIA PRIMA.

SP. CASSIVS F. F. F. N. VECELLINVS
II. COS. III.
DE VOLSCIS ET HERNICIS
[illegible]

Q. FABIVS K. F. F. N. VIBVLANVS. — CCLXVIII. — SER. CORNELIVS F. F. F. N. MALVGINENSIS.

L. AEMILIVS MAM. F. F. F. N. MAMERCINVS. — CCLXIX. — K. FABIVS K. F. F. N. VIBVLANVS.

[illegible]

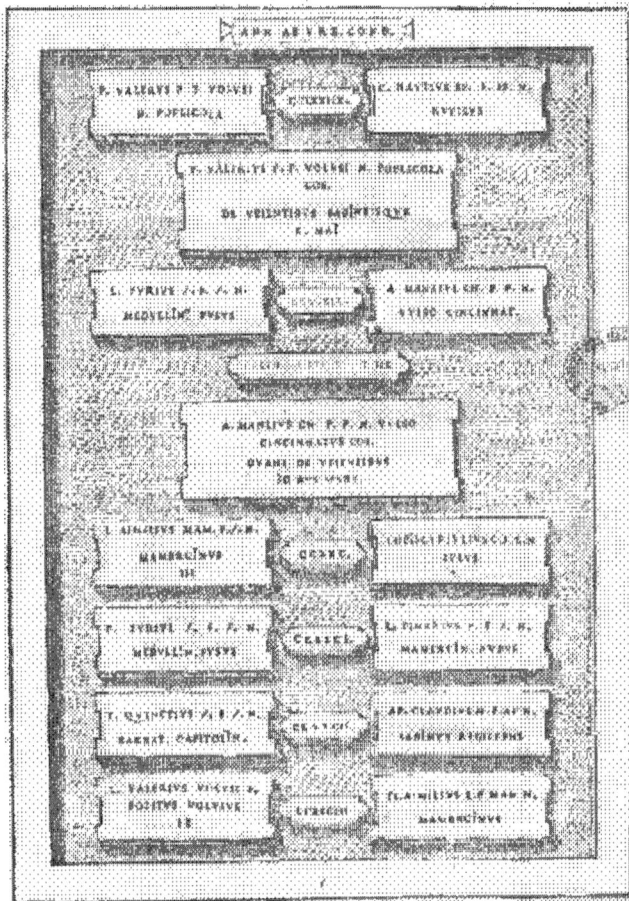

ANN. AB VRB. COND.

| A. VERGINIVS A. F. A. N. | | T. NVMICIVS F. T. F. N. |
| TRICOST. CELIMONTAN. | COLLEGIT | PRISCVS |

T. QVINCTIVS L. F. L. N.		Q. SERVILIVS Q. F. P. N.
BARBAT. CAPITOLIN.	CENSON.	PRISCVS STRVCTVS
II.		

T. QVINCTIVS L. F. L. N. BARBATVS
CAPITOLINVS COS. II
DE VOLSCIS AEQVISQVE
PR. NON. IVLII

TI. AEMILIVS L. F. MAM. N.		C. IVLIVS M. F. N. N.
MAMERCINVS	CVRECVL.	VIBVLANVS
II.		

SP. POSTVMIVS A. F. P. N.		C. SERVILIVS Q. F. P. N.
ALBVS REGILLENS.	PRAECOS.	PRISCVS STRVCTVS
		II.

C. IVLIVS M. F. N. N.		T. QVINCTIVS L. F. L. N.
VIBVLANVS	CENECAL.	BARBAT. CAPITOLIN.
II.		III.

LVSTRVM DECRENVNT IX

| A. POSTVMIVS A. F. P. N. | | SP. FVRIVS S. F. F. N. |
| ALBVS REGILLENS. | CORGEN. | MEDVLLIN. FVSVS |

C. SERVILIVS SE. F. P. N.		L. AEBVTIVS T. F. T. N.
PRISCVS	CCX.	HELVA
IN MAG. MORTVVS EST		IN MAG. MORTVVS EST

ANN. AB VRB. COND.

| L. LVCRETIVS T. F. T. N. | DCXCII. | T. VETVRIVS T. F. T. N. |
| TRICIPITINVS | | GEMINVS CICVRIN. |

L. LVCRETIVS T. F. T. N. TRICIPITIN.
COS.
DE VOLSCIS ET AEQVIS
III ....

T. VETVRIVS T. F. T. N. GEMINVS
CICVRIN. COS. OVANS
DE VOLSCIS ET AEQVIS
....

| P. VOLVMNIVS M. F. M. N. | DCXCIX. | SER. SVLPIC. VF. SER. F. P. N. |
| AMINTIN. GALLVS | | CAMERIN. CORNVTVS |

P. VALERIVS P. F. VOLVS.	DCCIII.	C. CLAVDIVS M. F. AP. N.
M. POPLICOLA II.		SABINVS RAGILLENS.
.... M. F. M. N. F. P.		

| L. QVINCTIVS L. F. L. N. | | |
| CINCINNATVS | | |

.... M. F. C. N.	DCCIIII.	L. CORNELIVS SER. F. L. N.
TIBVLANVS		MALVGINENS. VOSSVS
II.		

CVLVRVM FECERVNT X.

L. CORNELIVS SER. F. L. N. MALVGINEN.
COSVL. COS.
DE VOLSCIS ANTIATIBVS
III. Idvs MAI.

C 3

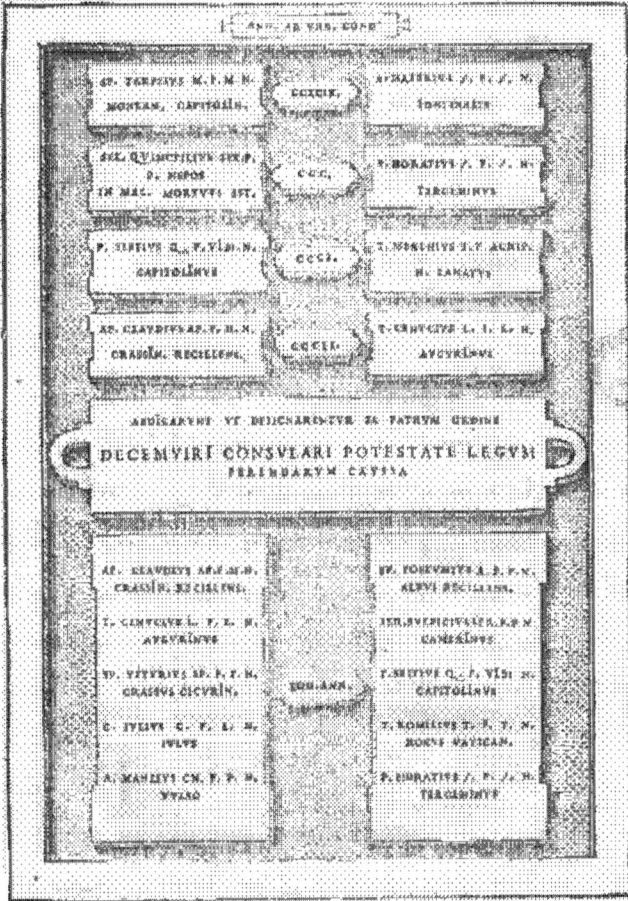

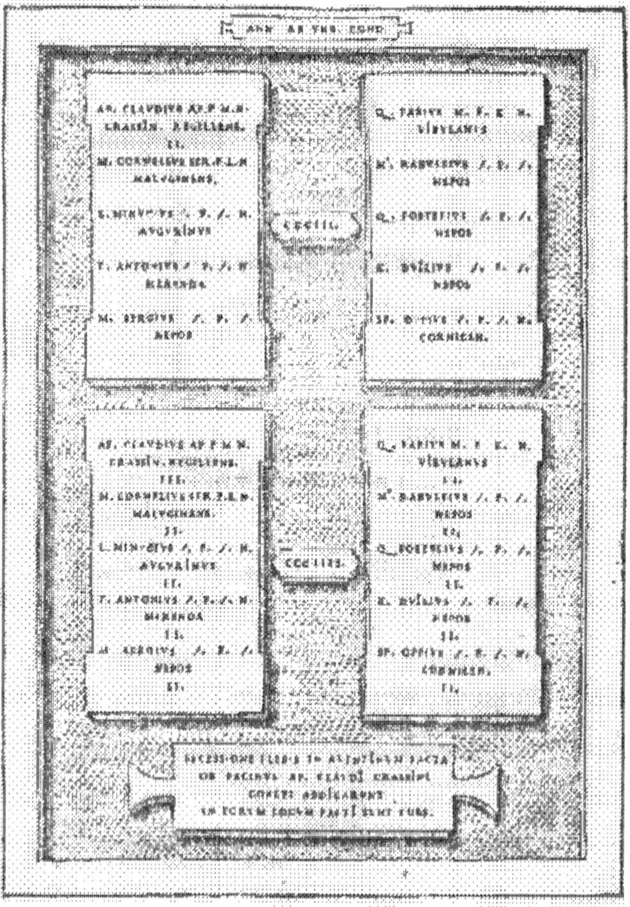
ANN. AB VRB. COND.
AP. CLAVDIVS AP. F. M. N. CRASSIN. REGILLENS. II.
M. CORNELIVS SER. F. L. N. MALVGINENS.
L. MINVCIVS /. F. /. N. AVGVRINVS
T. ANTONIVS /. F. /. N. MERENDA
M. SERGIVS /. F. /. NEPOS
Q. FABIVS M. F. K. N. VIBVLANVS
M'. RABVLEIVS /. F. /. NEPOS
Q. POETELIVS /. F. /. NEPOS
K. DVILIVS /. F. /. NEPOS
SP. OPPIVS /. F. /. N. CORNICEN.
CCCIII.
AP. CLAVDIVS AP. F. M. N. CRASSIN. REGILLENS. III.
M. CORNELIVS SER. F. L. N. MALVGINENS. II.
L. MINVCIVS /. F. /. N. AVGVRINVS II.
T. ANTONIVS /. F. /. N. MERENDA II.
M. SERGIVS /. F. /. NEPOS II.
Q. FABIVS M. F. K. N. VIBVLANVS II.
M'. RABVLEIVS /. F. /. NEPOS II.
Q. POETELIVS /. F. /. NEPOS II.
K. DVILIVS /. F. /. NEPOS II.
SP. OPPIVS /. F. /. N. CORNICEN. II.
CCCIIII.
SECESSIONE PLEBIS IN AVENTINVM FACTA OB FACINVS AP. CLAVDI CRASSINI COACTI ABDICARVNT IN EORVM LOCVM FACTI SVNT COSS.

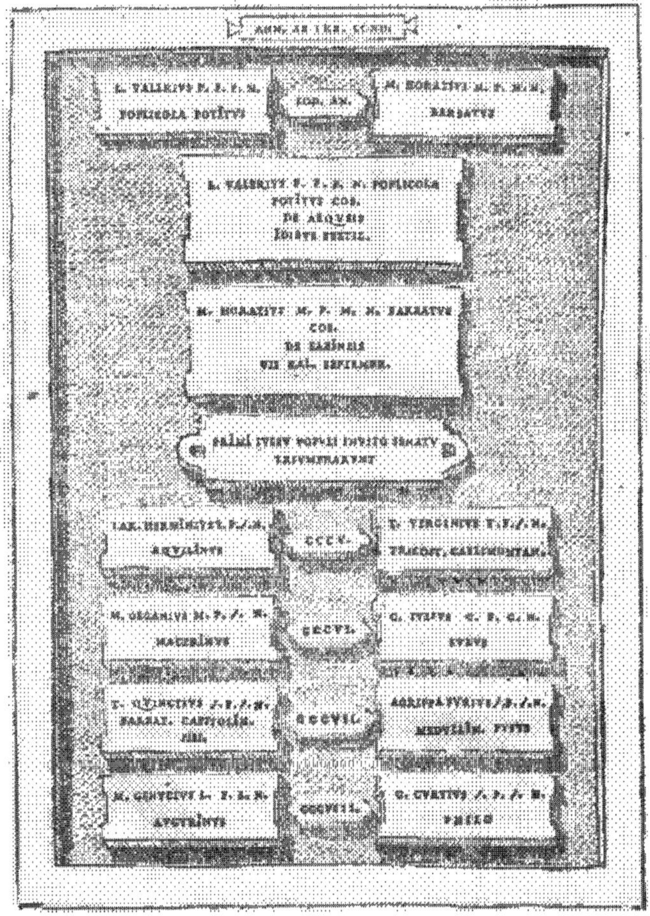

ANN. AB VRB. COND.

TRIBVNI MILITVM CONSVLARI POTESTATE PRIMVM CREARI COEPTI

A. SEMPRONIVS A. F. / . N. ATRATINVS

T. CLOELIVS . / . F. / . N. SICVLVS

L. ATILIVS . / . F. / . N. LVSCVS

CCCX. TRIB. MILIT.

VITIO FACTI ABDICARVNT IN EORVM LOCVM FACTI SVNT COSS.

L. PAPIRIVS / . F. / . N. MVGILLANVS

ID D. AN.

L. SEMPRONIVS A. F. / . N. ATRATINVS

M. GEGANIVS M. F. / . N. MACERINVS II

CCCXI.

T. QVINCTIVS / . F. / . N. BARBAT. CAPITOLIN. V

L. PAPIRIVS / . F. / . N. MVGILLANVS

CENSOR LVSTR. FEC. XI

L. SEMPRONIVS A. F. / . N. ATRATINVS

M. GEGANIVS M. F. / . N. MACERINVS COS. II

DE VOLSCIS NONIS SEPTEMBR.

TRIB. MILIT.

D

ANNI AB VRB. COND.

MAM. AEMILIVS M. F. /. N.
MAMERCINVS

DICTAT.
REI GERVNDAE CAVSSA

MAG. EQ.:
L. QVINCTIVS L. F. L. N.
CINCINNATVS

MAM. AEMILIVS M. F. /. N. MAMERCIN.
CENS.
DE VEIENTIBVS FALISCIS
ET FIDENATIBVS
REBVS GESTIS

M. CORNELIVS M. F. /CO. N.
MALVGINENSIS   CCCXVII.   L. PAPIRIVS M. N. /. N.
CRASSVS

C. IVLIVS C. F. C. N.
IVLVS   CCCXIX   L. VERGINIVS /. F. /. N.
TRICOSTVS

C. SERVILIVS A. F. SP. N. FIDENAS
QVI IN HOC HONORE
FIDENAS APPELLATVS EST

DICTAT.
REI GERVNDAE CAVSSA

MAG. EQ.:
POSTVMVS AEBVTIVS /. F. /. N.
HELVA CORNICEN

C. FVRIVS /. F. /. N.
PACILVS FVSVS   CCCX.   M. GEGANIVS M. F. /. N.
MACERINVS

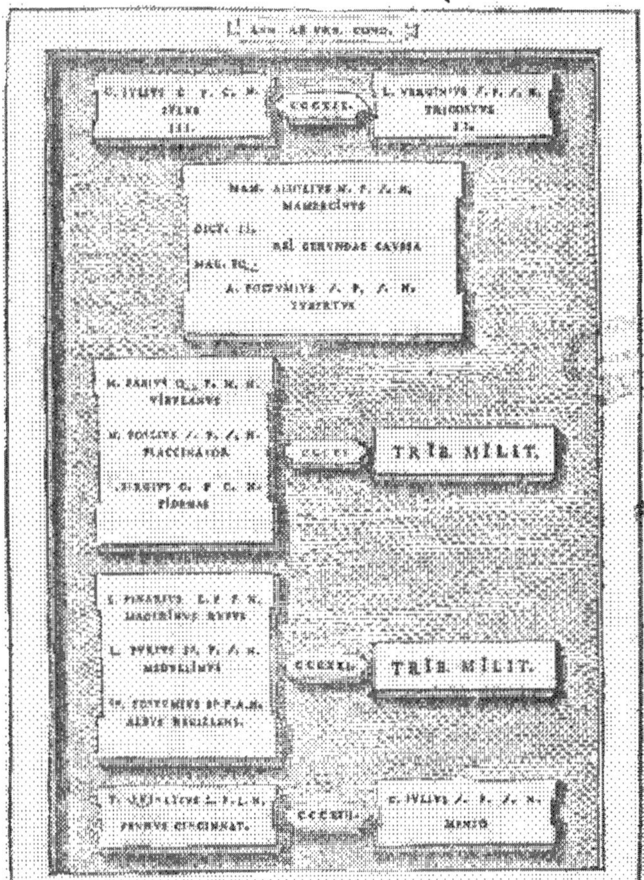
REI GERVNDAE CAVSSA
TRIB. MILIT.
TRIB. MILIT.

TRIB. MILIT.

ANN. AB VRB. COND.

P. CORNELIVS M. F. L. N.
RVTILVS COSSVS
DICTAT.
REI GERVNDAE CAVSSA
MAG. EQ.
C. SERVILIVS P. F. Q. N.
AHALA

TR.	C. VALERIVS L. F. VOLVSI. N. POTITVS VOLVSVS II. L. FVRIVS L. F. SP. N. MEDVLLINVS	CCCXLVI.	C. SERVILIVS P. F. Q. N. AHALA II. N. FABIVS Q. F. M. N. VIBVLANVS II.	MIL.
TR.	P. CORNELIVS M. F. L. N. RVTILVS COSSVS CN. CORNELIVS L. F. SER. N. COSSVS	CCCXLVII.	L. VALERIVS L. F. P. N. POTITVS II. N. FABIVS M. F. Q. N. AMBVSTVS	MIL.
TR.	C. IVLIVS L. F. VOPISCI N. IVLVS II. T. QVINCTIVS T. F. T. N. CAPITOLIN. BARBAT. Q. QVINCTIVS L. F. L. N. CINCINNATVS	CCCXLVIII.	M'. AEMILIVS MAM. F. M. N. MAMERCINVS L. FVRIVS L. F. SP. N. MEDVLLINVS II. A. MANLIVS A. F. CN. N. VVLSO CAPITOLIN.	MIL.
TR.	P. CORNELIVS M. F. M. N. MALVGINENSIS CN. CORNELIVS A. F. M. N. COSSVS II. K. FABIVS M. F. Q. N. AMBVSTVS	CCCXLIX.	SP. NAVTIVS SP. F. SP. N. RVTILVS III. C. VALERIVS L. F. VOLVSI. N. POTIT. VOLVS. III. M'. SERGIVS L. F. L. N. FIDENAS	MIL.

		ANN. AB VRB. COND.		
TR.	M. AEMILIVS MAM. F. M. N. MAMERCIN. II. AP. CLAVDIVS AP. F. AP. N. CRASSIN. REGILLENS. M. QVINCTILIVS L. F. SEX. N. VARVS	CCCL.	M. FVRIVS A. F. A. N. FVSVS L. IVLIVS C. F. C. N. IVLVS L. VALERIVS L. F. L. N. POTITVS III	MIL.
	M. FVRIVS L. F. L. N. CAMILLVS	CENS. LVST. FEC. XVI.	M. POSTVMIVS A. F. A. N. ALBINVS REGILLENS	
TR.	C. SERVILIVS P. F. Q. N. AHALA III. Q. SERVILIVS Q. F. P. N. PRISCVS FIDENAS L. VERGINIVS L. F. L. N. TRICOST. CAELIOMONT.	CCCLI.	Q. SVLPICIVS SER. F. SER. N. CAMERIN. CORNVT. A. MANLIVS A. F. CN. N. VVLSO CAPITOLIN. II M'. SERGIVS L. F. L. N. FIDENAS II	MIL.
TR.	L. VALERIVS L. F. L. N. POTITVS IIII M. FVRIVS L. F. L. N. CAMILLVS M. CORNELIVS L. F. SER. N. COSSVS II	CCCLII.	L. IVLIVS L. F. VOPISCI N. IVLVS M'. AEMILIVS MAM. F. M. N. MAMERCIN. III K. FABIVS M. F. Q. N. AMBVSTVS II	MIL.
TR.	P. LICINIVS P. F. P. N. CALVVS PRIM. [illegible] P. MAENIVS P. F. P. N. [illegible] L. TITINIVS L. F. L. N. [illegible]	CCCLIII.	P. MAELIVS SP. F. C. N. CAPITOLINVS SP. FVRIVS L. F. SP. N. MEDVLLINVS L. PVBLILIVS L. F. VOLER. N. PHILO VVLSCVS	MIL.

ANN. AB VRB. COND.

M. FVRIVS /. F. /. N.
CAMILLVS
DICTAT.
REI GERVNDAE CAVSA
MAG. EQ.
P. CORNELIVS /. F. /. N.
SCIPIO

VEII CAPTI

M. FVRIVS /. F. /. N. CAMILLVS
DICT.
DE VEIENTIBVS

P. CORNELIVS /. F. /. N.
COSSVS

P. CORNELIVS /. F. /. N.
SCIPIO

M. VALERIVS M. F. M'. N.
MAXIMVS II

L. FVRIVS M. F. Q. N.
AMBVSTVS III

M. FVRIVS L. F. SP. N.
MEDVLLINVS V

Q. SERVILIVS Q. F. P. N.
FIDENAS III

M. FVRIVS /. F. /. N.
CAMILLVS III

L. FVRIVS L. F. SP. N.
MEDVLLINVS VI

C. AEMILIVS /. F. /. N.
MAMERCINVS

L. VALERIVS L. F. L. N.
POTITVS POPLICOLA

SP. POSTVMIVS /. F. /. N.
ALBIN. REGILLEN.

P. CORNELIVS /. F. /. N.
SCIPIO II

L. LVCRETIVS /. F. /. N.
FLAVVS

SER. SVLPICIVS SER. F.
SER. N. CAMERINVS

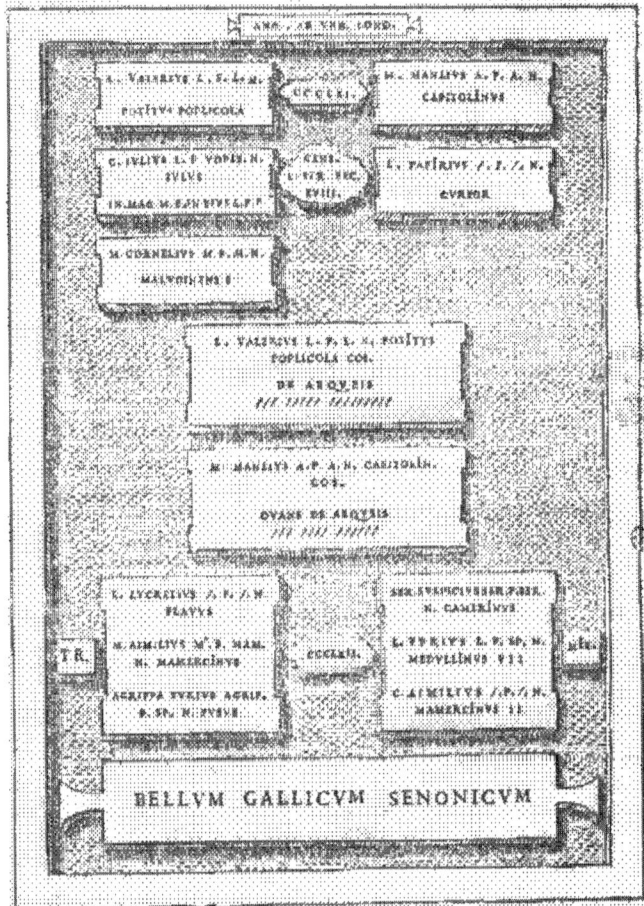

BELLVM GALLICVM SENONICVM

ANN. IV. VRB. DCXV

Q. FABIVS M. F. M. N.
AMBVSTVS

C. SVLPICIVS Q. F. S. N.
LONGVS

N. FABIVS M. F. M. N.
AMBVSTVS

EQQLIM.

Q. SERVILIVS Q. F. P. N.
AHALVS FIDENAS IV

C. FABIVS M. F. M. N.
AMBVSTVS

SER. CORNELIVS P. M. N.
MALVGINENSIS

☙ ROMA CAPTA ☙

M. FVRIVS L. F. SP. N.
CAMILLVS

DICT. II

REIP. PVBL. CONSTIT. CAVSSA

MAG. EQ.

L. VALERIVS L. F. P. N.
POTITVS PVBLICOLA

M. FVRIVS L. F. SP. N. CAMILLVS
II DICT. II

SP. GALLVS ANTONIVS
IPSVS PVBLIVS.

CENSORES

HOC ANNO
DICTATOR ET MAGISTER EQVITVM MAGISTRAT.
AB E. G. CONTINVARVNT REI PVBLIC. CONSTIT.
CAVSSA

M. FVRIVS L. F. SP. N. CAMILLVS
III DICT. II

DEVOTIONIS AEQVEI ET PATRICII

ANN. AB VRB. COND.

TR. L. AEMILIVS C. F. /N. MAMERCIN. V		SER. SVLPICIVS M. F. /N. PRAETEXTAT. II
P. VALERIVS L. P. L. N. POTIT. POPLICOLA IV	COS.	L. QVINCTIVS T. F. L. N. CINCINNATVS II
C. VETVRIVS M. F. TG. N. CRASSVS CICVRIN.		C. QVINCTIVS /. F. /. N. CINCINNATVS

C. LICINIO C. F. P. N. CALVO L. SEXTIO SEX. F. N. N. SEXTINO LATERANO
TRIBVNIS PLEBIS
COMITIA PER INTERCESSION. TOLLENTIBVS QVADRIENNIO MAGISTRAT.
CVRVLIVM SOLITVDO FVIT IN VRBE. NEC ANTE DISSENSIONES INTER
NOBILITATEM ET PLEBEM SVBLATAE SVNT QVAM EO ANNO QVO
M. FVRIVS CAMILLVS DICTATOR V FACTVS EST, QVI RECONCILIATIS
ORDINIBVS CONCORDIAE AEDEM EX S. C. FOVIT ET DEDICAVIT.

TR. C. LICINIVS C. F. P. N. CALVVS		L. SEXTIVS SEX. F. N. N. SEXTINVS LATERANVS **PL.**
TR. C. LICINIVS C. F. P. N. CALVVS II		L. SEXTIVS SEX. F. N. N. SEXTIN. LATERAN. II **PL.**
TR. C. LICINIVS C. F. P. N. CALVVS III		L. SEXTIVS SEX. F. N. N. SEXTIN. LATERAN. III **PL.**
TR. C. LICINIVS C. F. P. N. CALVVS IIII		L. SEXTIVS SEX. F. N. N. SEXTIN. LATERAN. IV **PL.**
TR. C. LICINIVS C. F. P. N. CALVVS V		L. SEXTIVS SEX. F. N. N. SEXTIN. LATERAN. V **PL.**

F ij.

ANN. AB VRB. COND.

CONSVLES E PLEBE PRIMVM
CREARI COEPTI

PRIMVS PRAETOR AEDILES CVRVLES PRIMI

L. AEMILIVS L. F. / N. MAMERCINVS		L. GENVCIVS GEI. F. N. N. AVENT. LATERAN. PRIM. E PLEBE
C. POSTVMIVS / F. / N. REGILLENS. ALBIN. F.	TRIB. LVCE MON. FEC.	C. SVLPICIVS M. F. Q. N. PETICVS
L. GENVCIVS M. F. CN. N. AVENTINENSIS	COCENCVS	Q. SERVILIVS Q. F. P. N. AHALA
C. SVLPICIVS M. F. Q. N. PETICVS	COCENCVS	C. LICINIVS C. F. P. N. CALVVS
L. AEMILIVS L. V. / N. MAMERCINVS I.	COCEN.	CN. GENVCIVS M. F. N. N. AVENTINENS

L. MANLIVS A. F. A. N.
CAPITOLIN. IMPERIOSVS
DICTAT.
CLAVI FIGENDI CAVSSA
MAG. EQ.
L. PINARIVS /. F. /. N.
NATTA

| M. FABIVS K. F. M. N. AMBVSTVS | CVM TR. EN. | L. FVRIVS SP. F. S. N. MEDVLLINVS |

ANN. AB VRB. COND.

LEX AMBITVS PRIMVM LATA

C. SVLPICIVS M. F. Q. N.
PETICVS
DICTAT,
REI GERVNDAE CAVSSA
MAG. EQ.
M. VALERIVS L. F. F. N.
POPLICOLA

C. SVLPICIVS M. F. Q. N. PETICVS
II DICT.
DE GALLEIS
NONIS MAI

C. PLAVTIVS P. F. V. N. PROCVLVS
COS.
DE HERNICEIS
IDIBVS MAI

C. MARCIVS L. F. C. N.
RVTILVS

LVTEVL

CN. MARCIVS L. F. C. N.
CAPITOLIN · INFERIORI
II

C. MARCIVS L. F. C. N. RVTILVS
COS.
DE PRIVERNATIBVS
KAL. IVN.

a

ANN. AB VRB. COND.

M. FABIVS N. F. M. N.
AMBVSTVS
II
CCCICVI
M. POPILIVS M. F. C. N.
LAENAS
II

C. MARCIVS L. F. C. N.
RVTILVS
PRIMVS E PLEBE
DICTAT.
REI GERVNDAE CAVSA
MAG. EQ.
C. PLAVTIVS P. F. P. N.
PROCVLVS

C. MARCIVS L. F. C. N. RVTILVS
II DICT.
DE TVSCIS
PRIDIE NON. MAI

C. SVLPICIVS M. F. Q. N.
PETICVS
III
CCCICVII
M. VALERIVS L. F. L. N.
POPLICOLA

M. FABIVS N. F. M. N.
AMBVSTVS
III
CCCICIX
T. QVINCTIVS T. F. / N.
PENNVS CAPITOLIN.
CRISPINVS

M. FABIVS N. F. M. N. AMBVSTVS
II COS. III
DE TIBVRTIBVS
III NON. IVNIAS

C. SVLPICIVS M. F. Q. N.
PETICVS
IIII
C D
M. VALERIVS L. F. L. N.
POPLICOLA
II

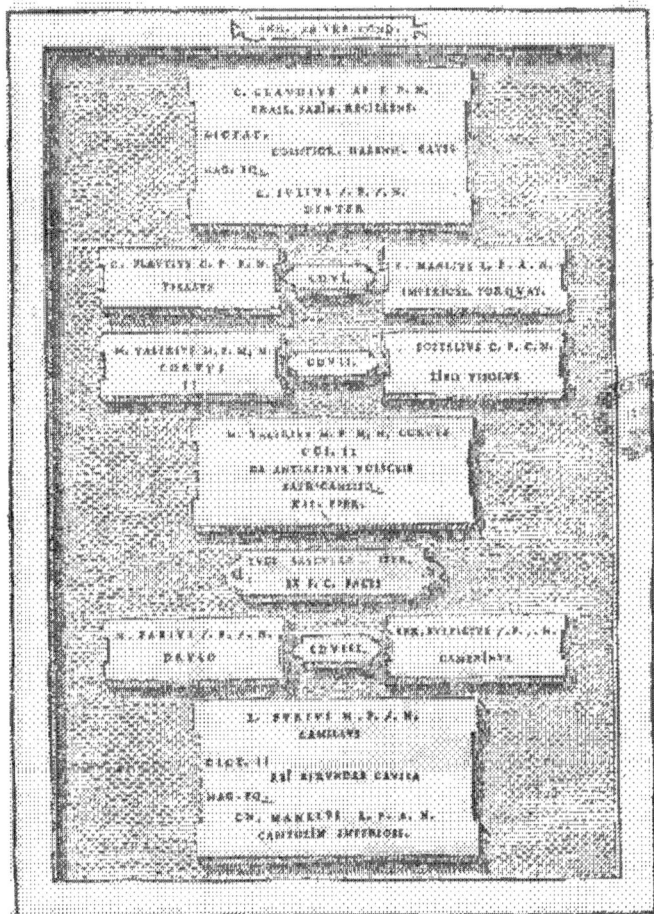

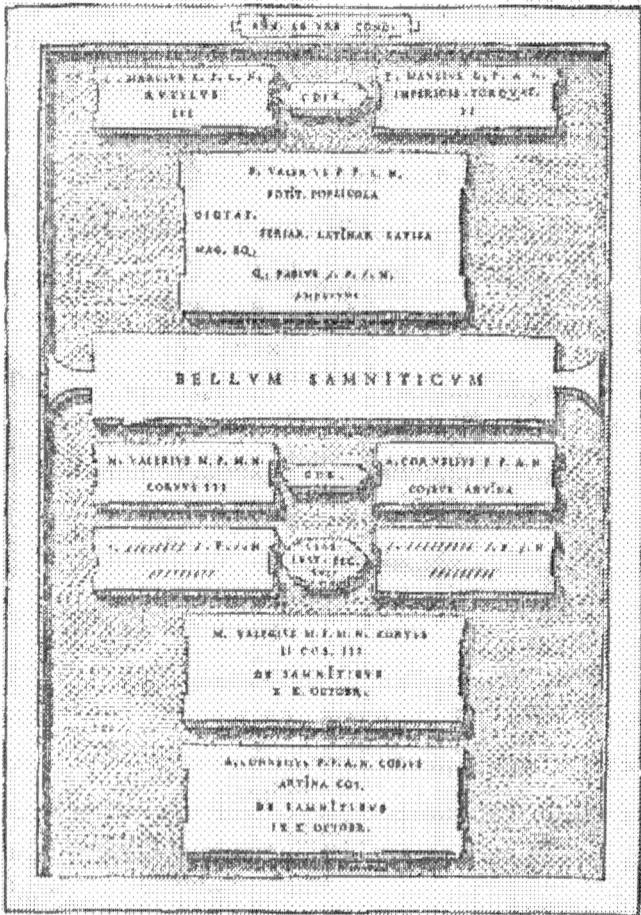

ANN. AB VRB. COND.

TI. AEMILIVS /. F. /. N.   C DITIIS   Q. PVBLILIVS Q. F. Q. N.
MAMERCINVS   PHILO

Q. PVBLILIVS Q. F. Q. N. PHILO
COS
DE LATINIS
IMP. IANVAR.

Q. PVBLILIVS Q. F. Q. N.
PHILO
DICTAT.
REI GERVNDAE CAVSA
MAG. EQ.
D. IVNIVS /. F. /. N. BRVTVS
SCAEVA

L. FVRIVS SP. F. M. N.   CCXV.   C. MAENIVS P. F. P.
CAMILLVS   NEPOS

L. FVRIVS SP. F. M. N. CAMILLVS
COS
DE PEDANIS ET TIBVRTIBVS
III K. OCTOBR.

C. MAENIVS P. F. P. NEPOS
COS
DE ANTIATIBVS LAVINIE
VELITERNIS
PRIDIE K. OCTOBR.

C. SVLPICIVS SER. F. Q. N.   CCXVI.   P. AELIVS /. F. /. N.
LONGVS   PAETVS

ANN. AB VRB. COND.

P. CORNELIVS /. P. /. N.
RVFINVS

DICTAT.
REI GERVNDAE CAVSA
MAG. EQ.

M. ANTONIVS /. P. /.
MEROS

VITIO FACTI ABDICARVNT

L. PAPIRIVS SP. F. L. N.   C. POETELIVS C. F. C. N.
CVRSOR   COSS.   LIBO VISOLVS
                                  II

A. CORNELIVS P. F. A. N.   CN. DOMITIVS /. ?. /. N.
COSSVS ARVINA   COSS.   CALVINVS
      II

M. PAPIRIVS L. F. M. N.
CRASSVS

DICTAT.
REI GERVNDAE CAVSA.
MAG. EQ.

P. VALERIVS P. F. P. N.
POTITVS III

Q. PVBLILIVS Q. F. Q. N.   FINE   SP. POSTVMIVS /. F. /. N.
PHILO   IPSTR. PRO   ALBINVS
                 XXII.

C. VALERIVS /. P. /. N.   CENSS.   M. CLAVDIVS /. P. /. N.
POTITVS FLACCVS   MARCELLVS

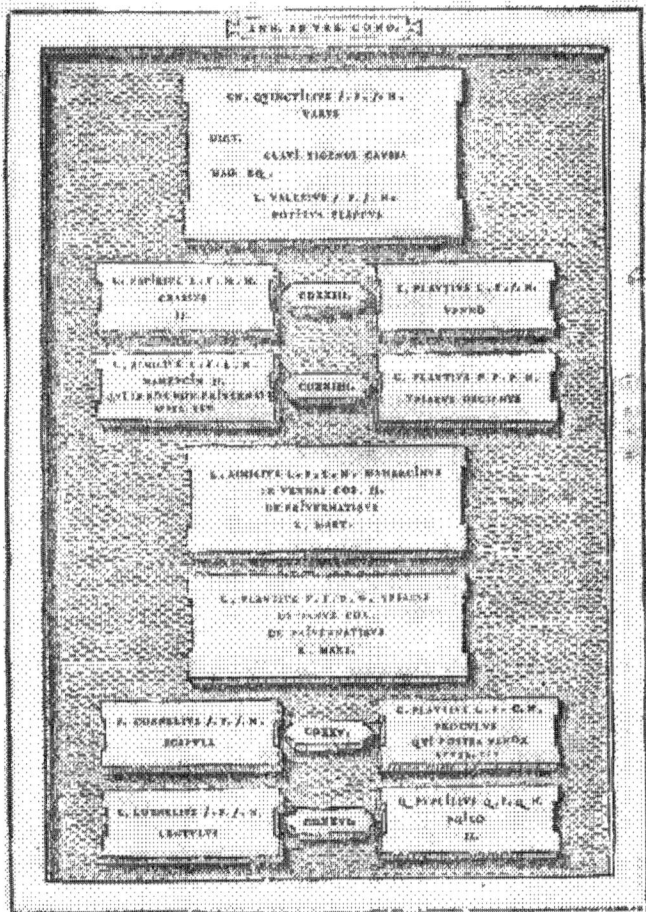

A.V.C. AE VRB. COND.

M. CLAVDIVS f. v. f. N.
MARCELLVS

DICT.

COMITIOR. HABEND. CAVSA

MAG. EQ.

SP. POSTVMIVS f. P. f. N.
ALBINVS

VITIO FACTI ABDICARVNT

L. PAPIRIVS f. v. f. N.
MVDILLANVS

CRESVS

C. POETELIVS C. F. C. N.
LIBO VISOLVS
PR.

PRIMVS PRO COS.

C. MARCIVS Q. F. Q. N. PHILO
II PRIMVS PRO COS.
DE SAMNITIBVS PALAEOPOLEANIS
KAL. MAI

L. FVRIVS SP. F. M. N.
CAMILLVS
II

CCLVIII

D. IVNIVS f. P. f. N.
BRVTVS SCAEVA

L. PAPIRIVS SP. F. L. N.
CVRSOR

DICT.

REX GERVNDAR CAVSA

MAG. EQ.

Q. FABIVS M. F. N. H. MAXIMVS
RVLLIANVS
CONSVL ABDICAVIT

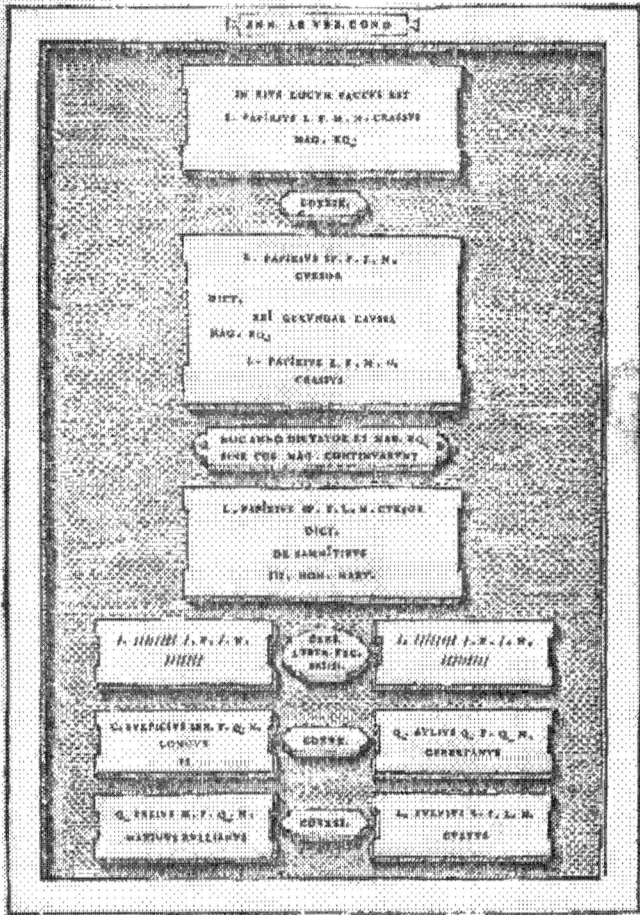

ANN. AB VRB. COND.

M. AEMILIVS -. F. -. N.
PAPVS

DICTAT.
COMITIOR. HABEND. CAVSSA
MAG. EQ.

L. VALERIVS -. F. -. N.
POTITVS FLACCVS

L. PAPIRIVS SP. F. L. N.
CVRSOR
II

CDXXXIIII

Q. PVBLILIVS Q. F. Q. N.
PHILO
III

C. MAENIVS P. F. P. N.
NEPOS

DICTAT.
QVAESTION. EXERCEND. CAVSS
MAG. EQ.

M. FOSLIVS C. F. M. N.
FLACCINATOR

VITIO FACTI ABDICARVNT
IN EORVM LOC. FACTI SVNT

L. CORNELIVS -. F. -. N.
LENTVLVS

DICTATOR.
REI GERVNDAE CAVSSA
MAG. EQ. II

L. PAPIRIVS SP. F. L. N.
CVRSOR

ANN. AB VRB. COND.

T. MANLIVS L.F. A.N.
IMPERIOS. TORQVAT.
DICT. III
COMITIOR. HABEND. CA
MAG. EQ. VSA
L. PAPIRIVS L.F. L.N.
CRASSVS

L. PAPIRIVS SP.F. L.N. CVRSOR III	COSS.	Q. AVLIVS Q.F. Q.N. CERRETANVS II

L. PAPIRIVS SP.F. L.N. CVRSOR
II COS. III
DE SAMNITIBVS
[illegible] K. SEXTILIS

[illegible] F. [illegible] N. [illegible] IN MAG. MORT. EST	CENS. LVSTR. NON FEC.	[illegible] F. [illegible] N. LONGVS ABDICAVIT
L. PLAVTIVS L.F. L.N. VENNO	COSS.	M. FOSLIVS C.F. M.N. FLACCINATOR
C. PAPIRIVS L.F. M.N. CRASSVS	CENS. LVST. FEC. XXV	C. MAENIVS P.F. P.N. NEPOS
Q. AEMILIVS Q.F. L.N. BARBVLA	COSS.	C. IVNIVS C.F. C.N. BVBVLCVS BRVTVS

ANN. AB VRB. COND.

SP. NAVTIVS SP. F. SP. N. RVTILVS	CDXXXVII.	M. POPILLIVS M. F. M. N. LAENAS

L. AEMILIVS L. F. L. N.
MAMERCIN. PRIVERNAS.

DICT. II
REI GERVNDAE CAVSSA
MAG. EQ.

L. FVLVIVS L. F. L. N.
CVRVVS

L. PAPIRIVS SP. F. L. N. CVRSOR IIII	CDXXXIX	Q. PVBLILIVS Q. F. Q. N. PHILO IIII

Q. FABIVS M. F. N. N.
MAXIM. RVLLIANVS

DICTAT.
REI GERVNDAE CAVSSA
MAG. EQ.

Q. AVLIVS Q. F. Q. N.
CERRETANVS

IN PROELIO OCCISVS EST
IN EIVS LOCVM FACTVS EST
C. FABIVS M. F. N. N.
AMBVSTVS
MAG. EQ.

M. POETELIVS M. F. M. N. LIBO	CDXXXIX.	C. SVLPICIVS SER. F. Q. N. LONGVS III

BELLVM ETRVSCVM QVART.

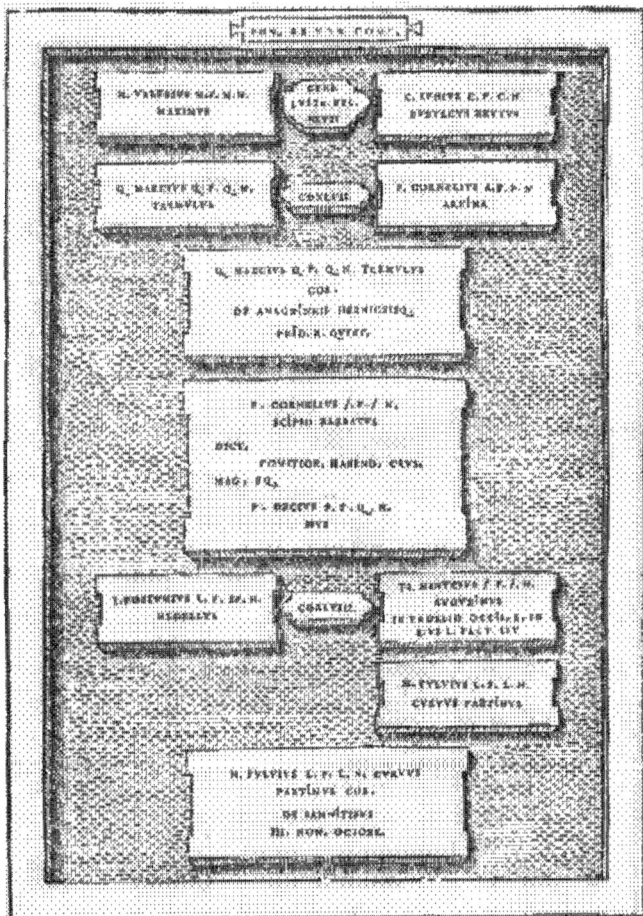

ANN. AB VRB. COND.

P. SEMPRONIVS P. F. C. N. SOPHVS

CCCCL.

P. SVLPICIVS SER. F. P. N. SAVERRIO

Q. FABIVS M. F. N. N. MAXIM. RVLLIAN.

CENS. LVSTR. FEC. XXVII.

P. DECIVS P. F. Q. N. MVS

P. SEMPRONIVS P. F. C. N. SOPHVS
COS.
DE AEQVEIS
VIII. KAL. OCTOBR.

P. SVLPICIVS SER. F. P. N. SAVERRIO
COS.
DE SAMNITIBVS
IIII. KAL. NOVEMBR.

SER. CORNELIVS CN. F. CN. N. LENTVLVS

CDI.

L. GENVCIVS L. F. M. N. AVENTINENSIS

M. LIVIVS M. F. C. N. DENTER

CDII.

M. AEMILIVS L. F. L. N. PAVLLVS

C. IVNIVS C. F. C. N. BVBVLCVS BRVTVS
DICT.
REI GERVNDAE CAVSSA
MAG. EQ.
M. TITINIVS C. F. C. N. NEPOS

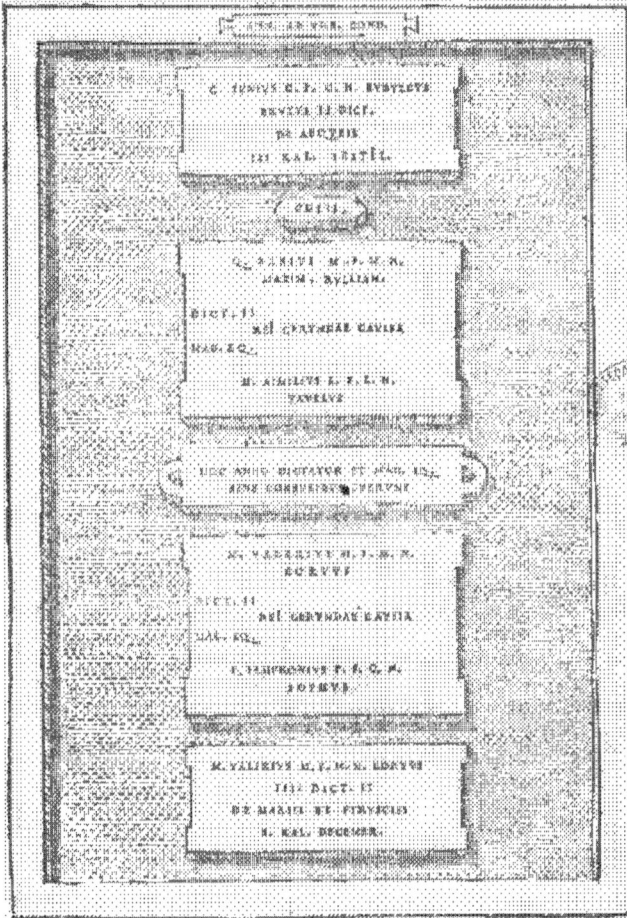

ANN. AB VRB. COND.

Q. APPVLEIVS L. F. M. N. PANSA	CDXLIII.	M. VALERIVS M. F. M. N. CORVVS V

IN. AVGVRES FACTI

M. FVLVIVS CN. F. CN. N. PAETINVS	CDXLIIII.	T. MANLIVS T. F. T. N. TORQVATVS IN MAG. M. E. IN E. L. F. E.
		M. VALERIVS M. F. M. N. CORVVS VI
P. SEMPRONIVS P. F. C. N. SOPHVS	CENS. [illegible] XXIV	P. SVLPICIVS SER. F. P. N. SAVERRIO

M. FVLVIVS CN. F. CN. N. PAETINVS COS.
DE SAMNITIBVS NEQVINATIBVSQ.
VII KAL. OCTOBR.

L. CORNELIVS CN. F. L. N. SCIPIO	CDLV.	CN. FVLVIVS CN. F. CN. N. MAXIM. CENTVMALVS

CN. FVLVIVS CN. F. CN. N. MAXIMVS
CENTVMALVS COS.
DE SAMNITIBVS ETRVSCISQVE
IDIB. NOVEMBR.

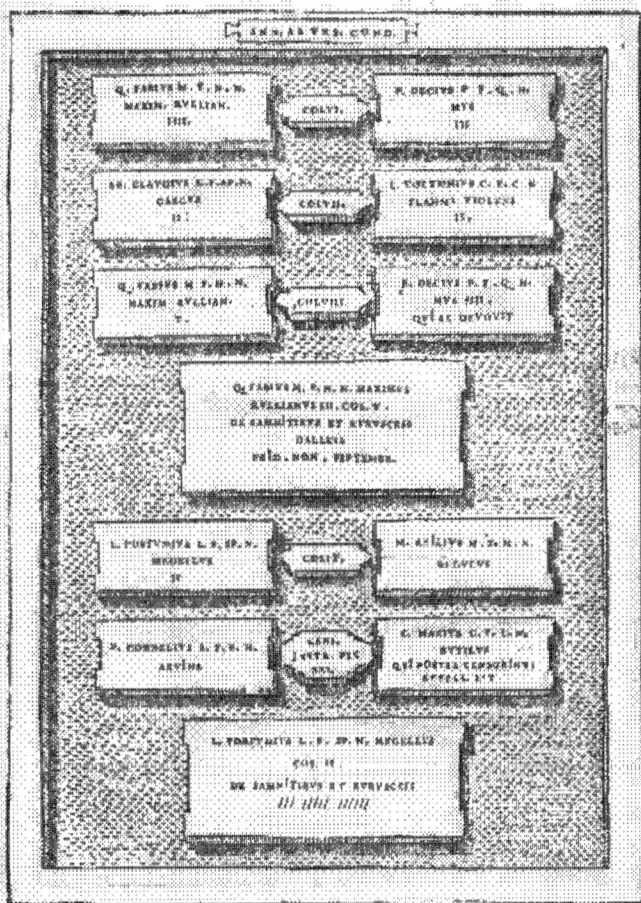

ANN. AB VRB. COND.

M. ATILIVS M. F. M. N. REGVLVS
COS.
DE VOLSONIBVS ET SAMNITIBVS
V. KAL. APRIL.

C. PAPIRIVS L. F. SP. N.
CVRSOR
·
AP. CLAVDIVS C. F. C. N.
MARCVS

SP. CARVILIVS C. F. C. N. MAXIMVS
COS.
DE SAMNITIBVS
KALENDIS IANVAR.

L. PAPIRIVS L. F. SP. N. CVRSOR
COS.
DE SAMNITIBVS
IDIB. FEBRVAR.

Q. FABIVS Q. F. M. N.
MAXIMVS GVRGES
·
D. IVNIVS D. F. D. N.
BRVTVS SCAEVA

L. POSTVMIVS L. F. SP. N.
MEGELLVS
·
C. IVNIVS C. F. C. N.
BRVTVS BVBVLCVS

Q. FABIVS Q. F. M. N. MAXIMVS
GVRGES PRO COS.
DE SAMNITIBVS
X. SEXTIL.

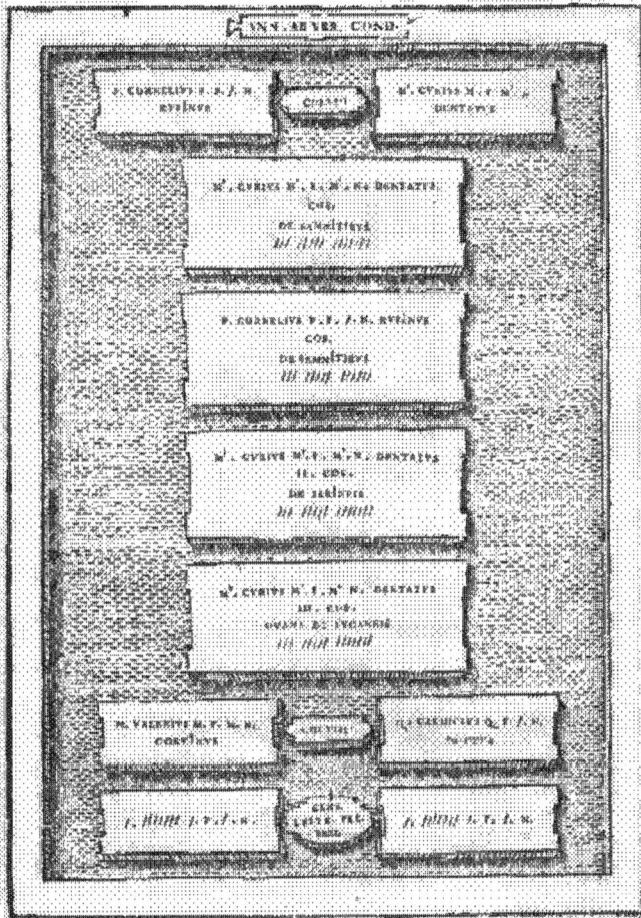

ANN. AB VRB. COND.

Q. MARCIVS Q. F. Q. N.
TREMVLVS
II.

COS. V.

P. CORNELIVS A. F. P. N.
ARVINA
II.

TIIVIRI CAPITALES PRIMI. D

M. CLAVDIVS M. F. / N.
MARCELLVS

COS. XVI.

C. NAVTIVS SP. F. SP. N.
RVTILVS

M. VALERIVS / N. / N.
POTITVS MAXIMVS

COS. XVII.

C. AELIVS / F. / N.
PAETVS

SECESSIO PLEBIS IN
IANICVLVM.

Q. HORTENSIVS / F. /
NEPOS
IN MAGISTRAT. MORT. EST
DICT.
SEDITION. SEDAND. CAVSA
MAG. EQ.
M. LIVIVS M. F. M. N.
DENTER

C. CLAVDIVS / F. C. N.
CANINA

COS. XX.

M. AEMILIVS C. F. Q. N.
LEPIDVS

C. SERVILIVS / F. / N.
GEMINVS TVCCA

COS. XXI.

L. CAECILIVS C. F. / N.
METELLVS

BELLVM TARENTÍNVM
ET CVM REGE PYRRHO.

ANN. AB VRB. COND.

P. VALERIVS L. F. L. N. LAEVINVS	CDLXXIII.	TI. CORVNCANIVS TI. F. TI. N. NEPOS

TI. CORVNCANIVS TI. F. TI. N. NEPOS
COS.
DE VVLSINIENSIBVS ET VVLCIENTIBVS
KAL. FEBRVAR.

L. AEMILIVS Q. F. Q. N. BARBVLA
PRO COS.
DE TARENTINEIS SAMNITIBVS
ET SALLENTINEIS
VI. IDVS QVINTIL.

TI. CORVNCANIVS TI. F. TI. N. NEPOS	CENS. LVSTR. FEC. XXXII.	CN. DOMITIVS CN. F. L. N. CALVINVS
P. SVLPICIVS P. F. SER. N. SAVERRIO	CDLXXIV.	P. DECIVS P. F. P. N. MVS IN PROELIO OCCISVS EST
C. FABRICIVS C. F. C. N. LVSCINVS II.	CDLXXV.	Q. AEMILIVS CN. F. L. N. PAPVS II.

C. FABRICIVS C. F. C. N. LVSCINVS
II. COS. II.
DE LVCANEIS BRVTTIEIS TARENTINEIS
SAMNITIBVS
IDIBVS DECEMBR.

ANN. AB VRB. COND.

M . CVRIVS M . F. M . N . DENTATVS
ITER. COS . II .
DE SAMNITIBVS ET BON . PYRRHO
IN . IIII . TRIVMPH.

L . CORNELIVS TI . F. SER . N . LENTVLVS
CAVDINVS COS .
DE SAMNITIBVS ET LVCANIS
KAL . MART .

C . FABRICIVS C . F. C . N.	CENS.	Q . AEMILIVS CN . F. L . N.
CENSORES	LIV · VR. PEC.	PAPVS
	MMLII	

SER . CORNELIVS P . F .	COS. LXIX	M . CVRIVS M . F. M . N .
MERENDA		DENTATVS
		III .

C . FABIVS M . F. N.	COS. MM	C . GENVCIVS F. T. C . N .
DVRIO LICINVS		CANINA
		II .

C . EGNATIVS C . F. C . N.
LVSCIVS
III .

C . CLAVDIVS F. P . C . N . CANINA
COS . II .
DE LVCANIS SAMNITIBVS
BRVTTIIS .
QVIRINALIBVS

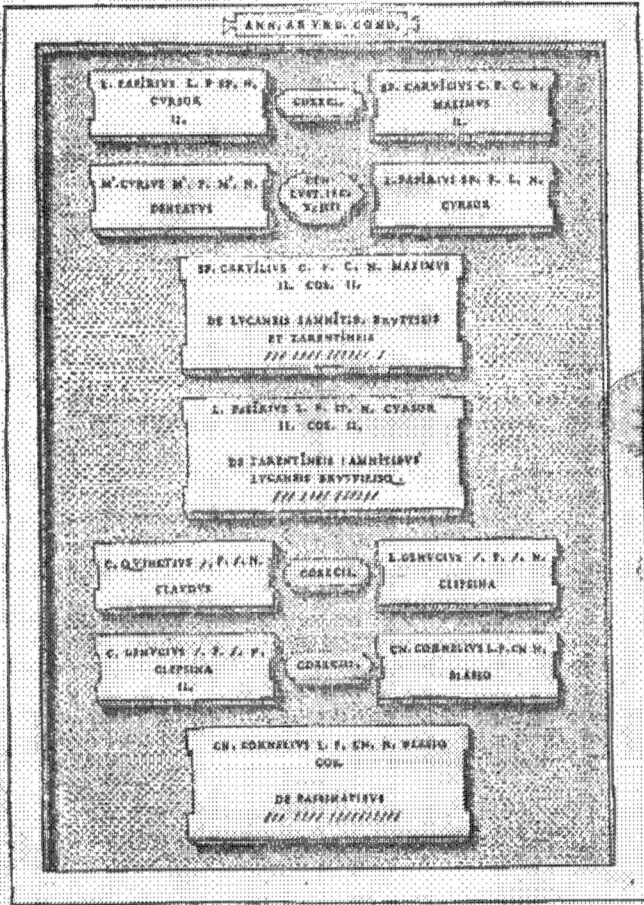

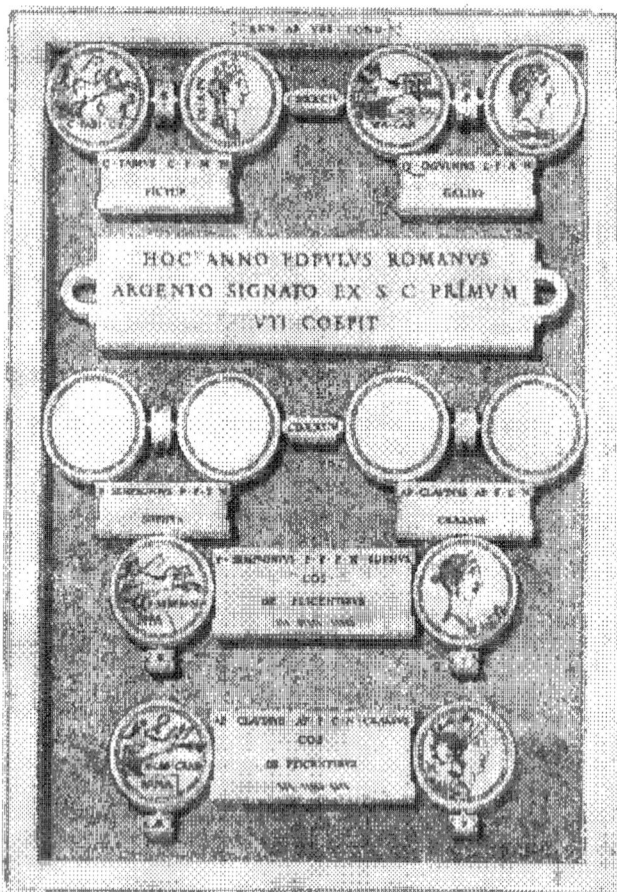

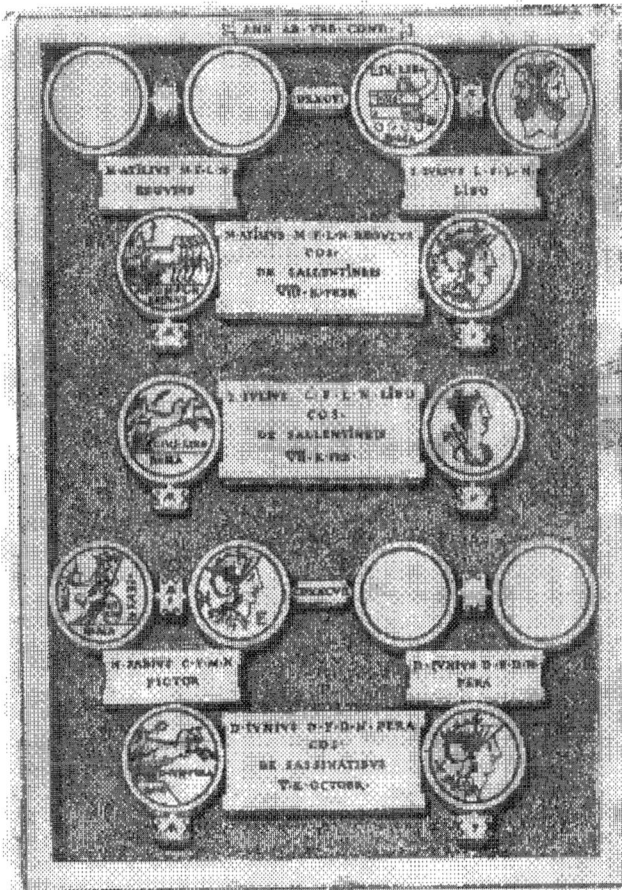

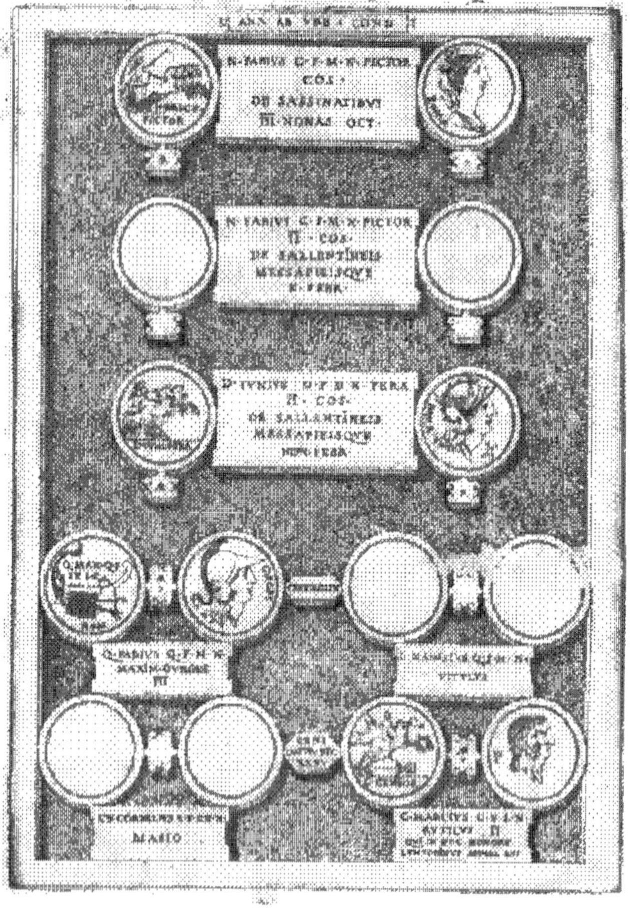
N · FABIVS C · F · M · N · PICTOR
COS ·
DE SASSINATIBVS
III · NONAS OCT ·
N · FABIVS C · F · M · N · PICTOR
II · COS ·
E · FEBR ·
D · IVNIVS D · F · D · N · PERA
II · COS ·
Q · FABIVS Q · F · M · N ·
III
VITVLVS
MASO
C · MARCIVS C · F · L · N
RVTILVS II

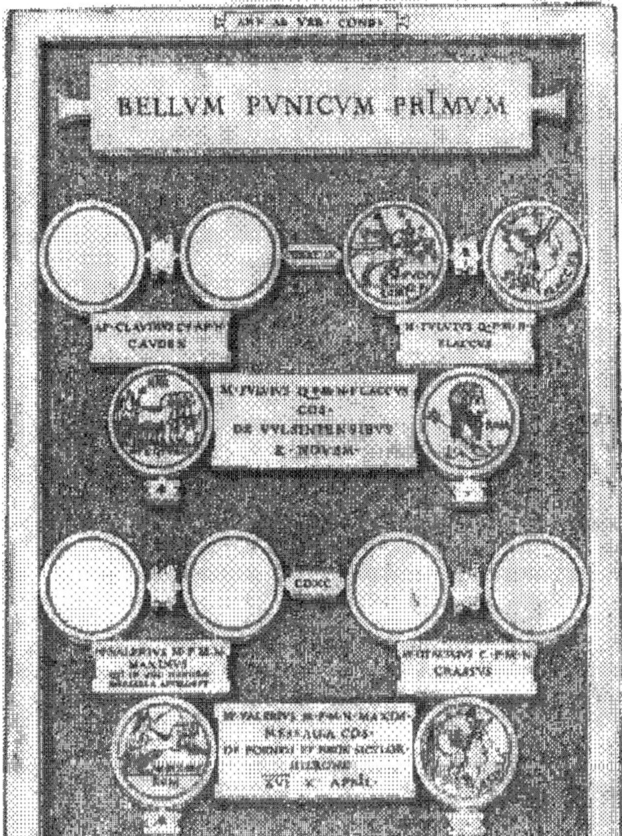

ANT AB VRB CONDI

BELLVM PVNICVM PRIMVM

M·CLAVDIVS·M·F·M·N·
CAVDEX

M·FVLVIVS·Q·F·M·F·
FLACCVS

M·FVLVIVS·Q·M·N·FLACCVS
COS·
DE·VVLSINIENSIBVS
K·NOVEM·

MAXIMVS
 III·VIR·

A·ATINIVS·C·F·M·N·
CRASSVS

M·VALERIVS·M·F·M·N·MAXIMVS
MESSALLA·COS·
DE·POENEIS·ET·PHILO·SICVLAIS·
III·IDVVM·
XVI·X·APRIL·

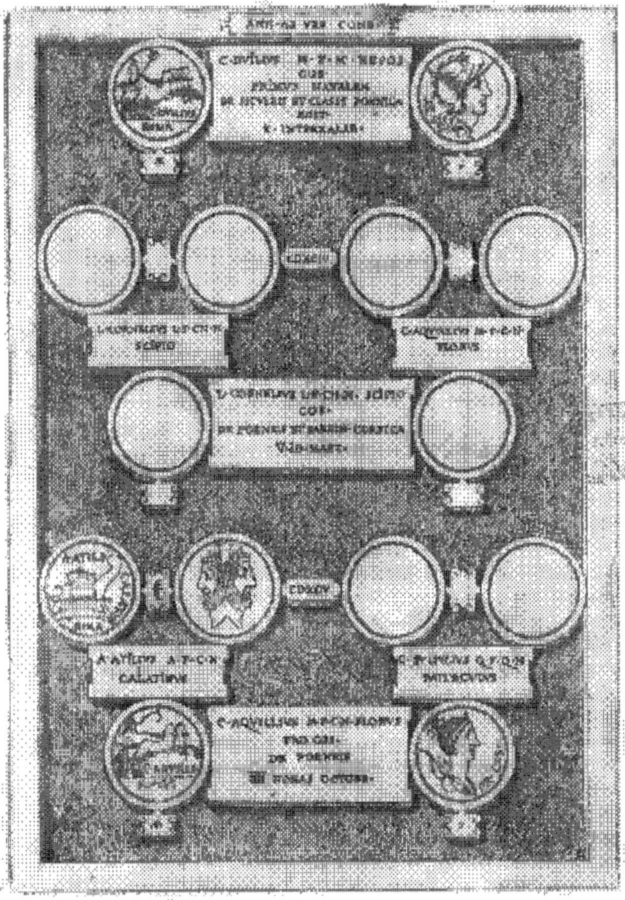

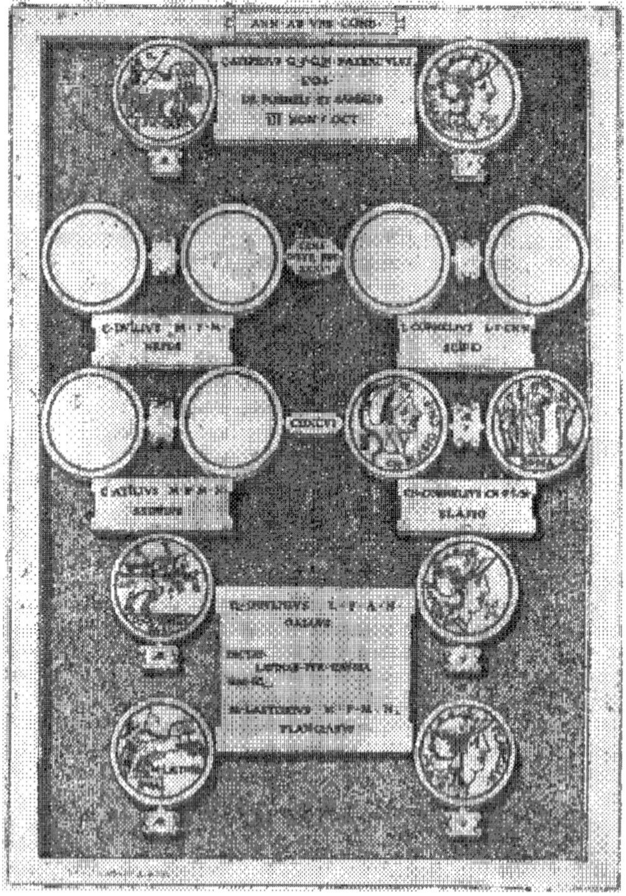

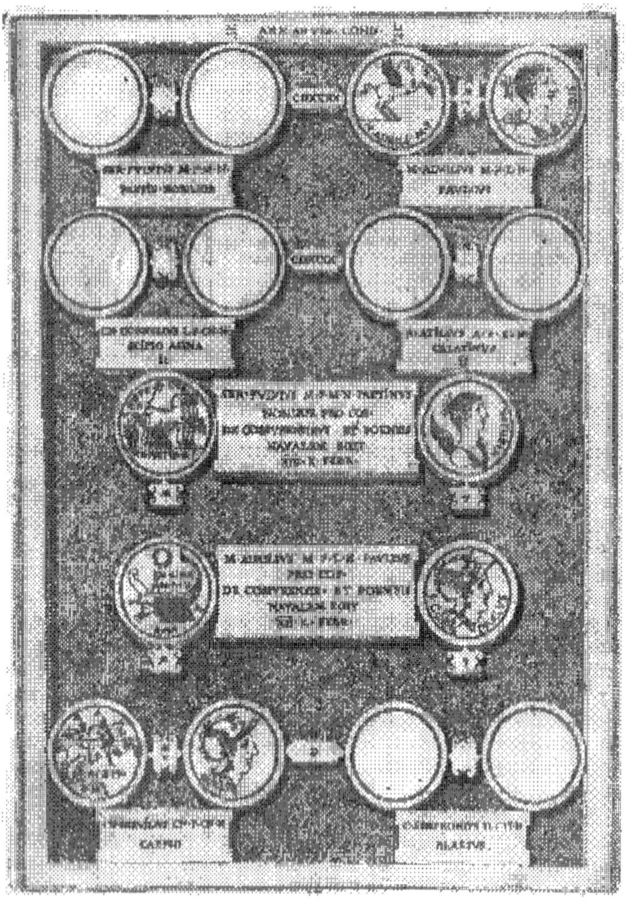

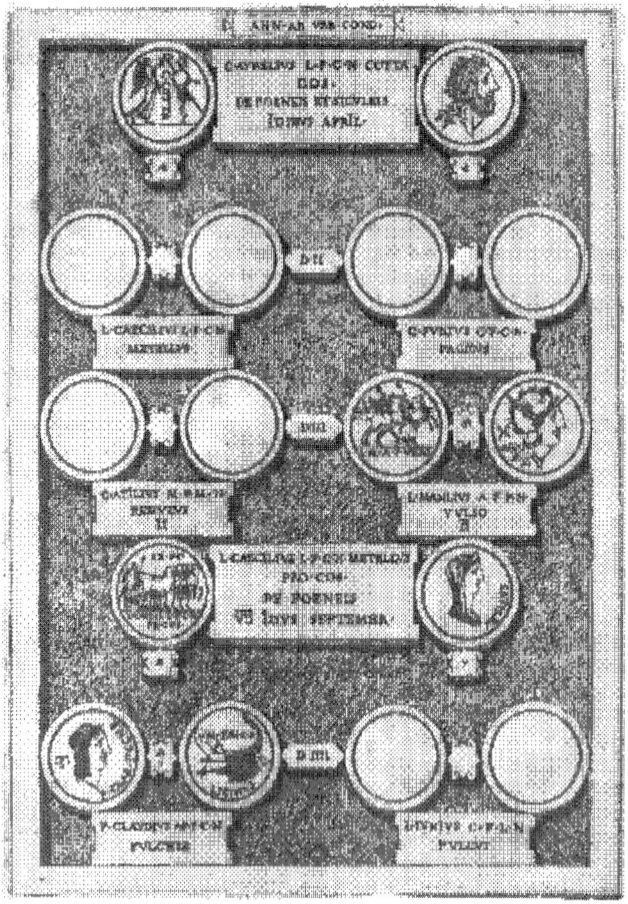

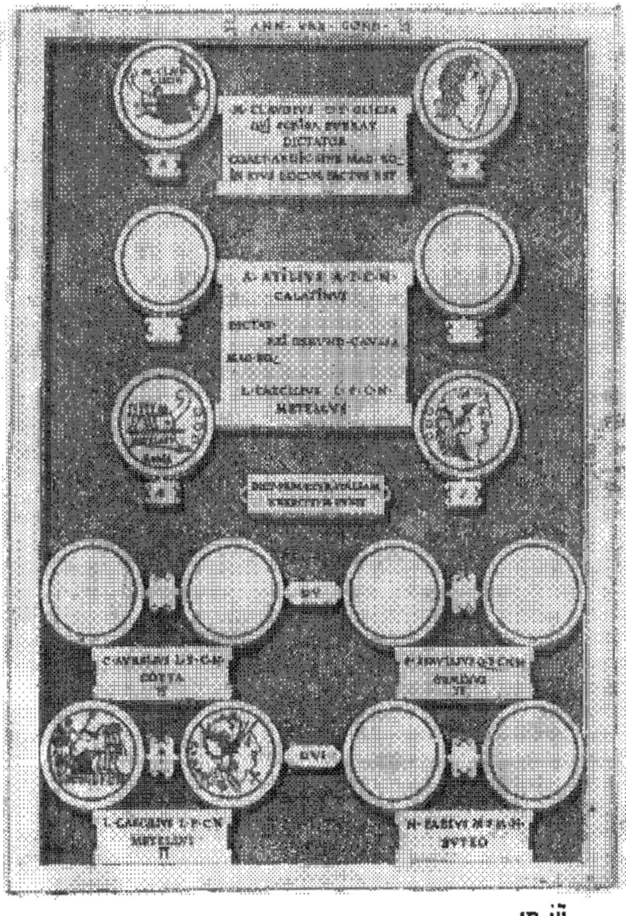
DICTATOR
A. ATILIVS A. F. C. N.
CALATINVS
C. AVRELIVS L. F. C. N.
COTTA
L. CAECILIVS L. F. C. N.
METELLVS
II
N. FABIVS M. F. M. N.
BVTEO

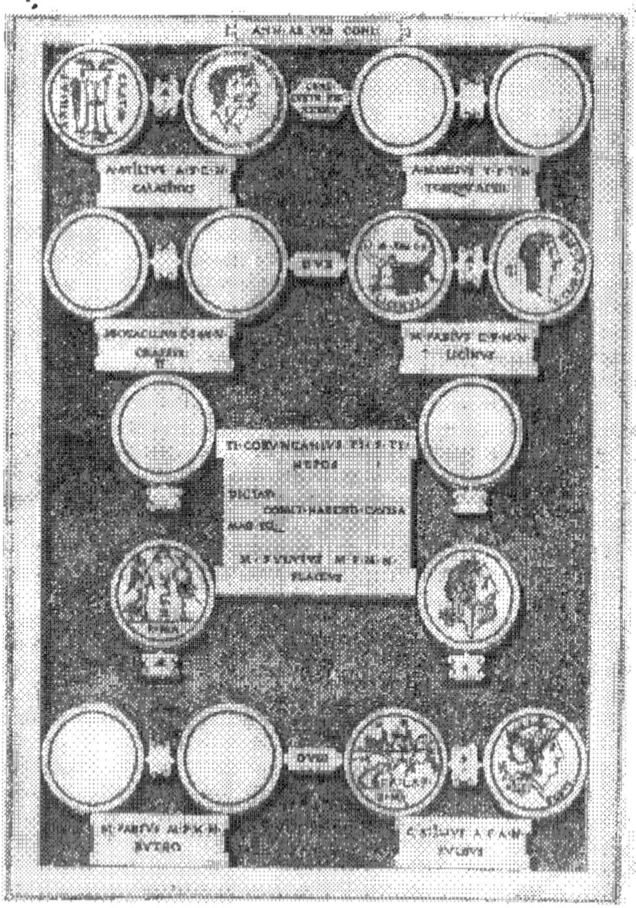
DICTAT
COMITI·HABENDI·CAVSA

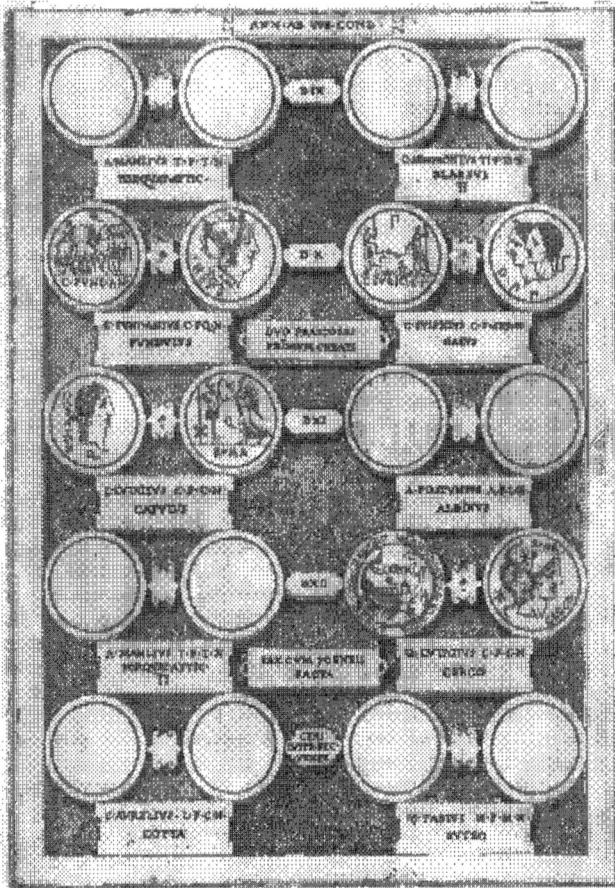

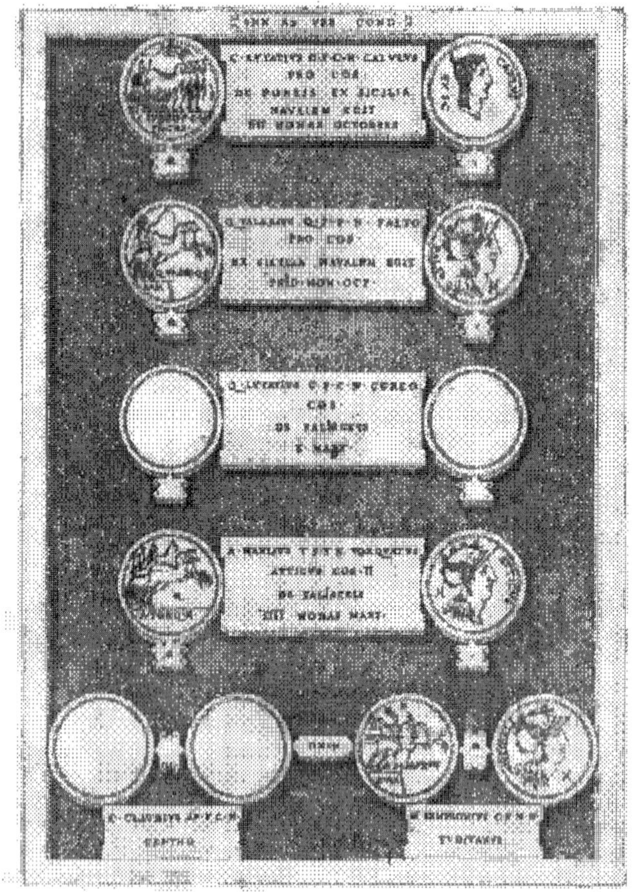

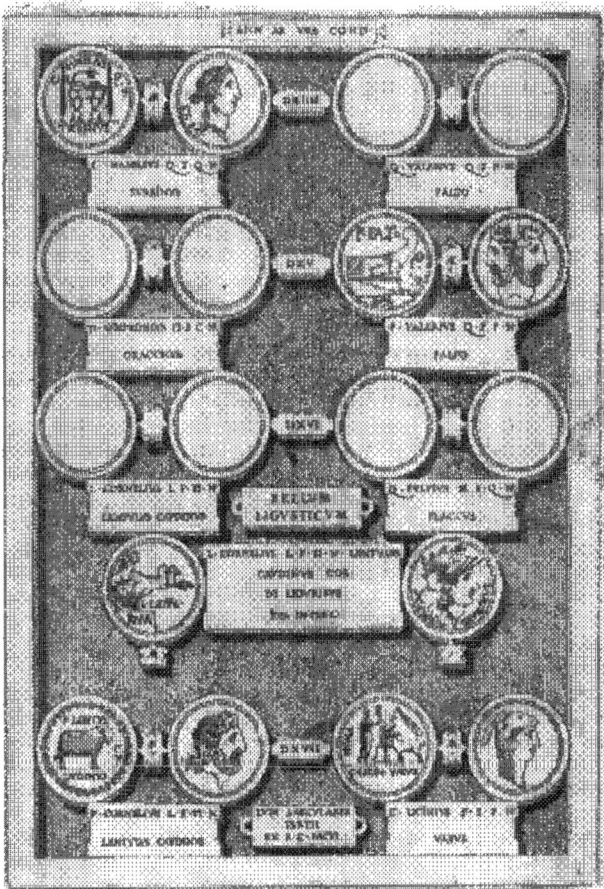
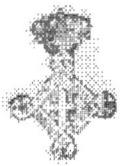
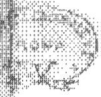

n

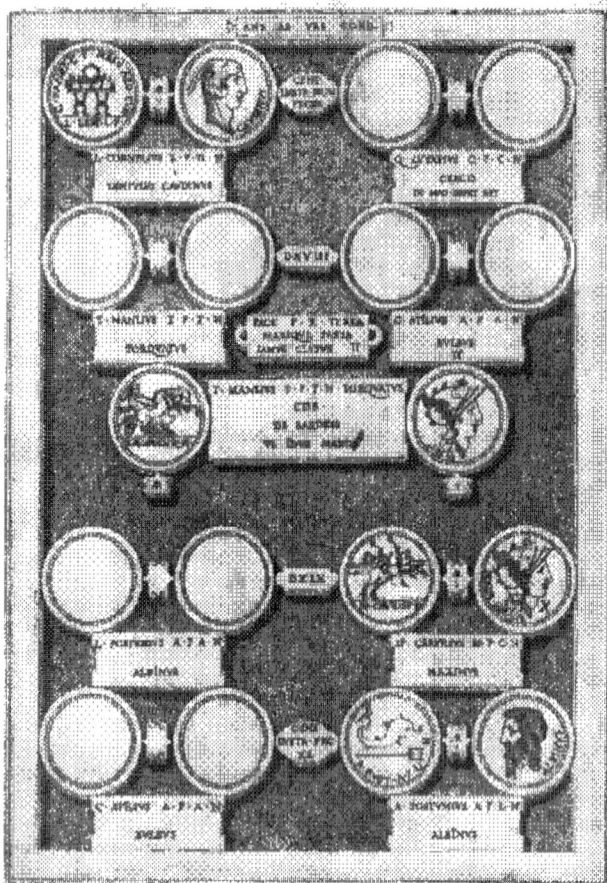

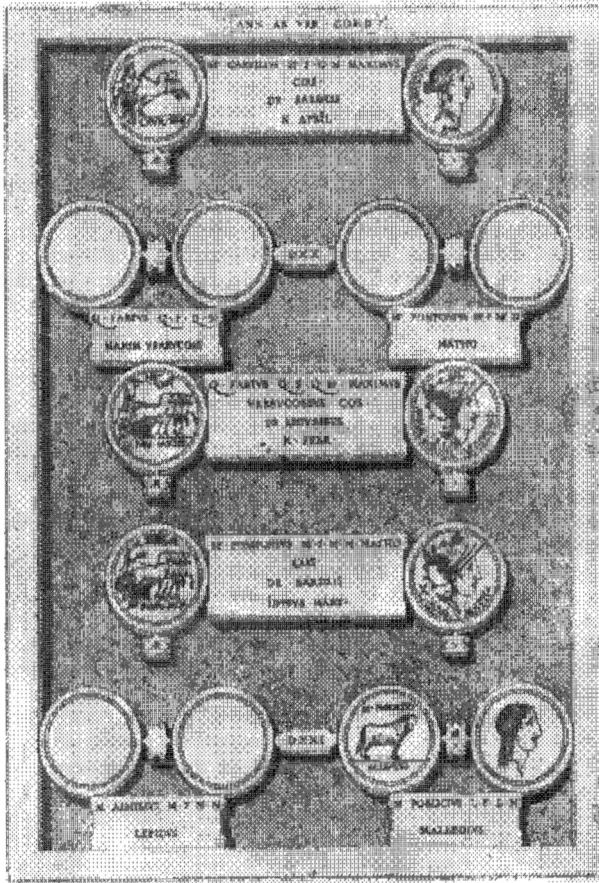

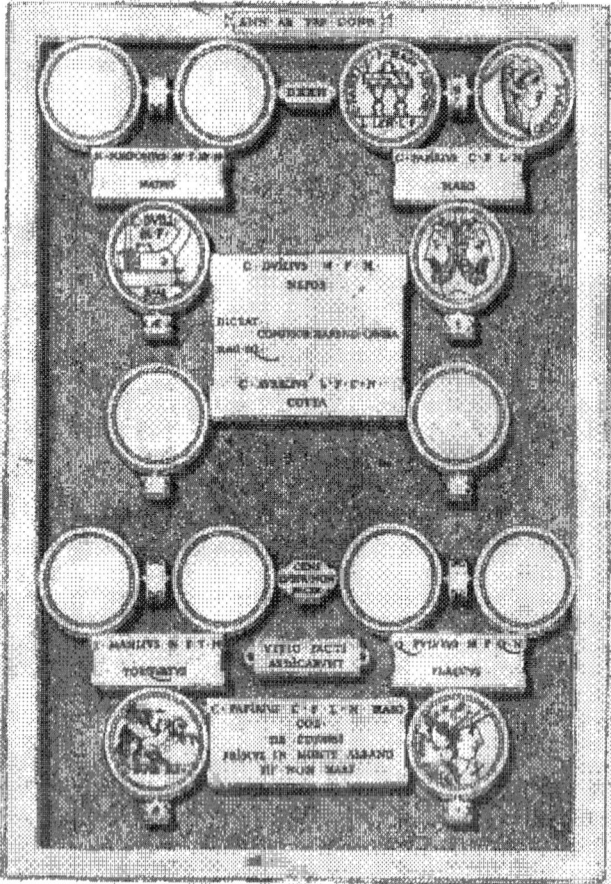

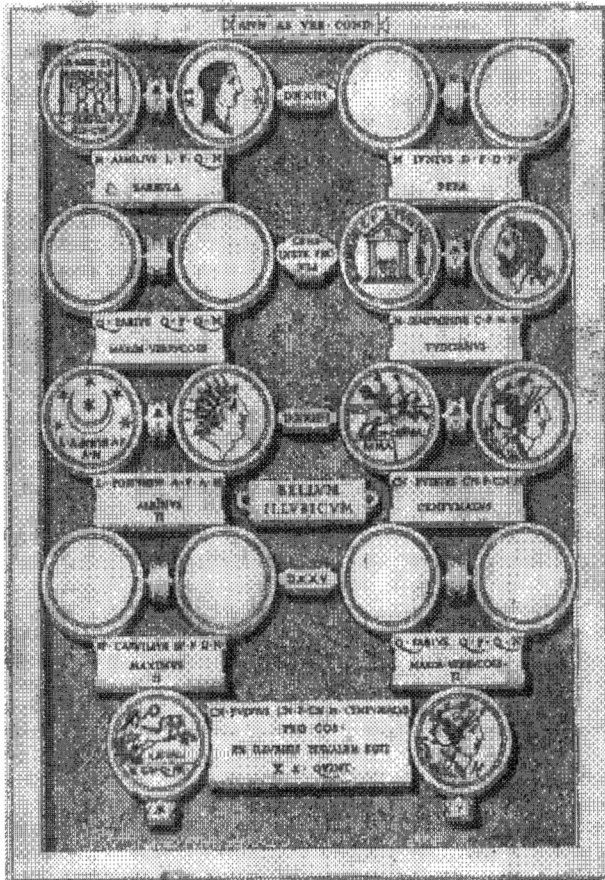

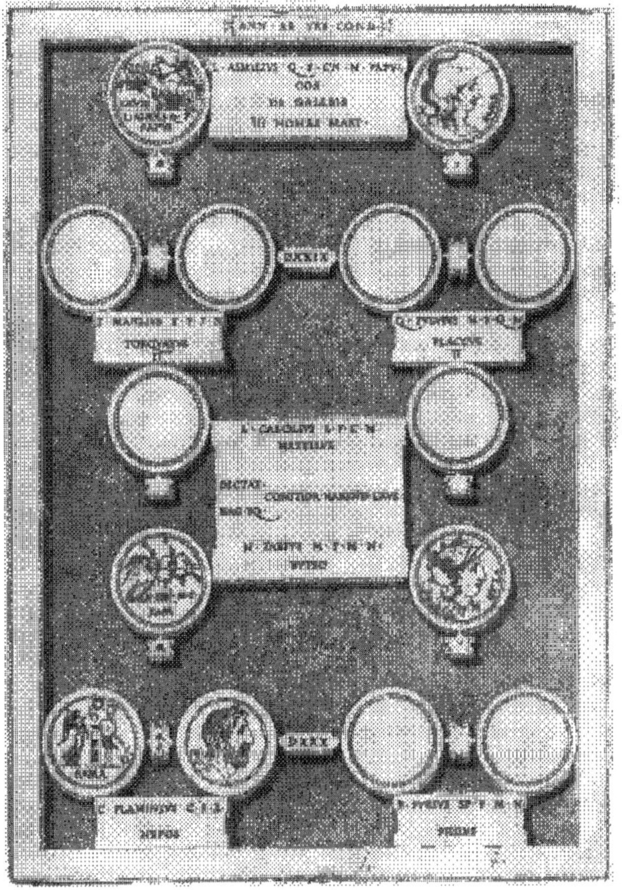

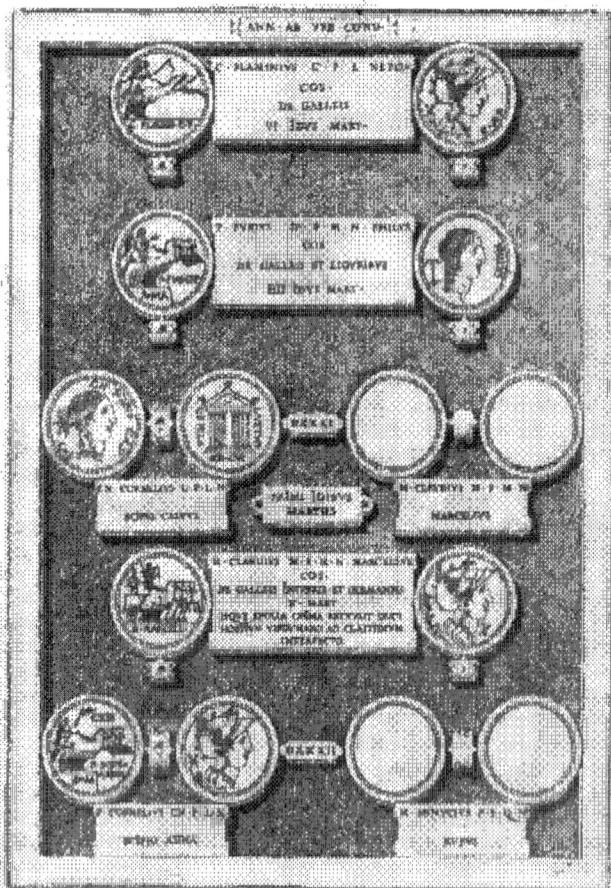

BELLVM PVNICVM SECVNDVM

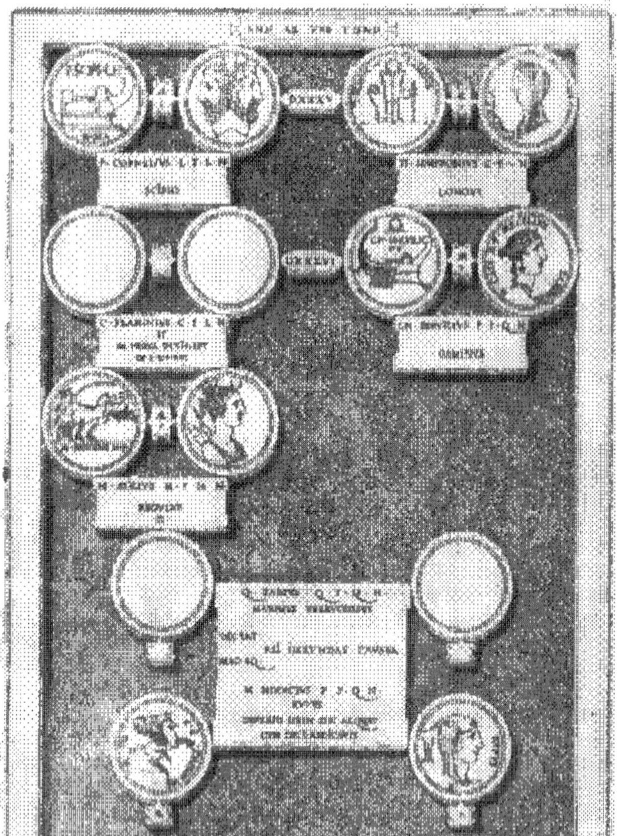

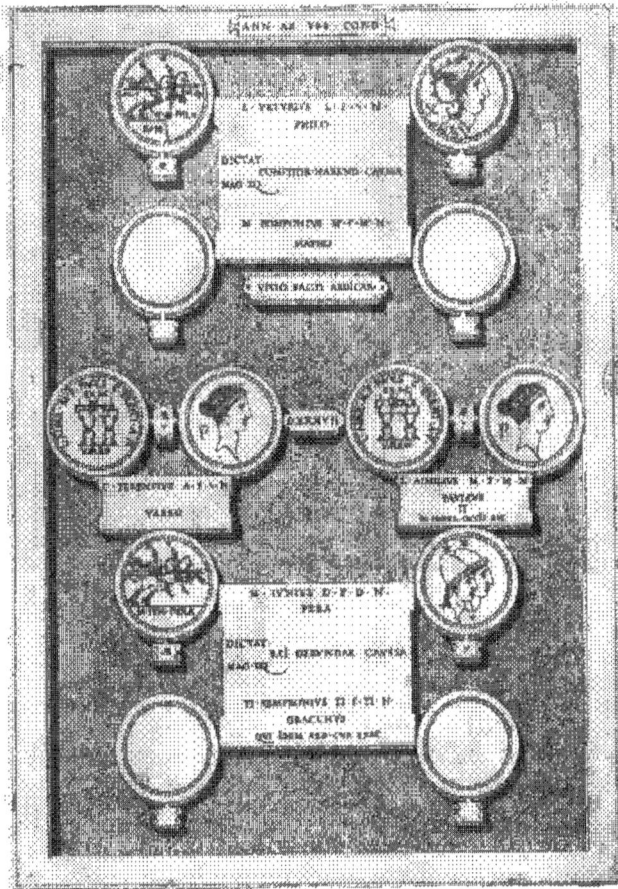

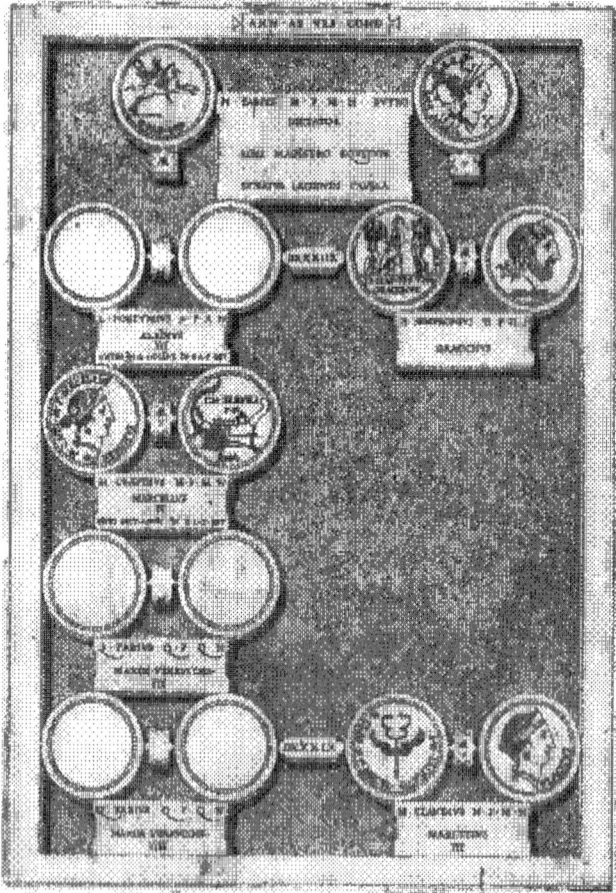

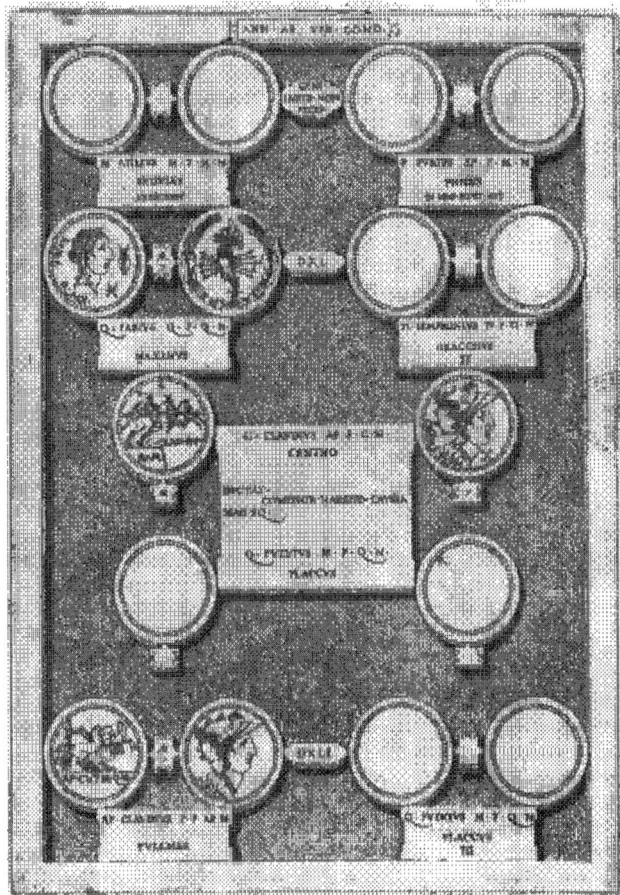

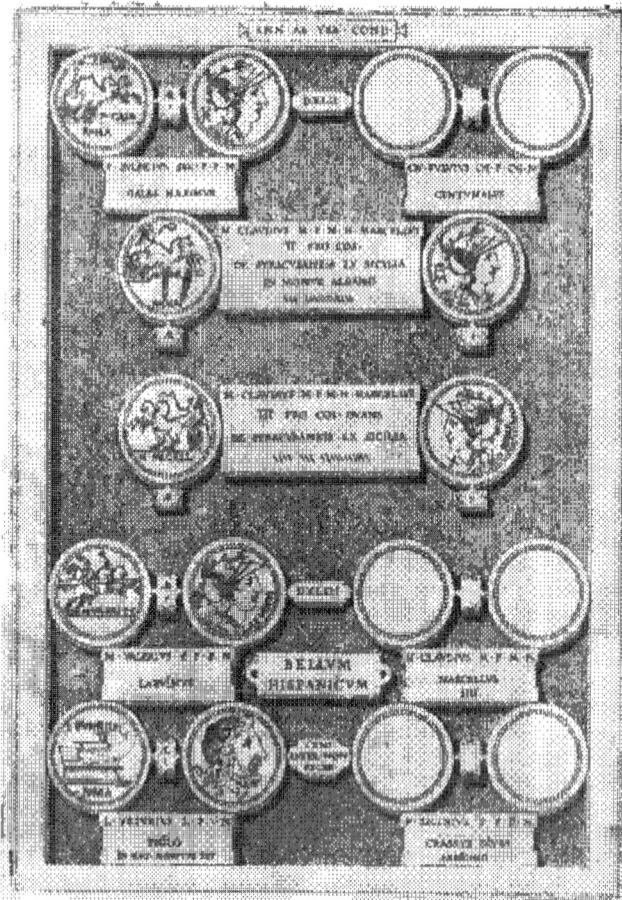

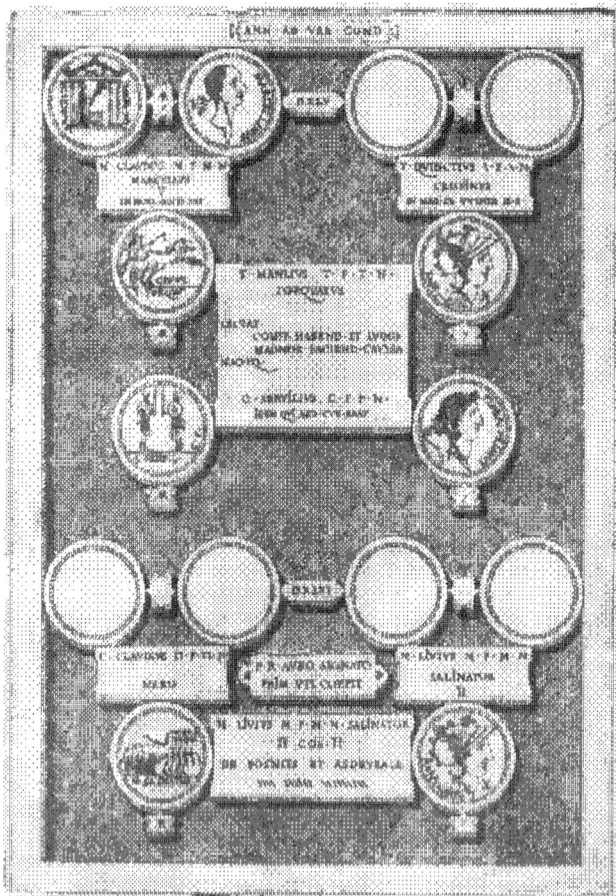

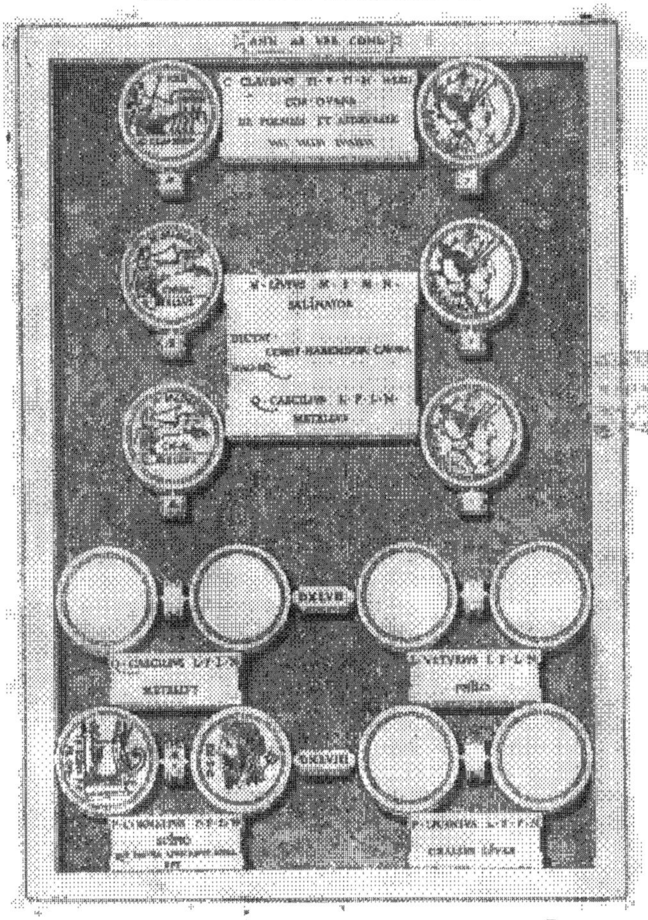

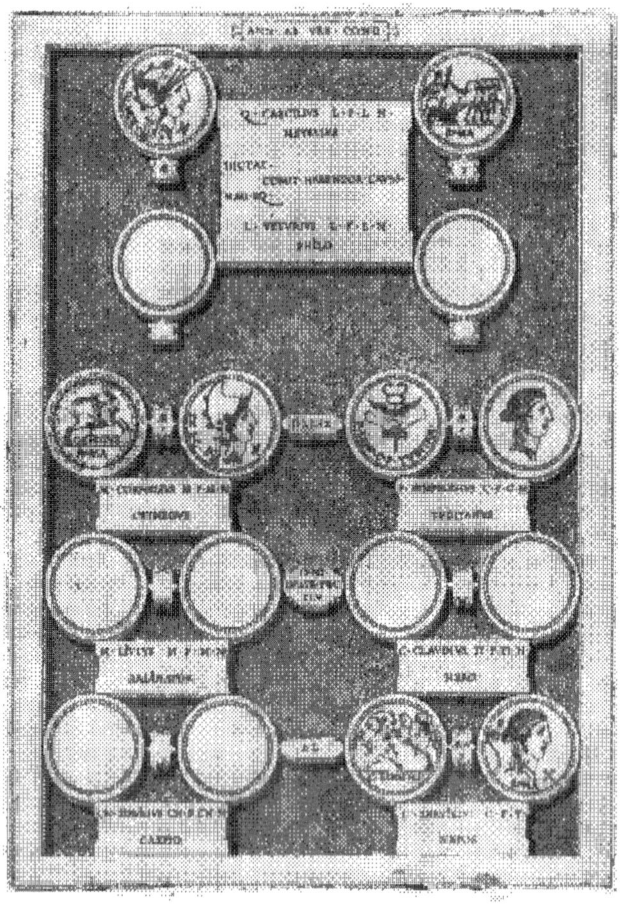

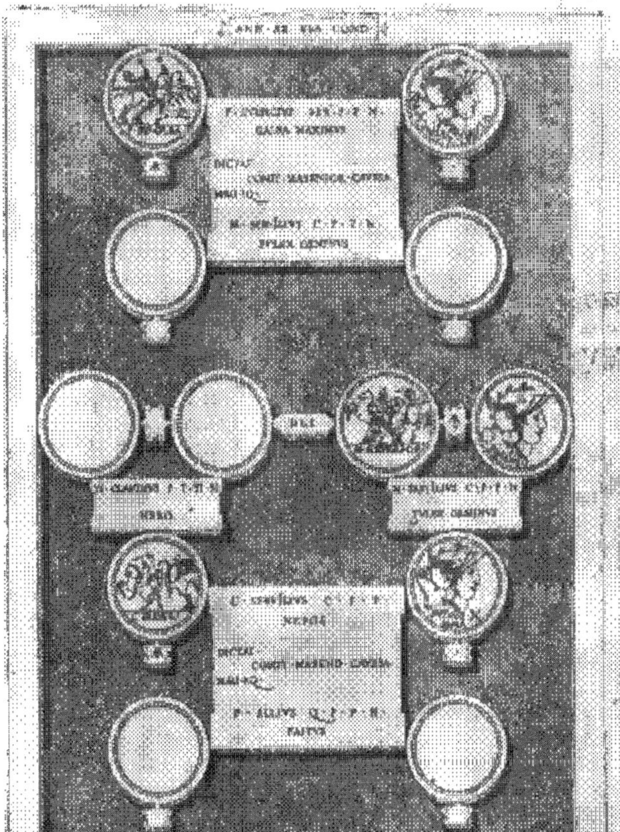

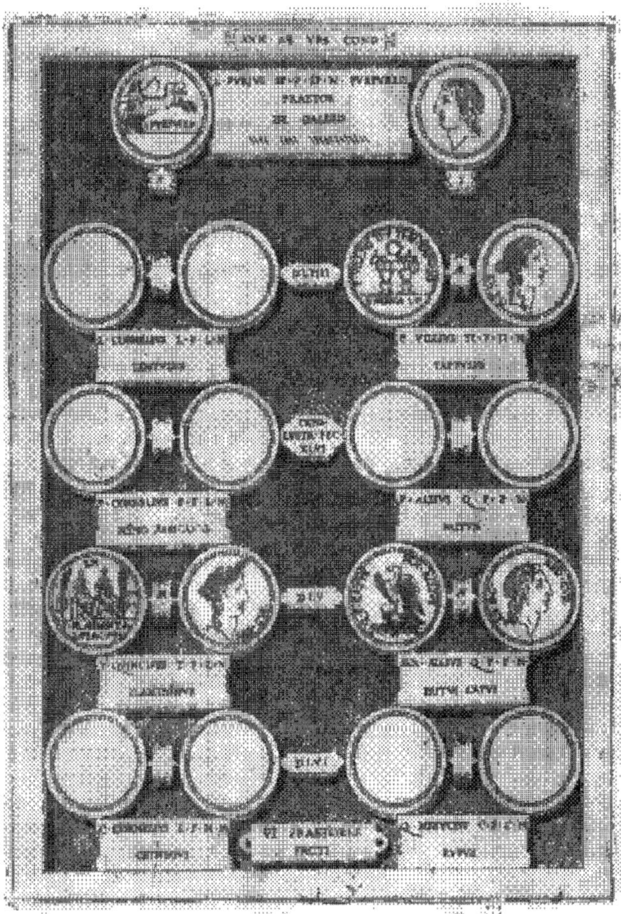

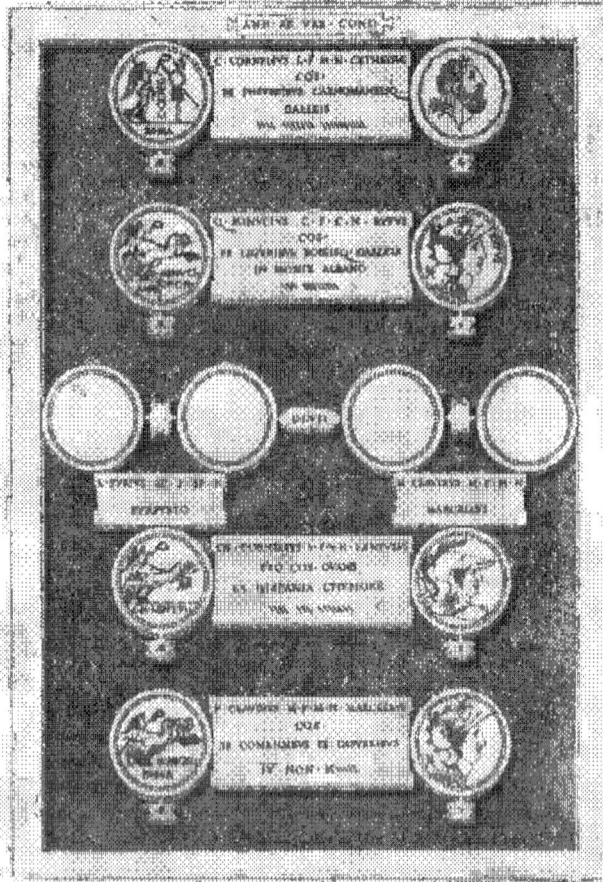

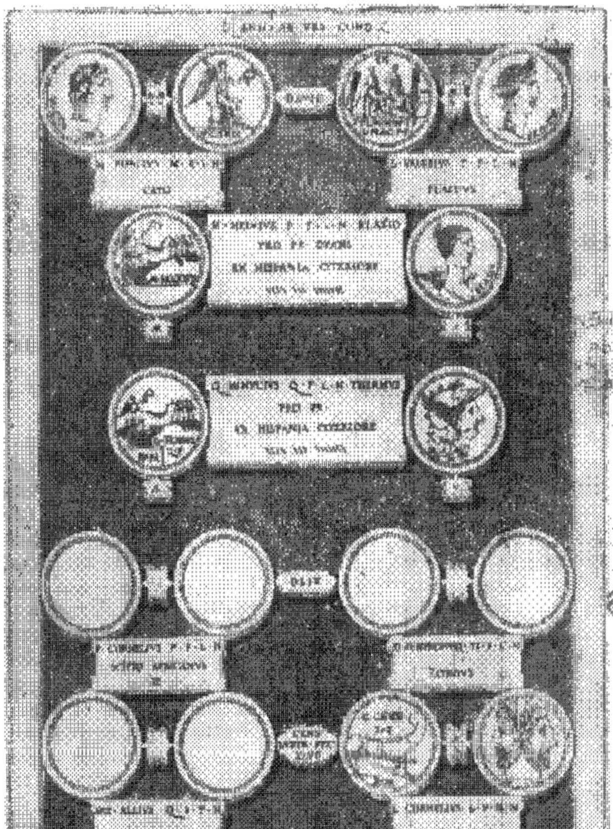

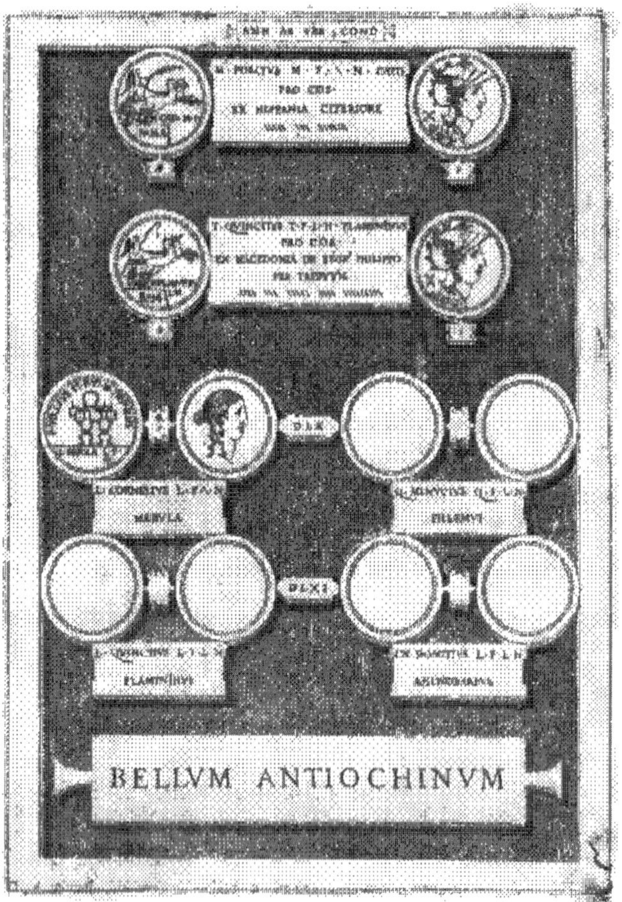
BELLVM ANTIOCHINVM

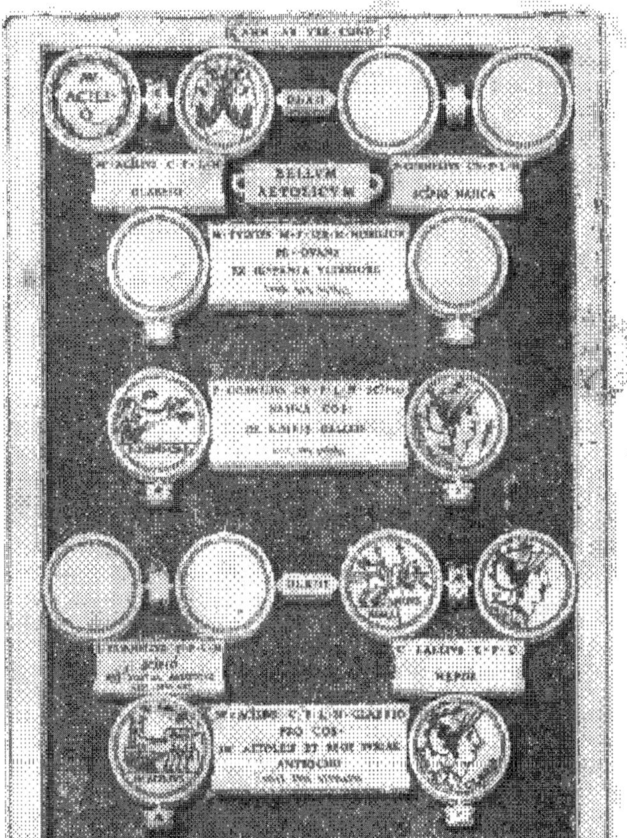
BELLVM
AETOLICVM
SCIPIO NASICA
NASICA COS
PRO COS
ANTIOCHO
NEPOS

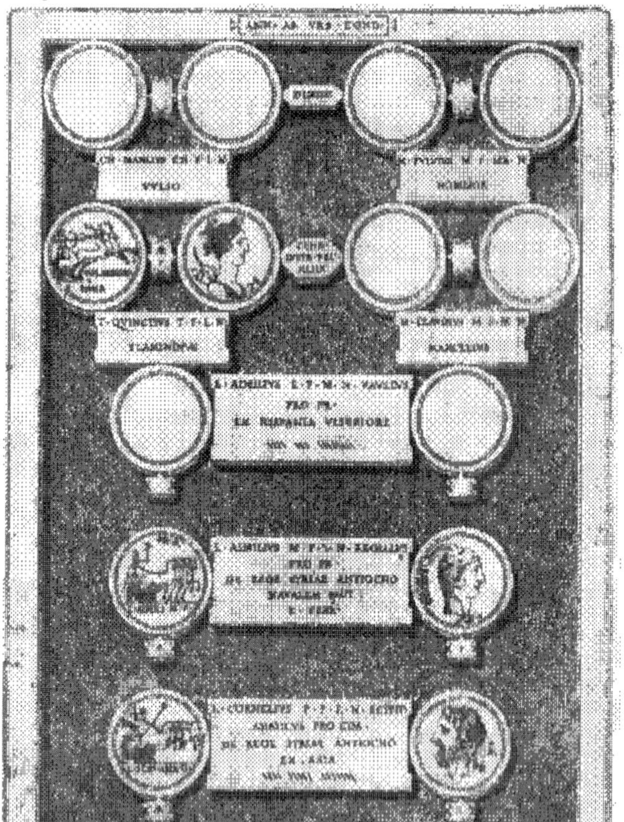

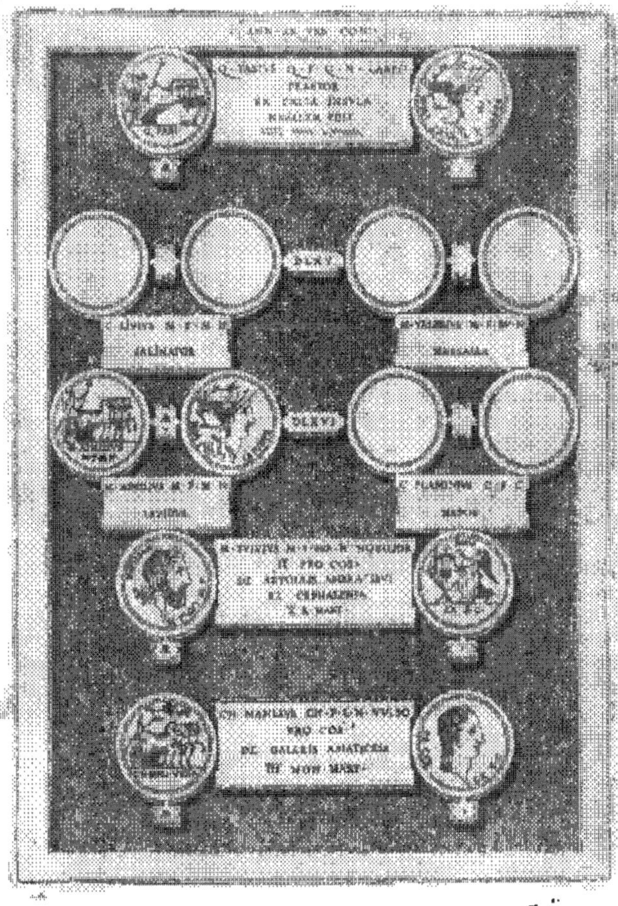
SALINATOR
PRO COS
EX CEPHALENIA
PRO COS

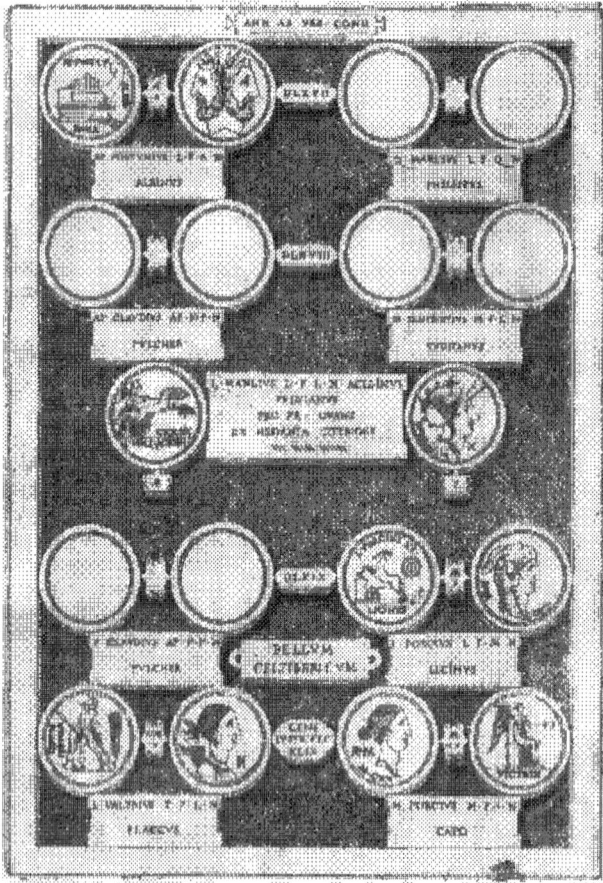

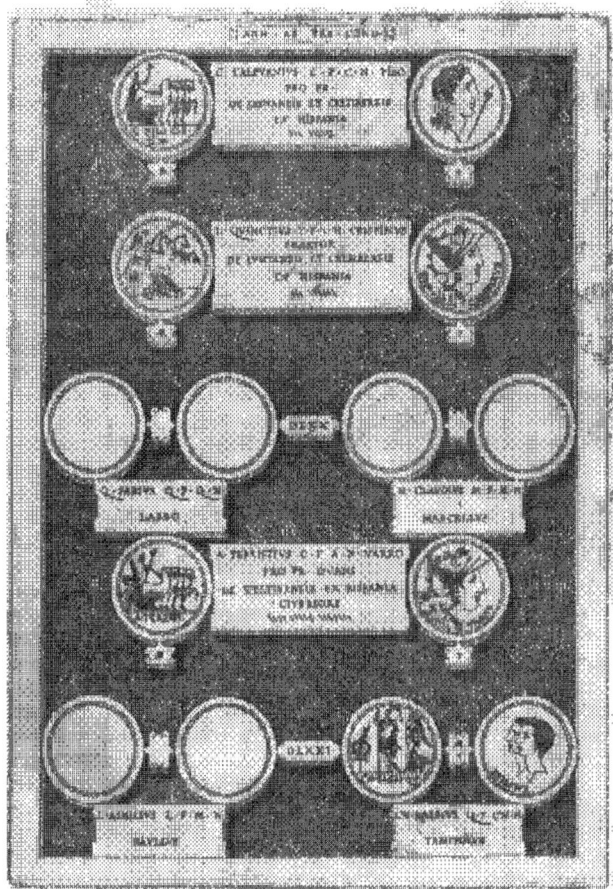

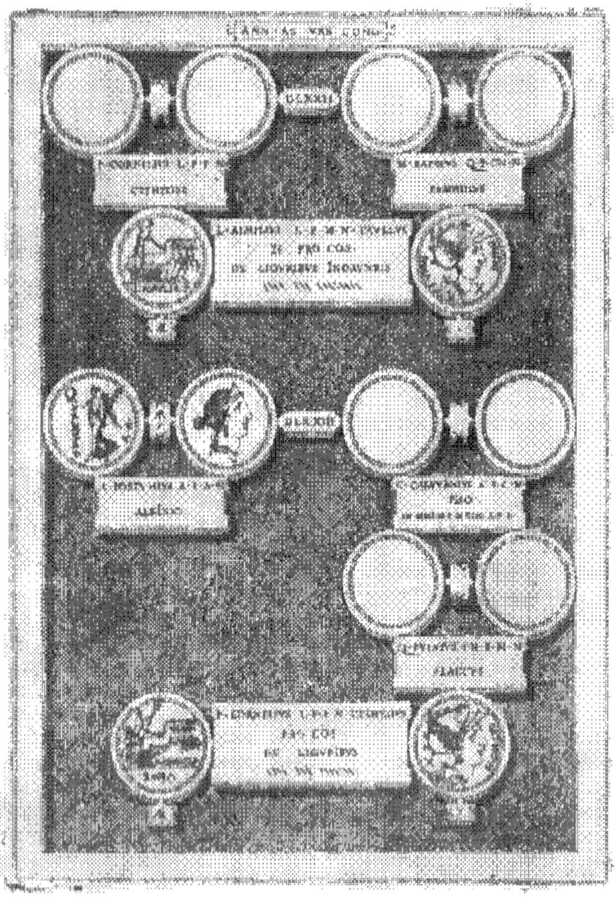

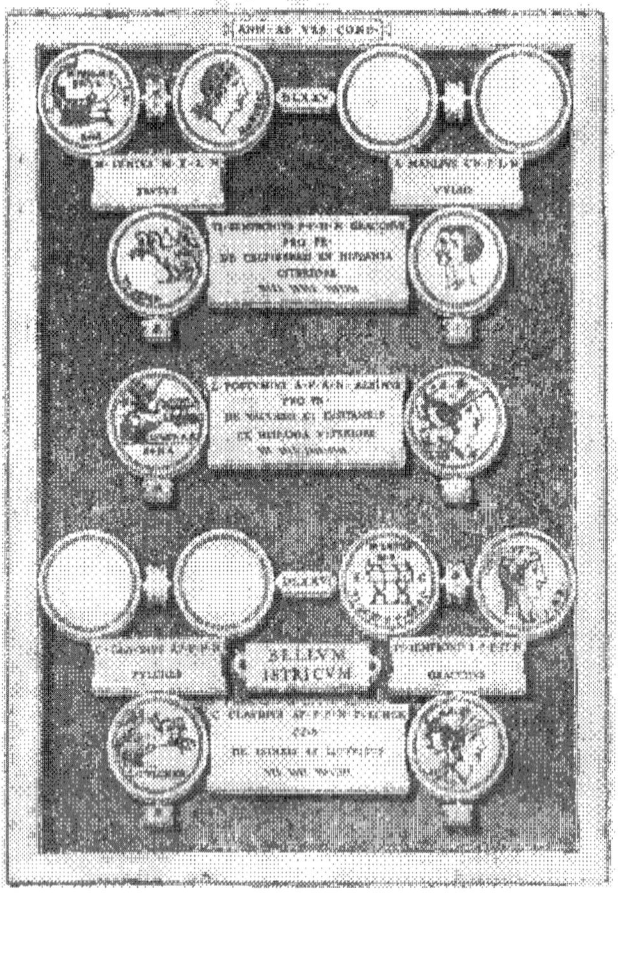
BELLVM
ISTRICVM

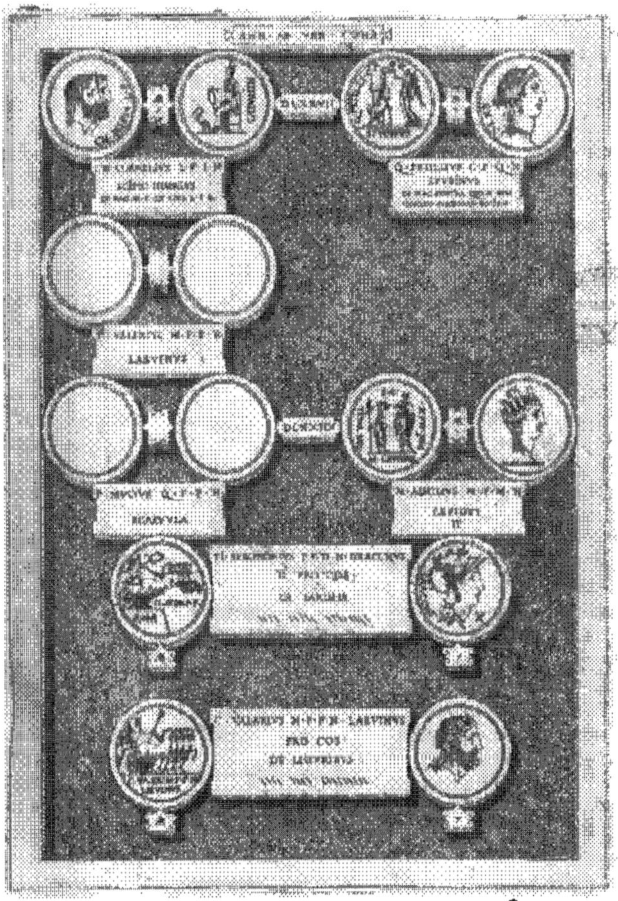
PRO COS

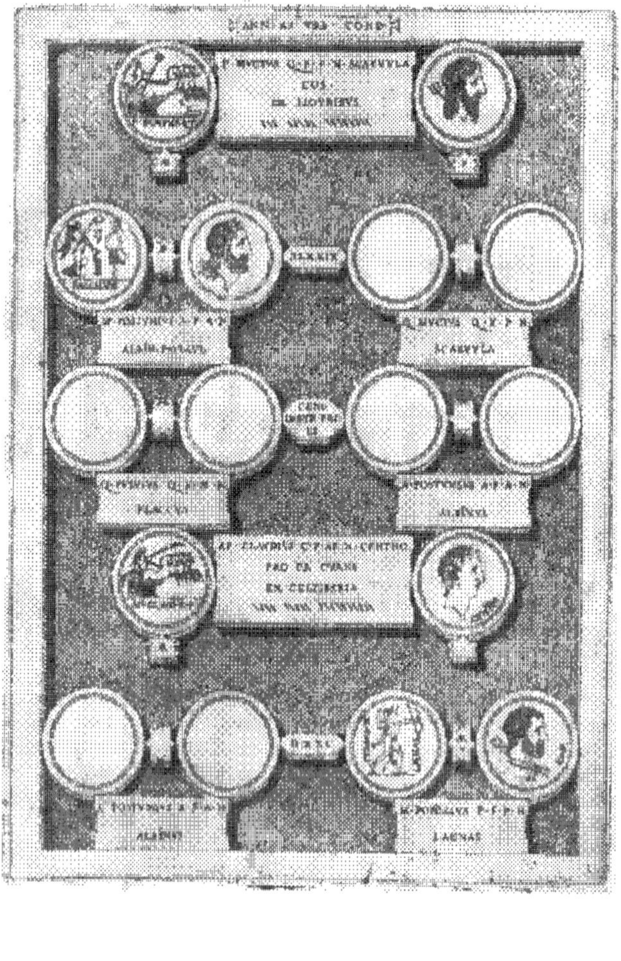

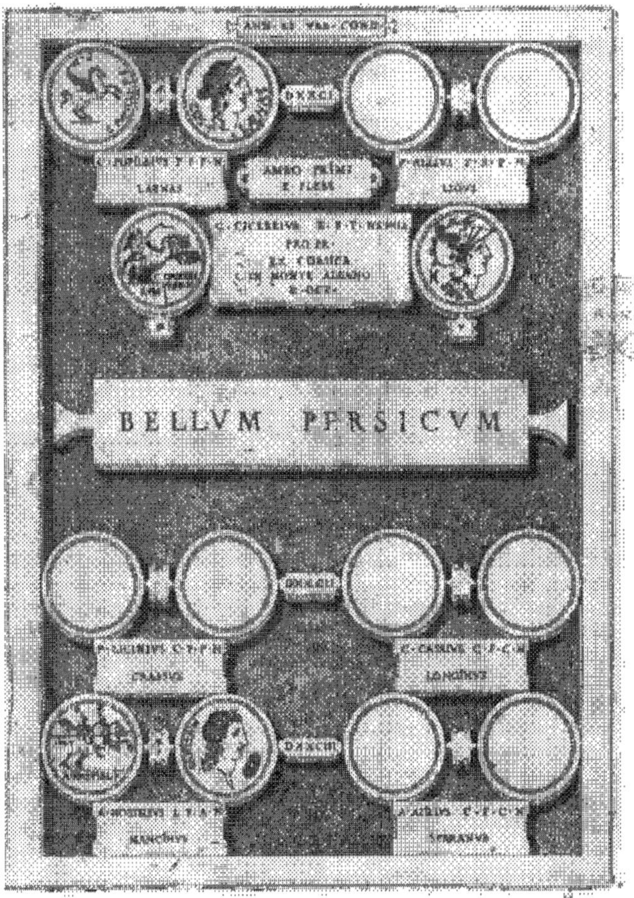
BELLVM PERSICVM

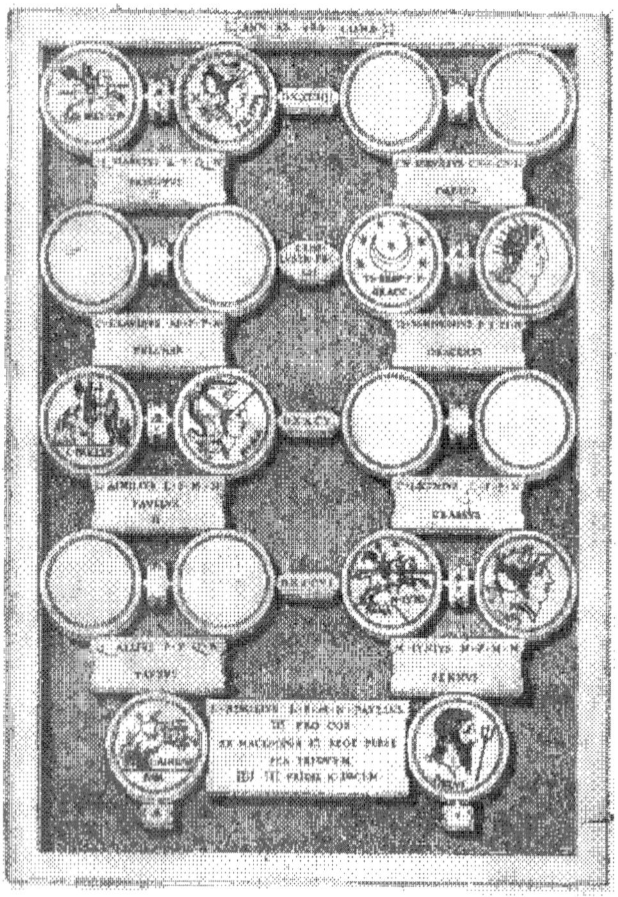

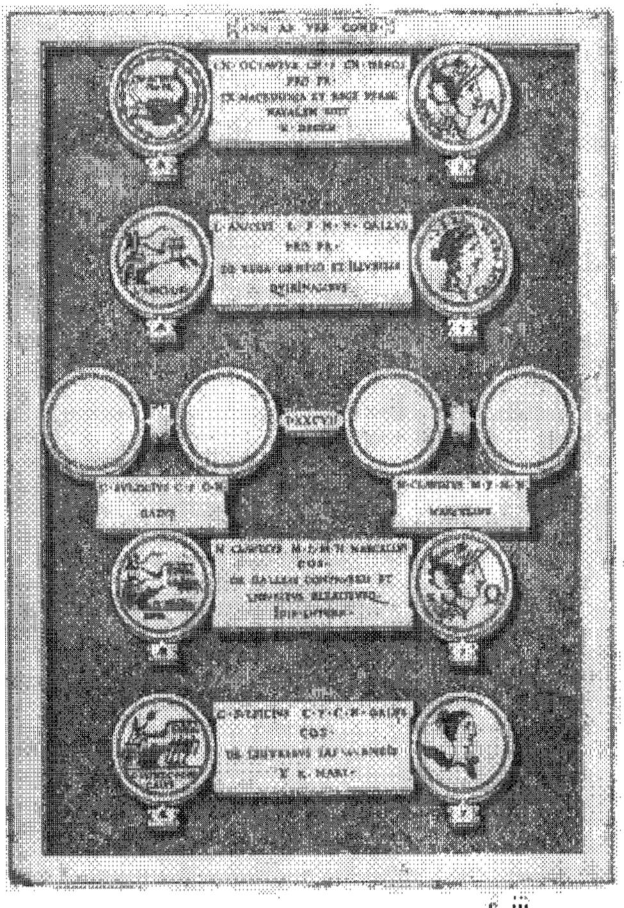
ANN AB VRB COND
PRO PR
COS

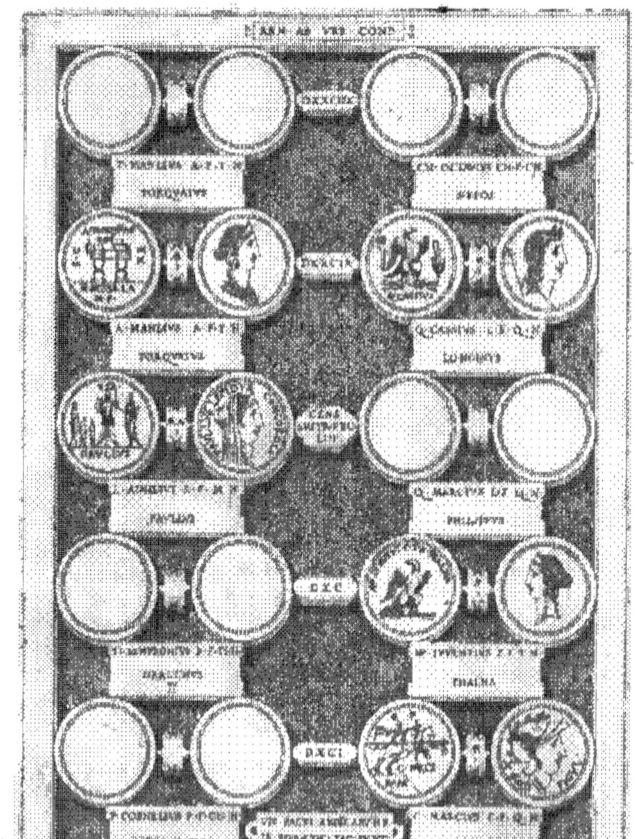

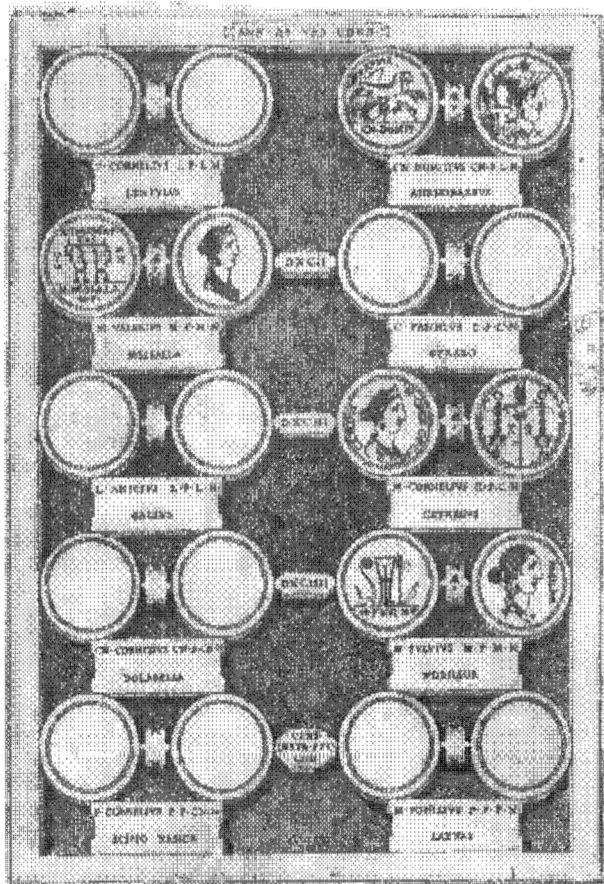

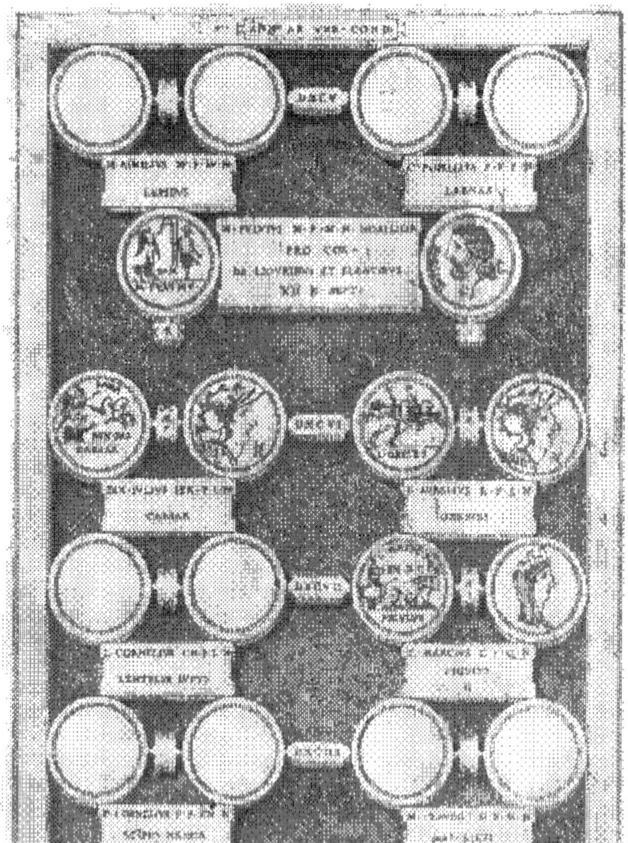

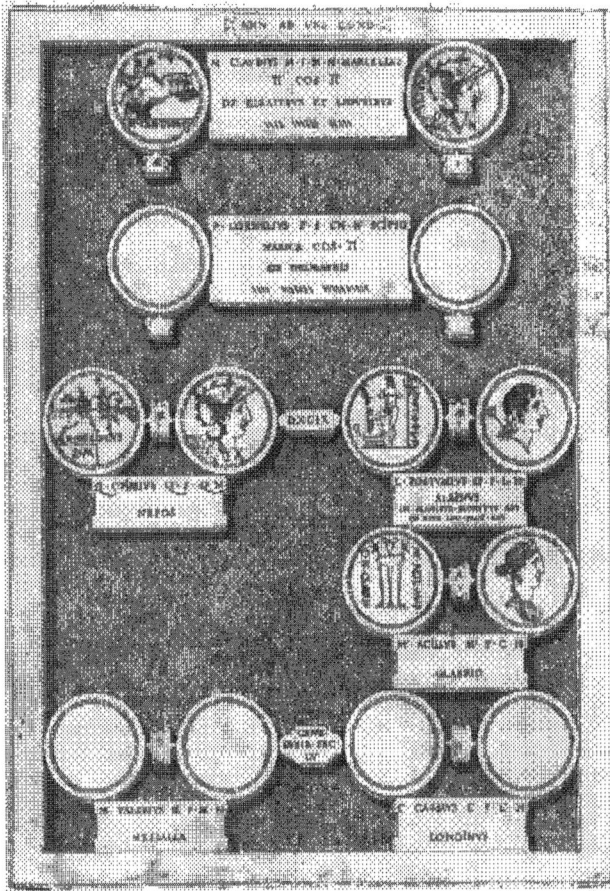

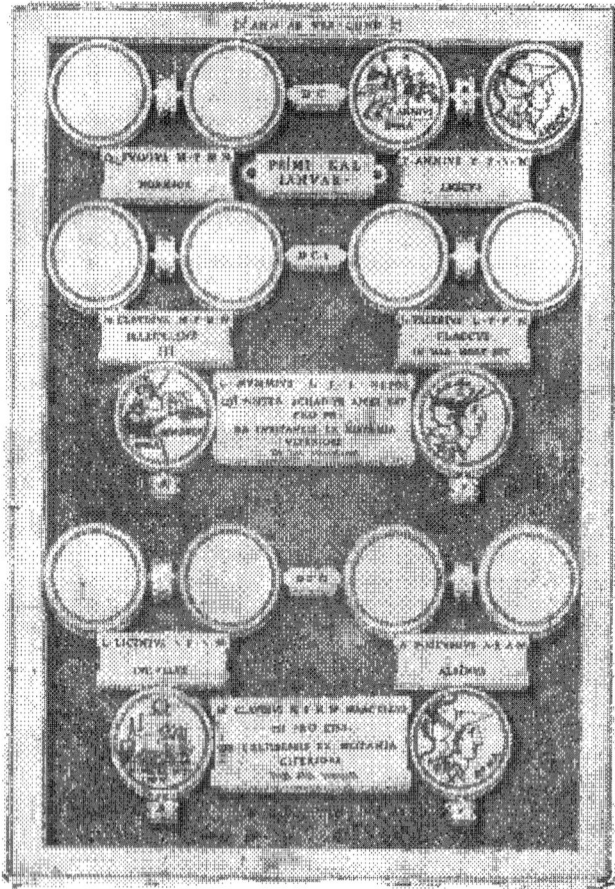

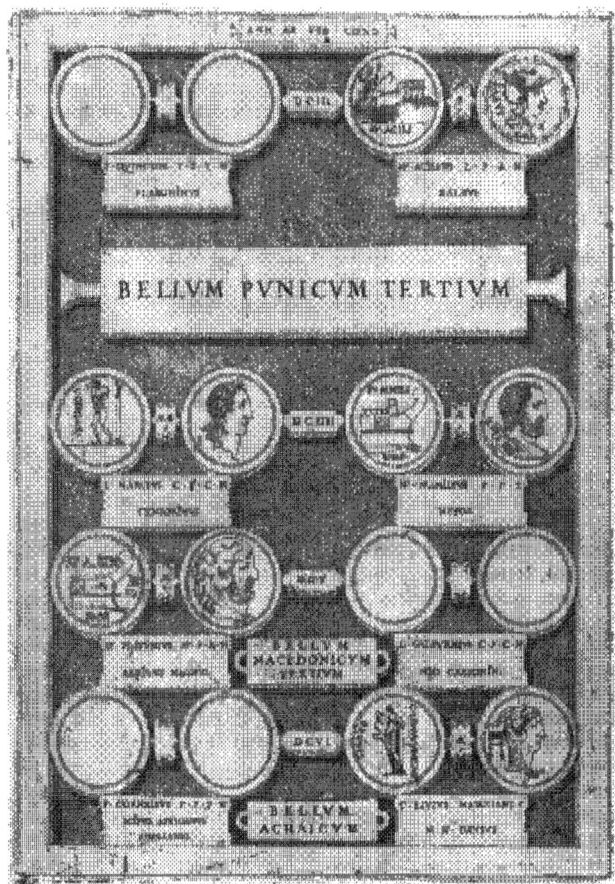

BELLVM PVNICVM TERTIVM

BELLVM
MACEDONICVM
TERTIVM

BELLVM
ACHAICVM

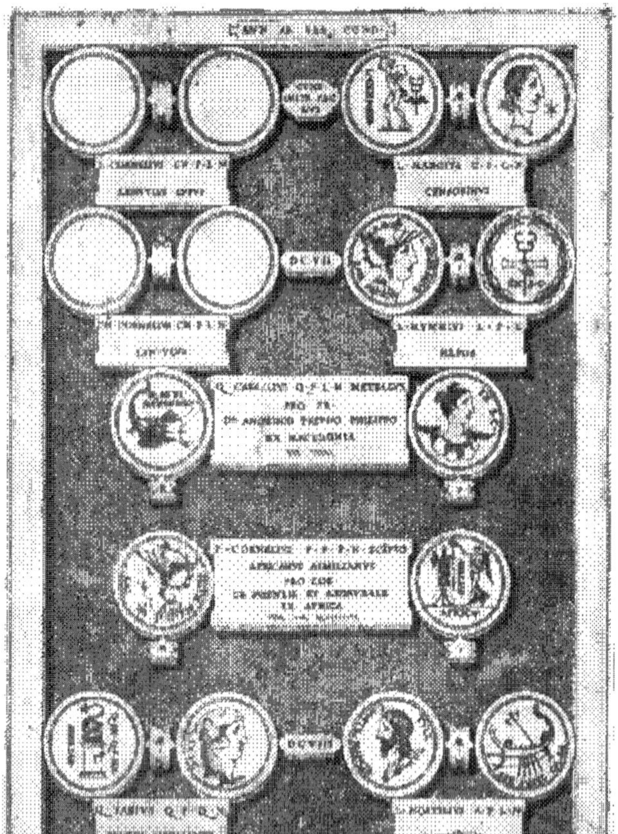

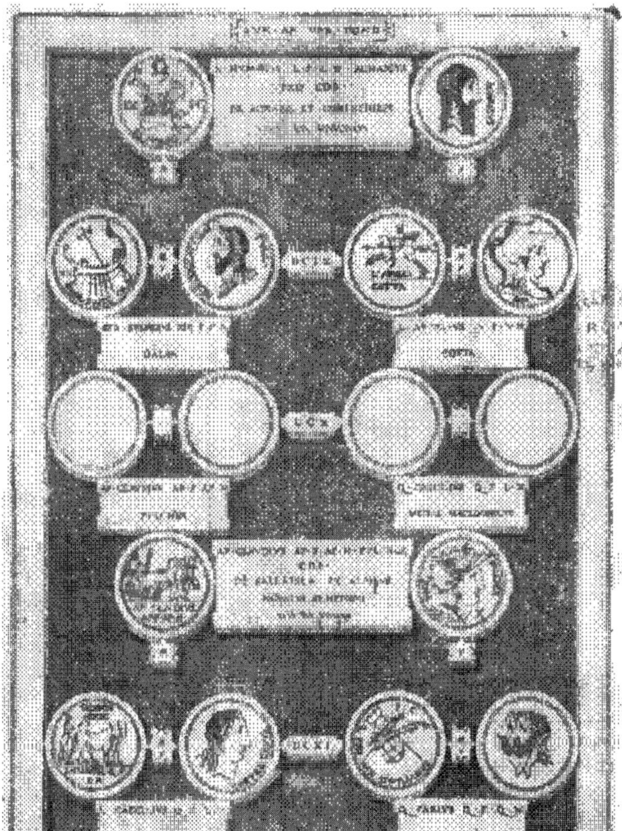

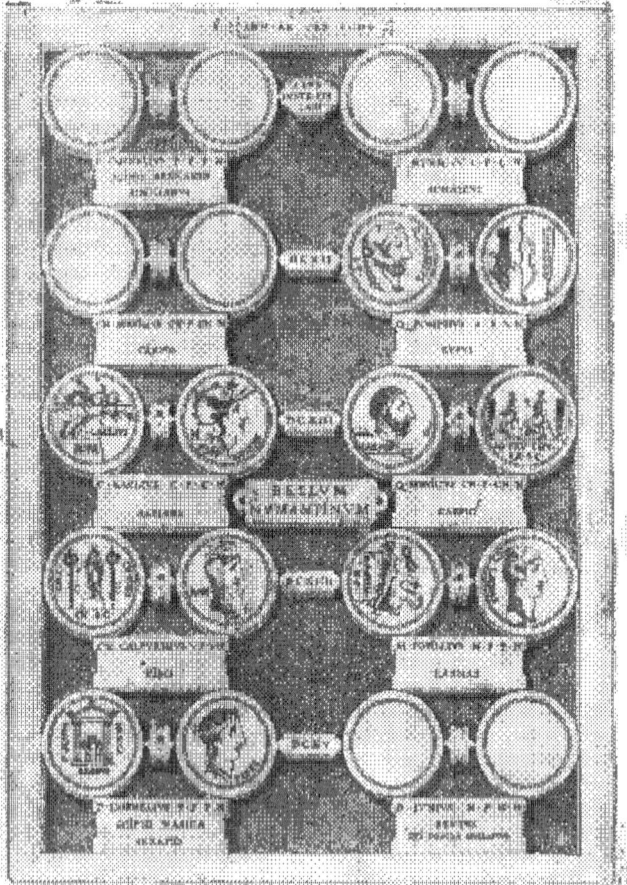

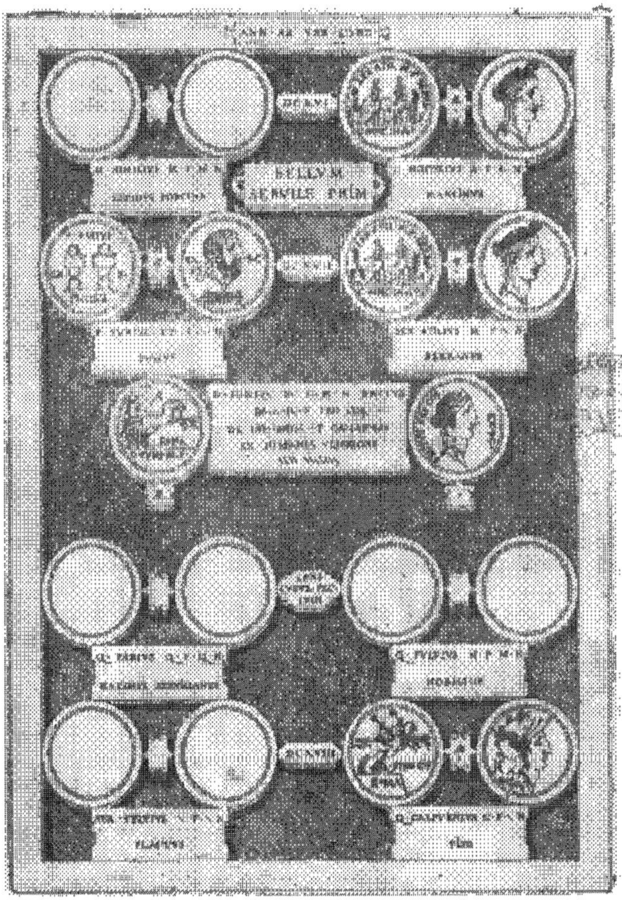

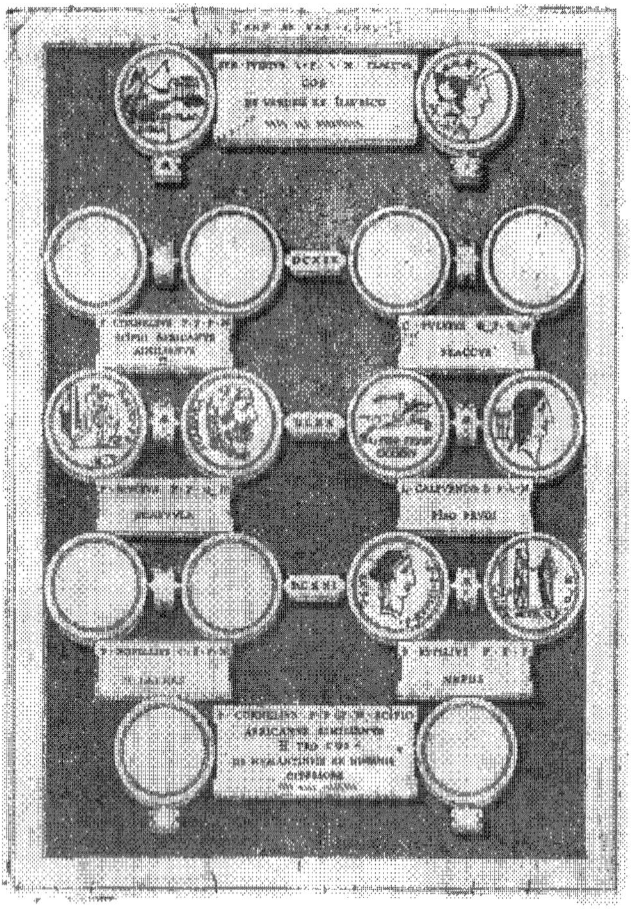

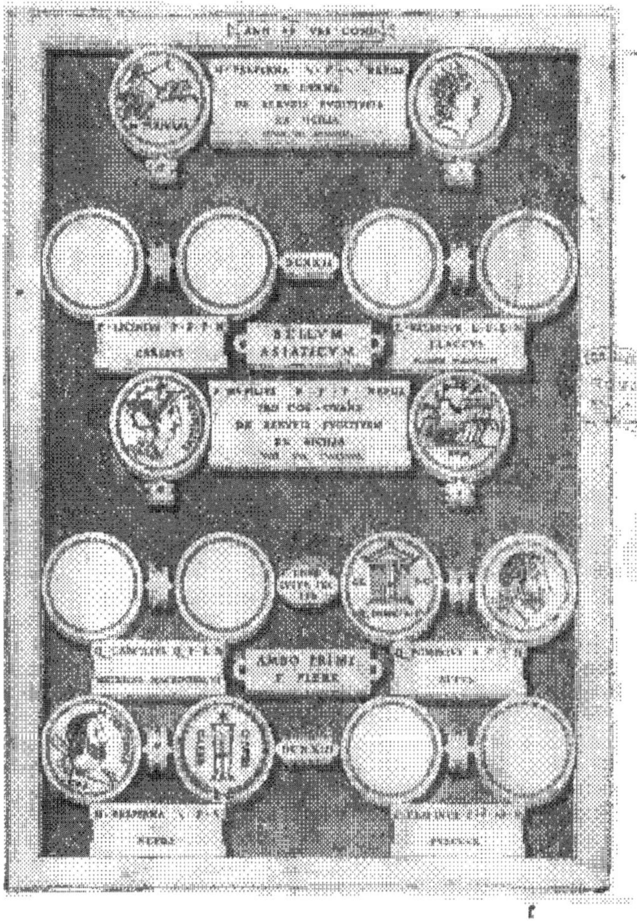

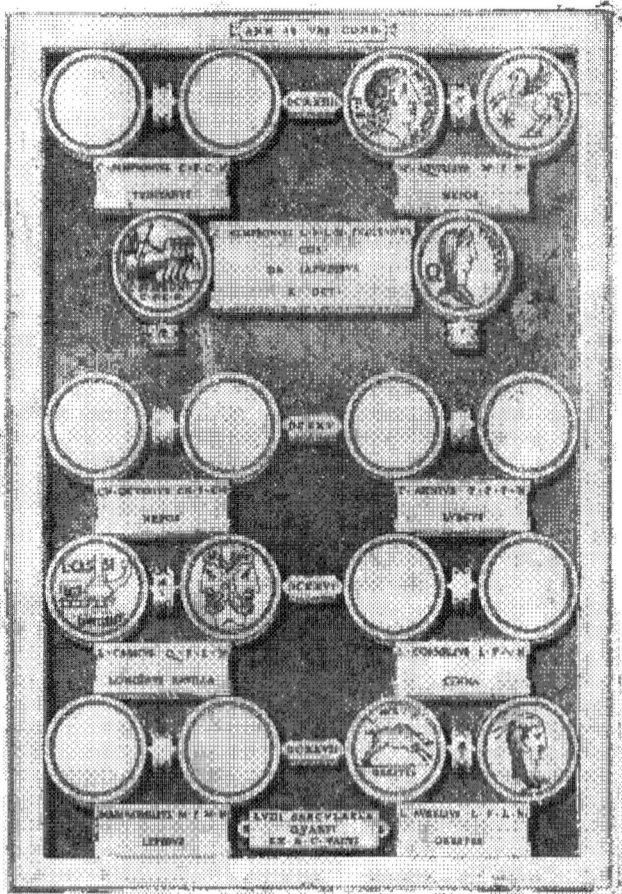

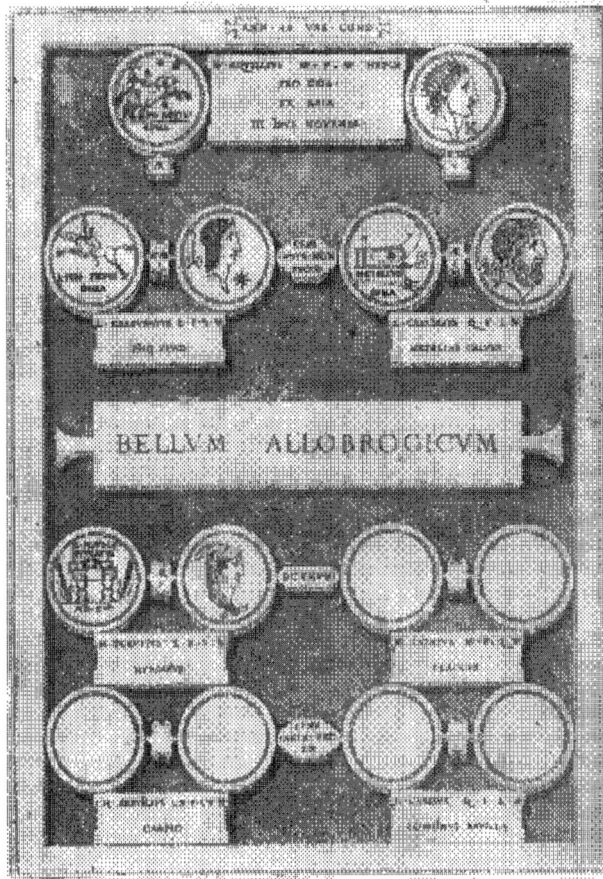

BELLVM ALLOBROGICVM

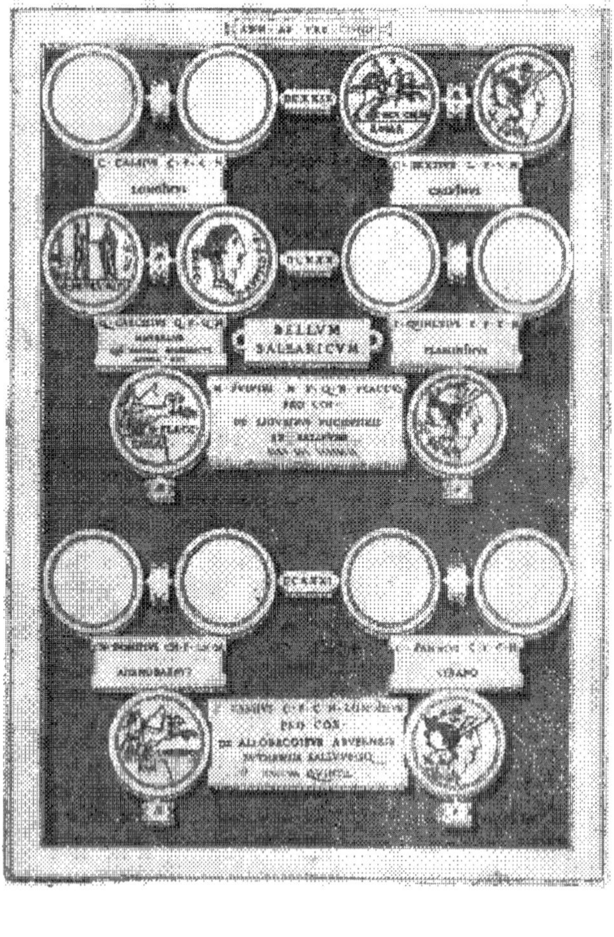
BELLVM
BALEARICVM

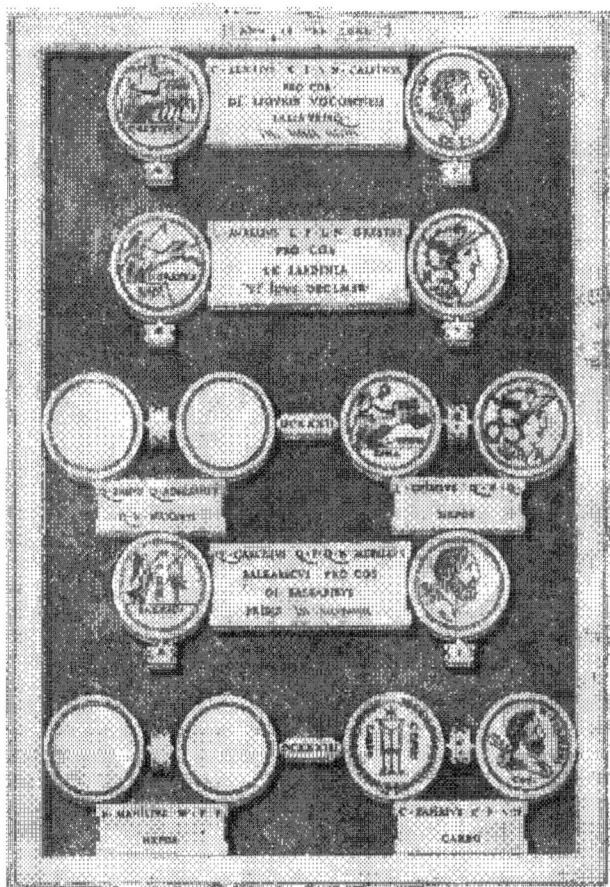

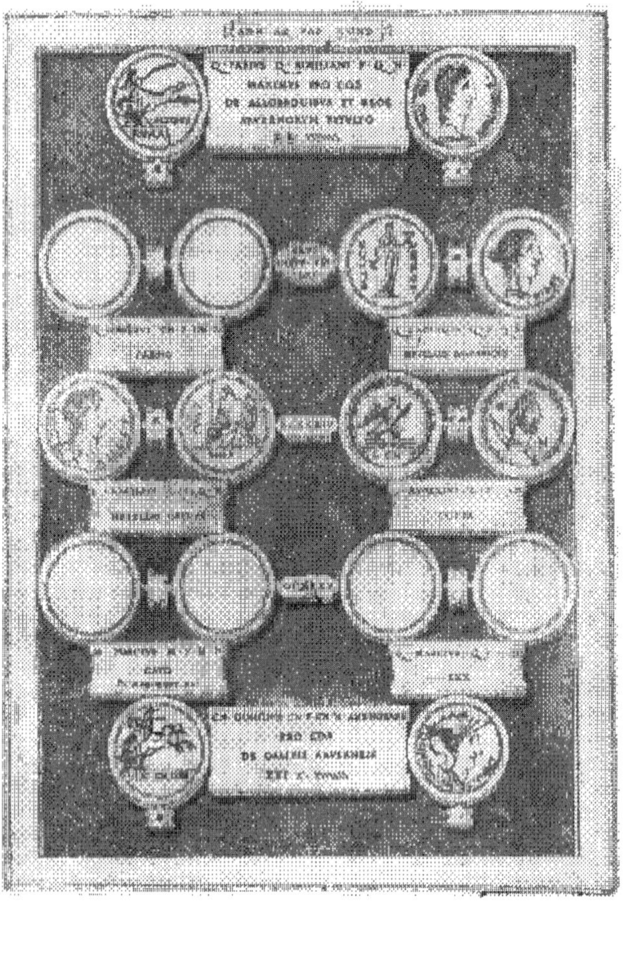

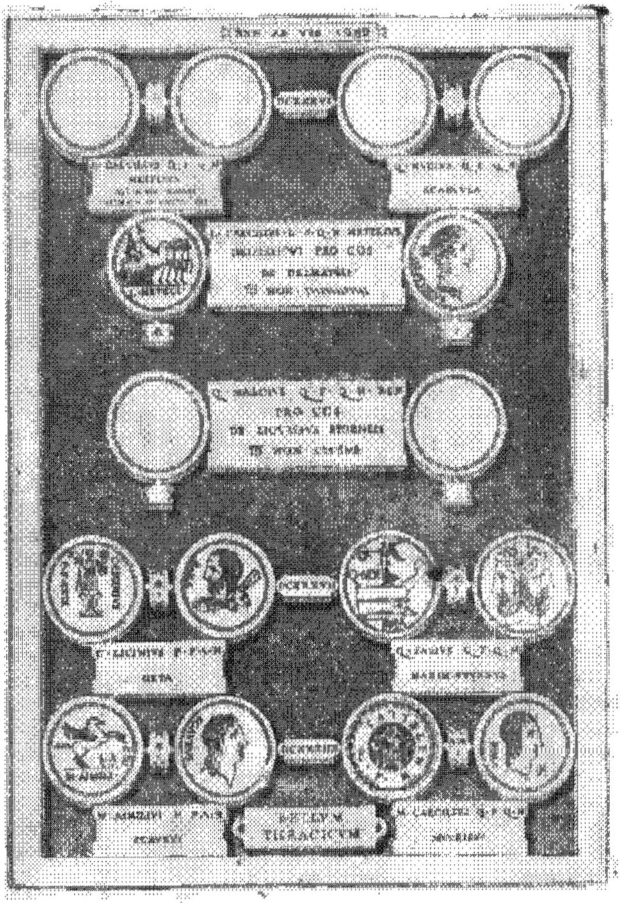

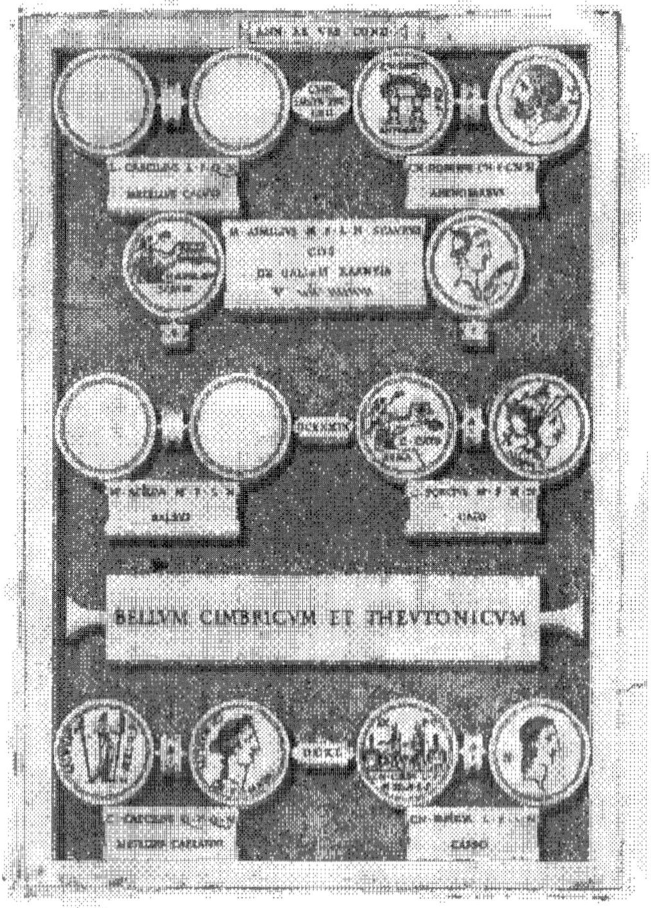
BELLVM CIMBRICVM ET THEVTONICVM

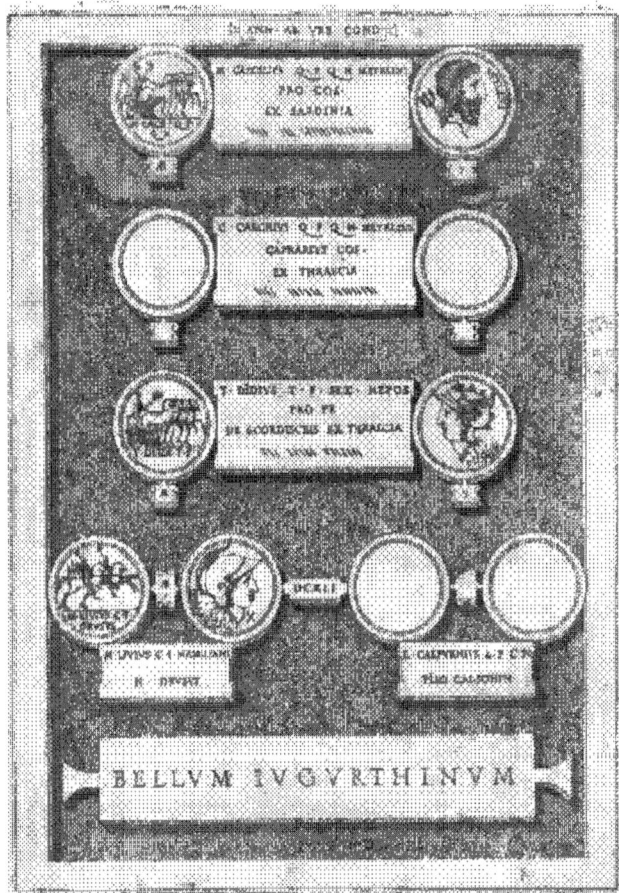

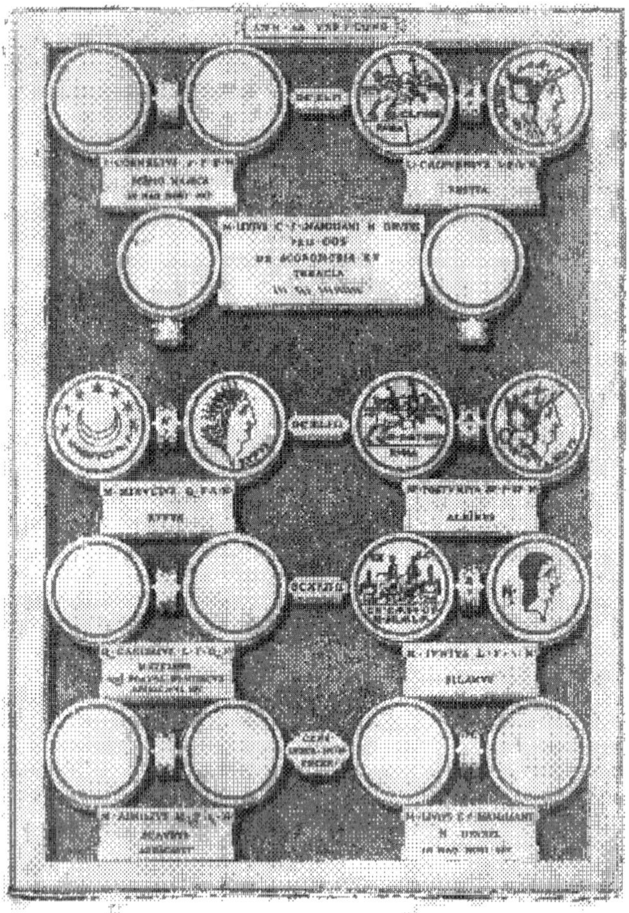

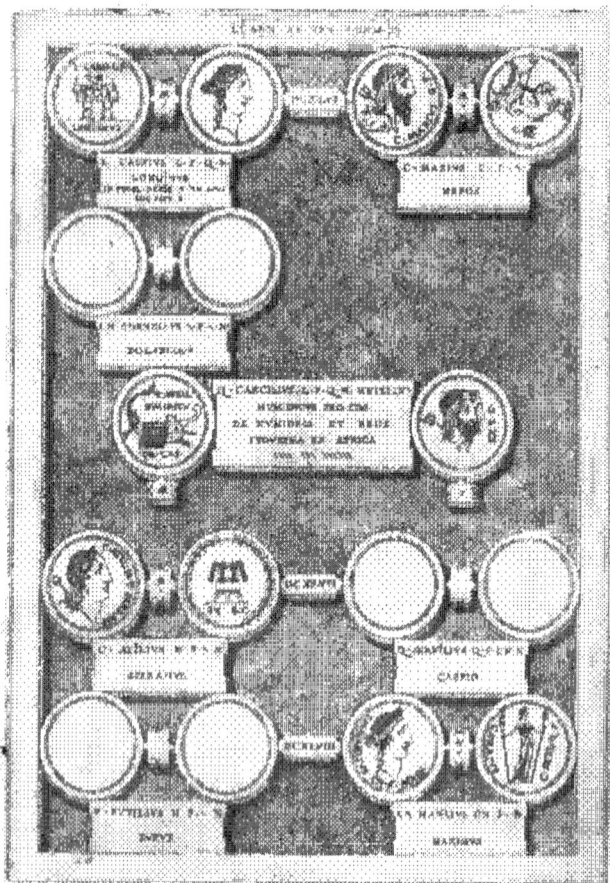

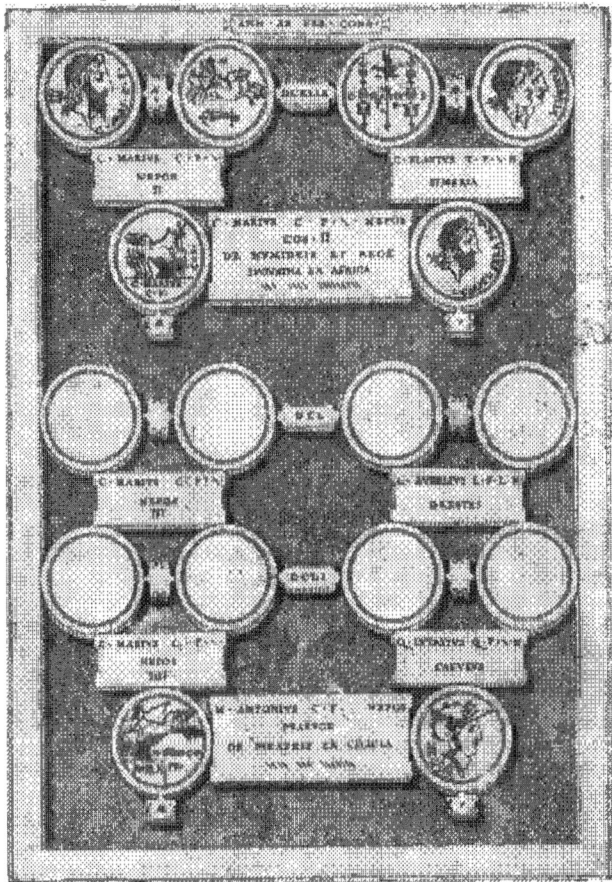

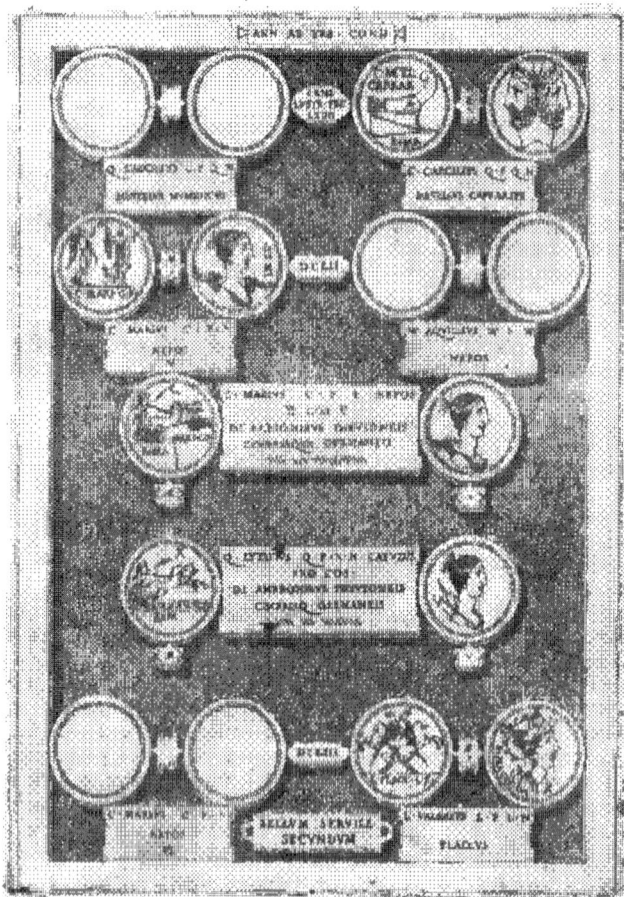

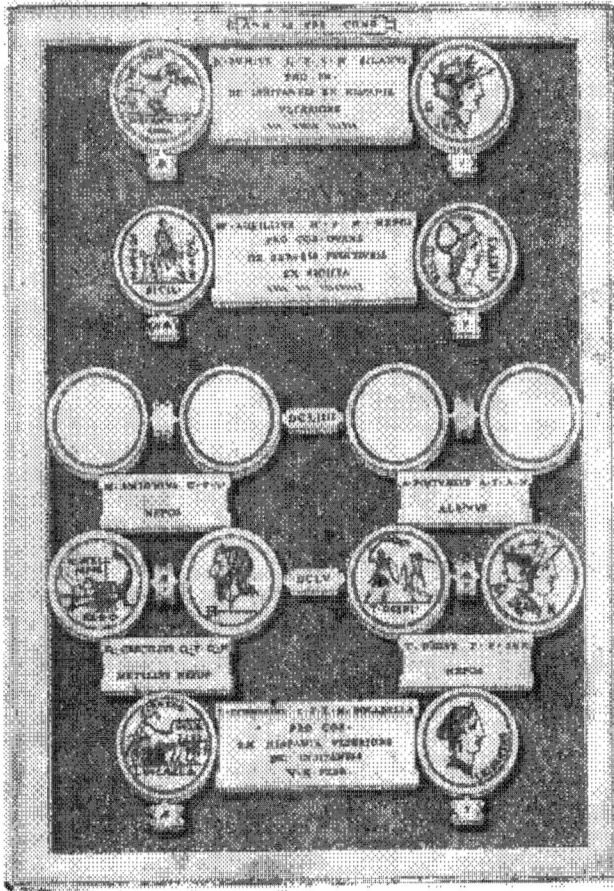

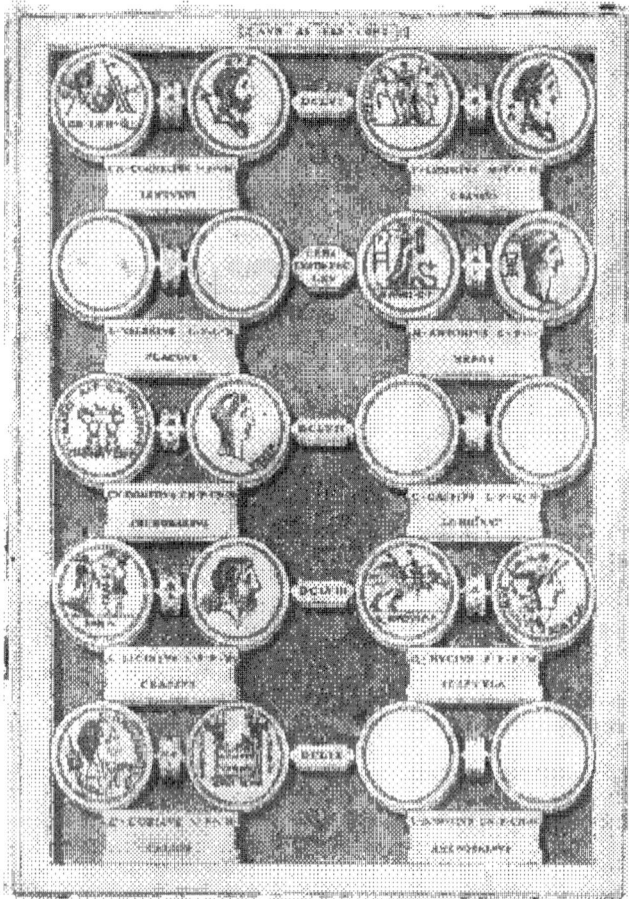

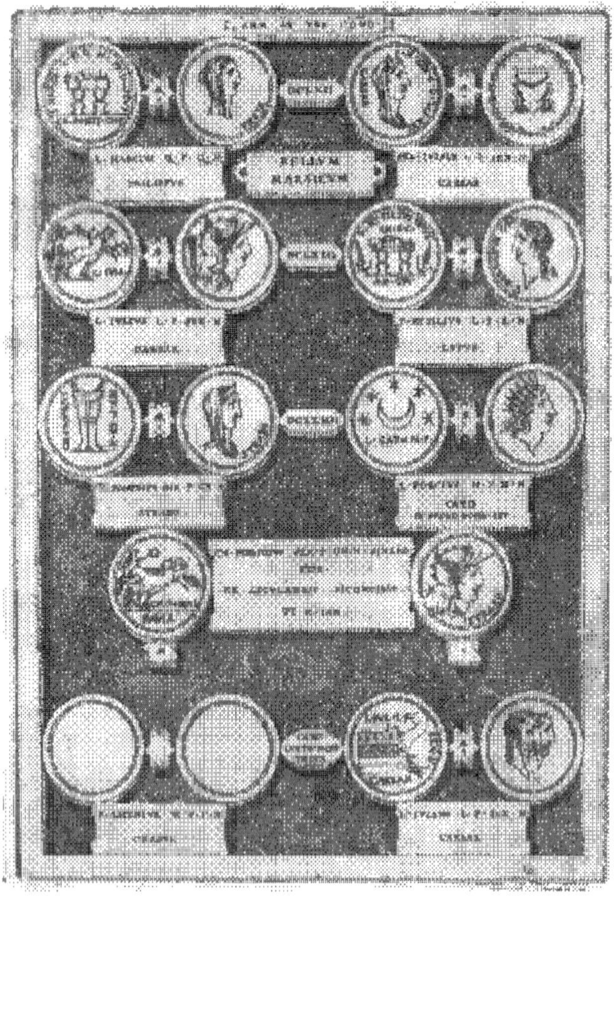

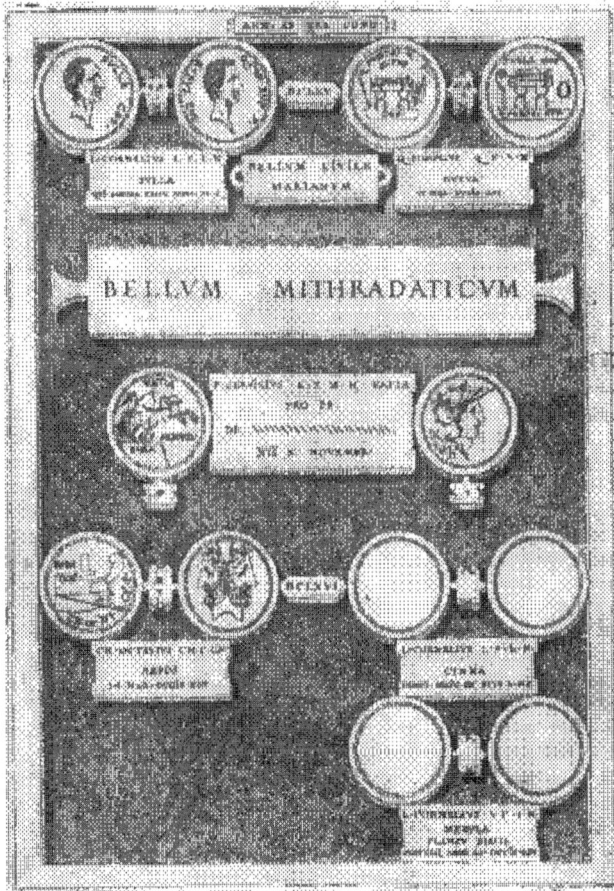

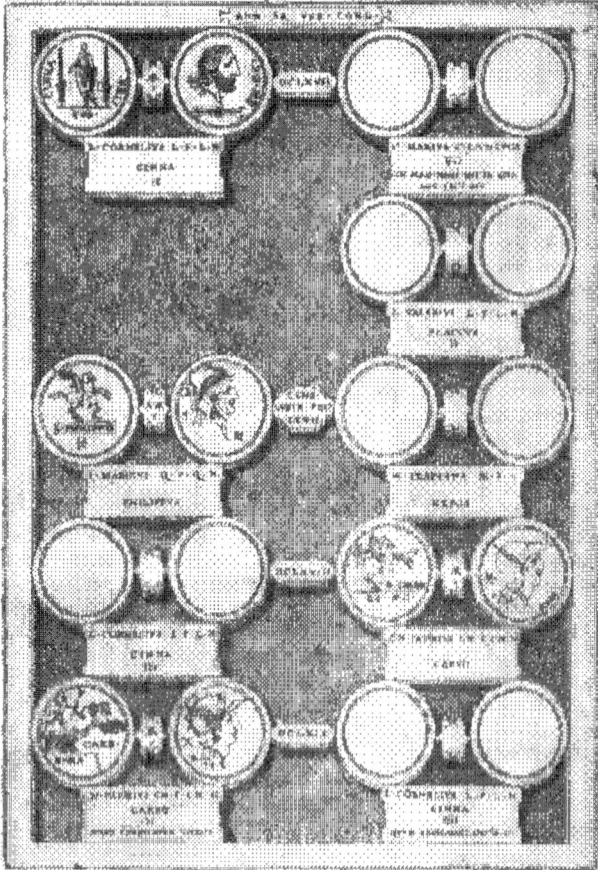

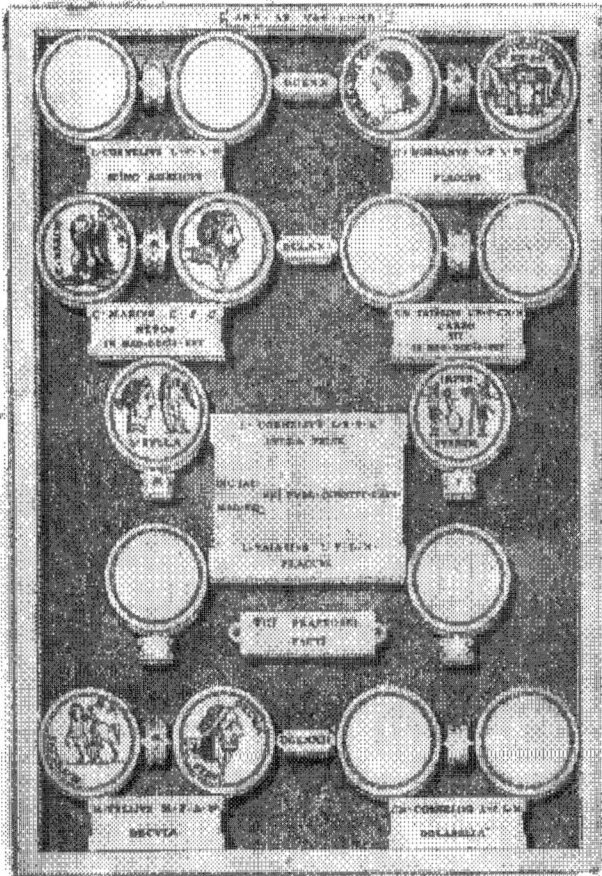

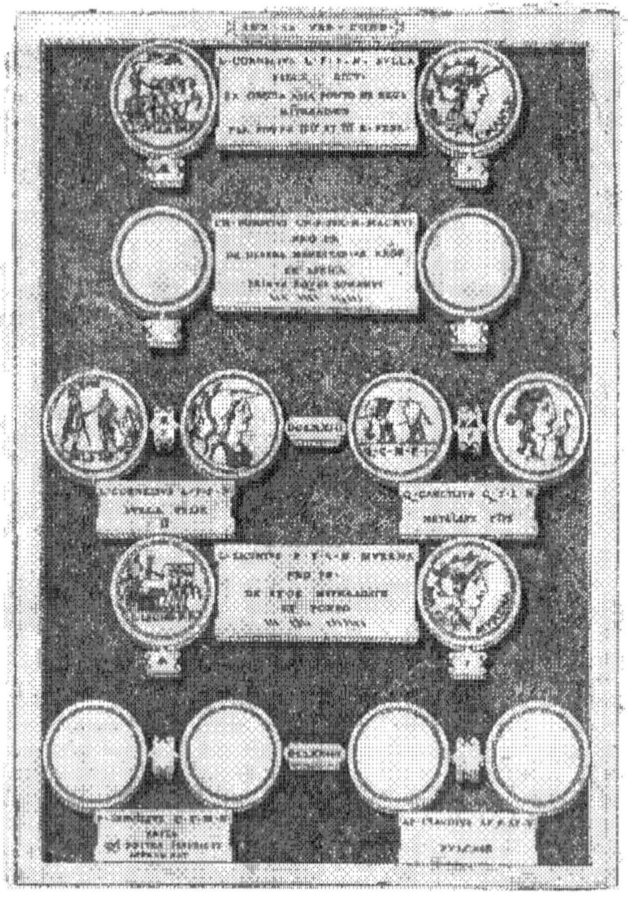

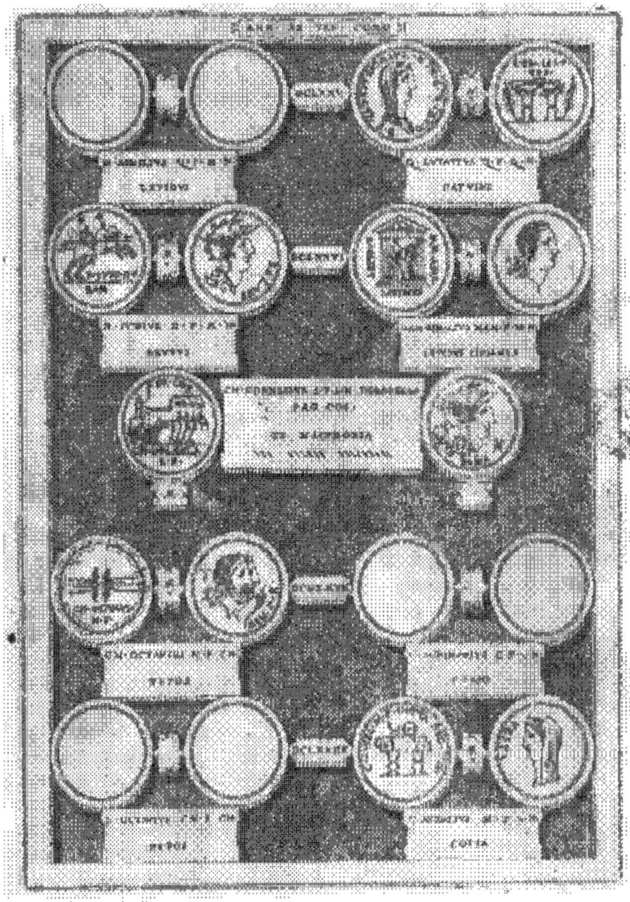

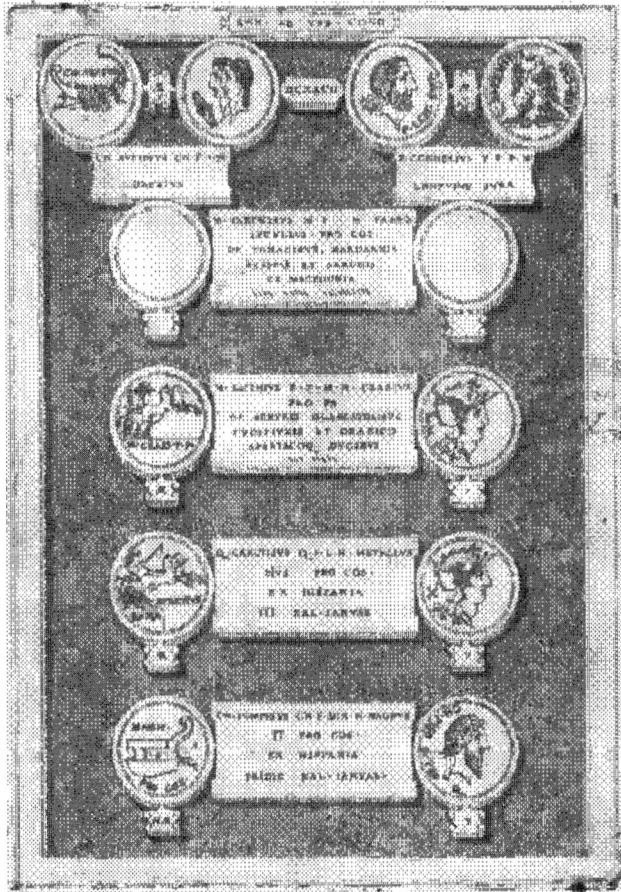

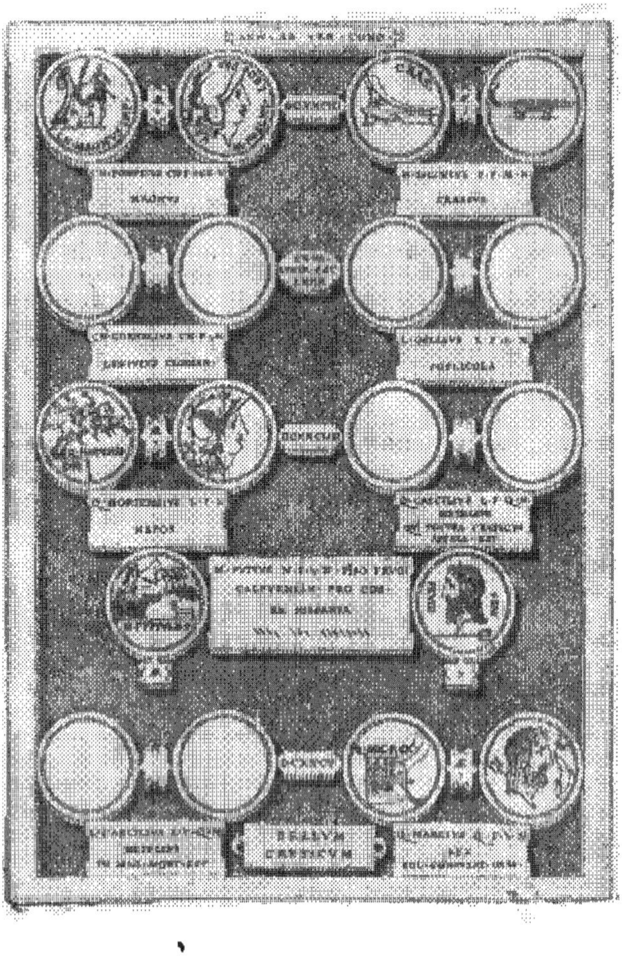

BELLVM PIRATICVM

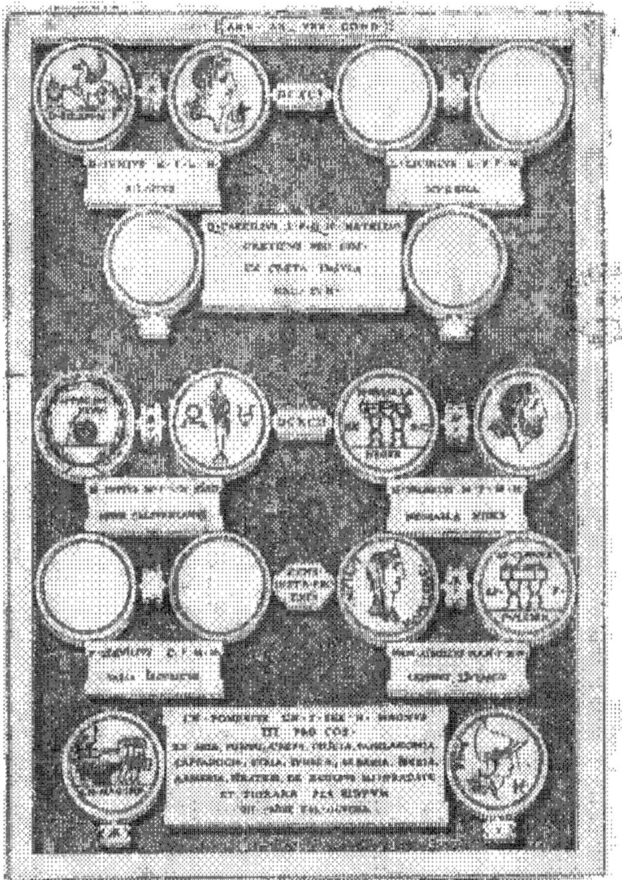

BELLVM GALLICVM TRANSALPINVM

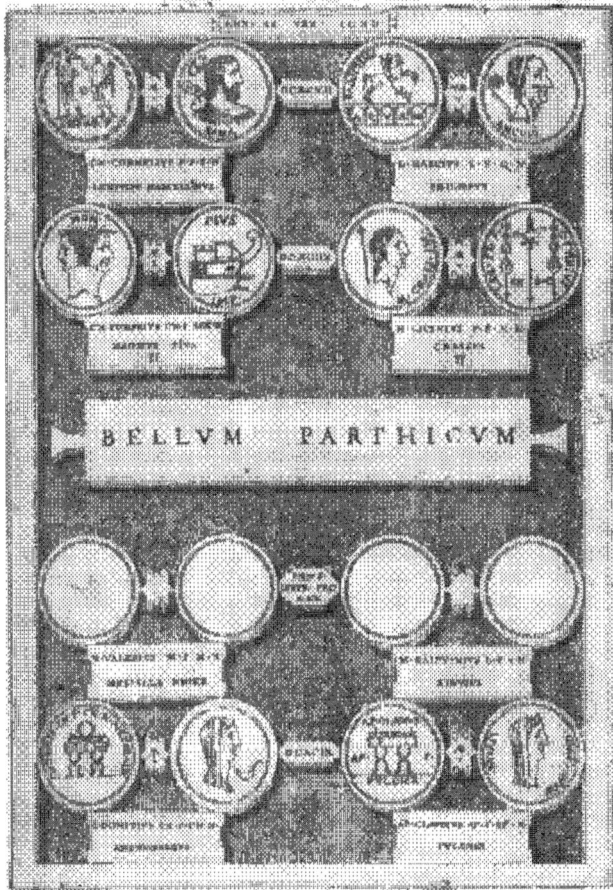

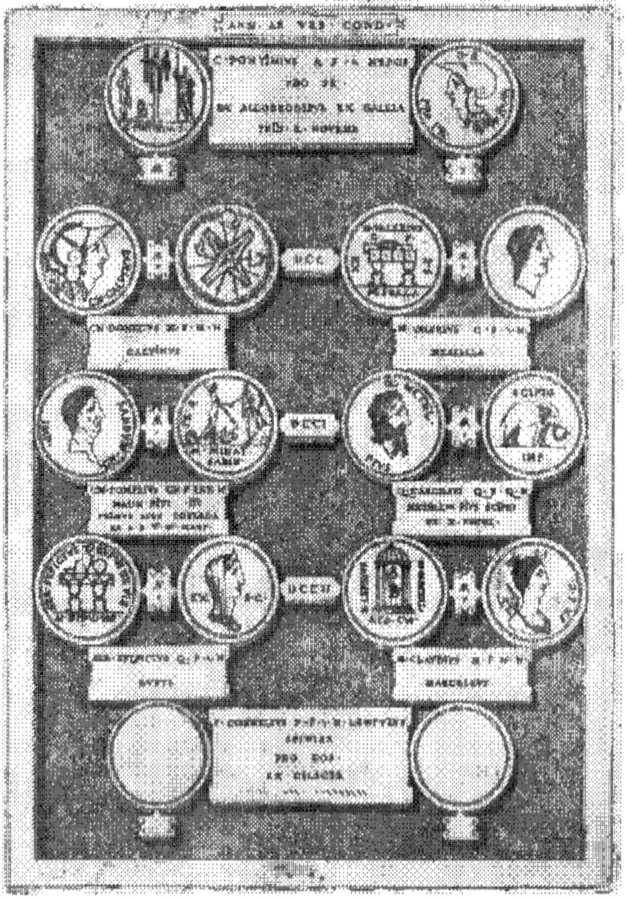

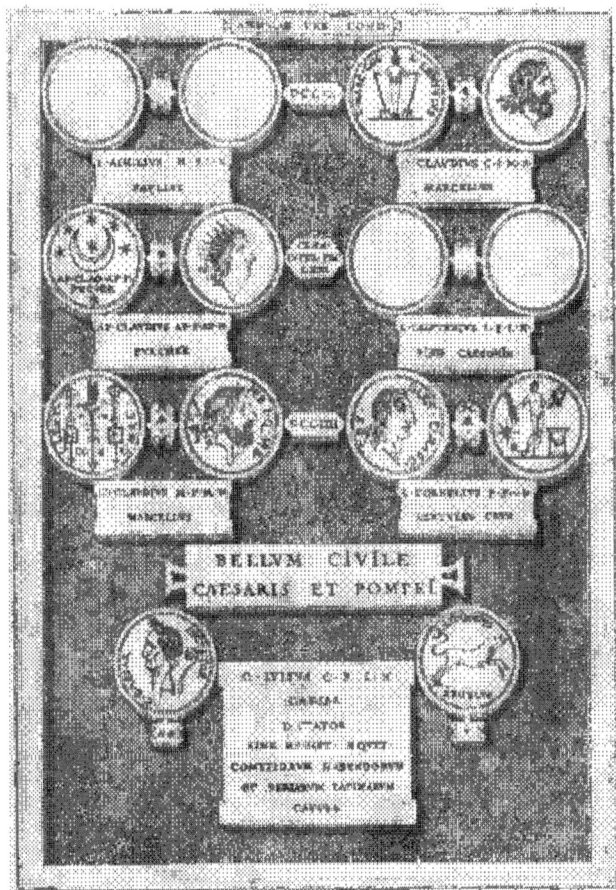

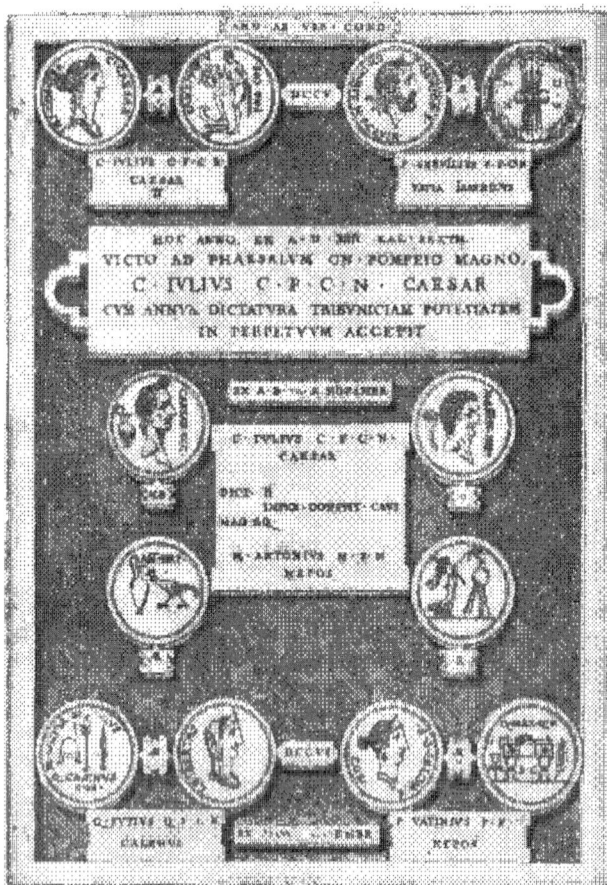

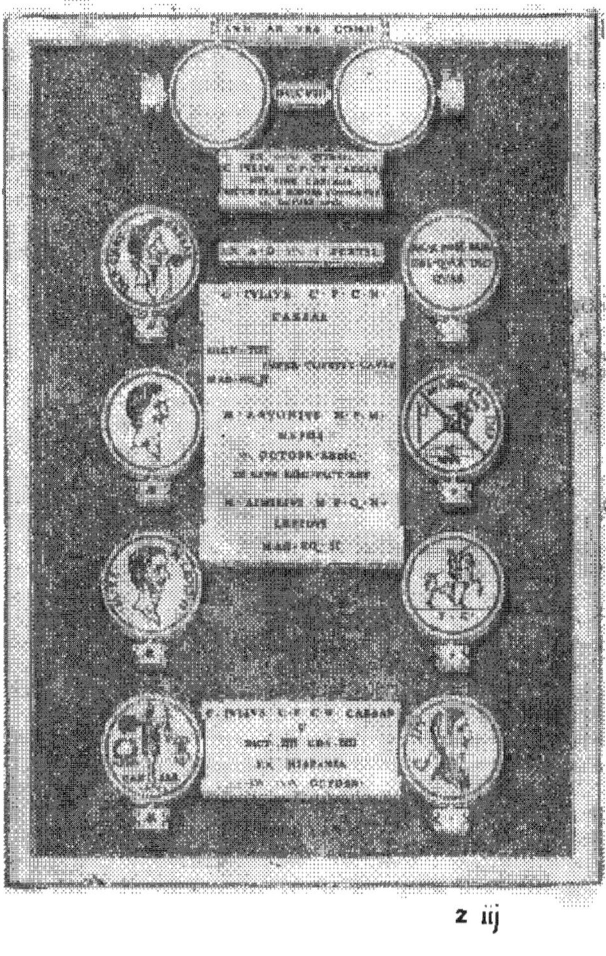

HOC ANNO HISPANIA RECEPTA
OB OMNIA BELLA CIVILIA CONFECTA
ET SINGVLAREM IN CIVIS CLEMENTIAM
C·IVLIVS C·F·C·N· CAESAR
LIBERATOR, PARENS PATRIAE
ET DICTATOR PERPETVVS
APPELLATVS EST
PRIMVSQVE IMPERATORIS PRAENOMEN
ACCEPIT
Q·FABIVS Q·F·Q·N·MAXIMVS
COS
EX HISPANIA
PRO COS
EX HISPANIA

EODEM ANNO Idib MART·
C·IVLIVS C·F·C·N·CAESAR
A BRVTO ET CASSIO CVM
CONIVRATIS IN CVRIA
OCCISVS EST

IN EIVS LOCVM COS FACTVS EST

EX IDIB MART

BELLVM CIVILE
MVTINENSE

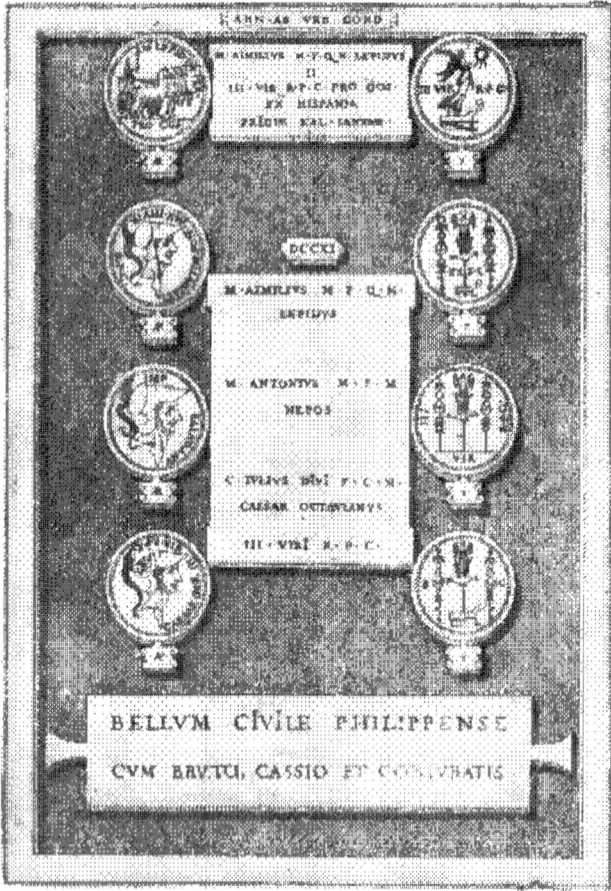

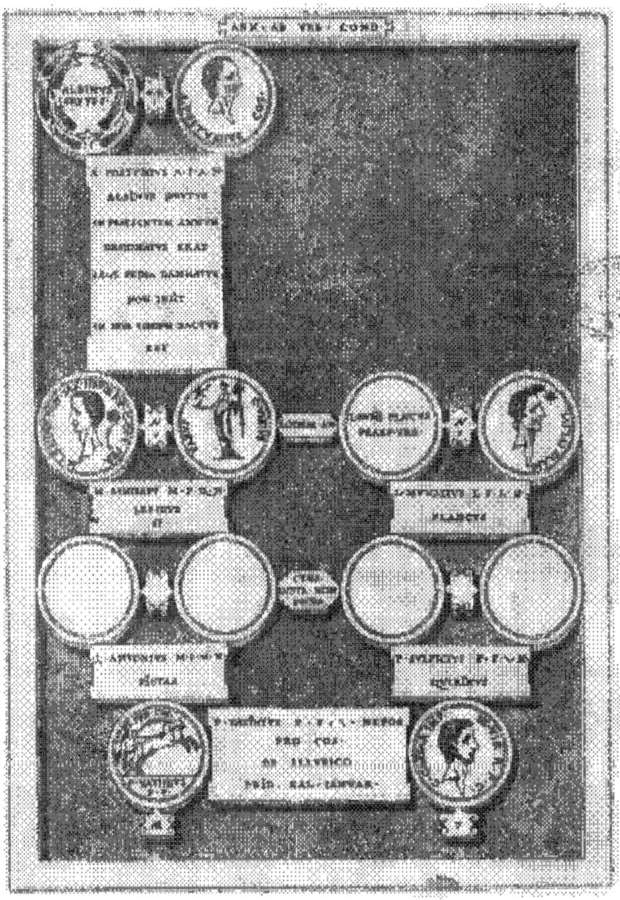

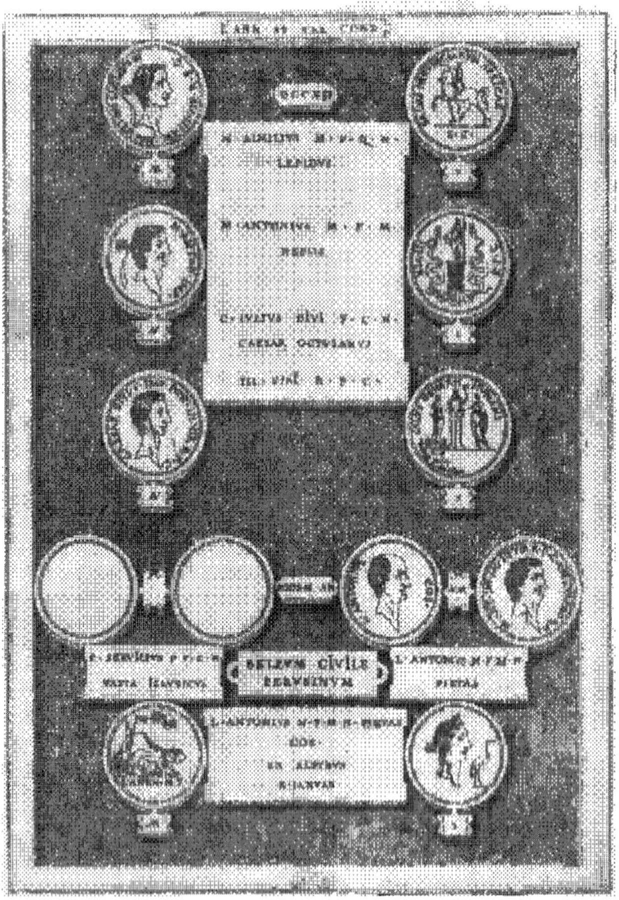
LEPIDVS
CAESAR OCTAVIANVS
BELLVM CIVILE

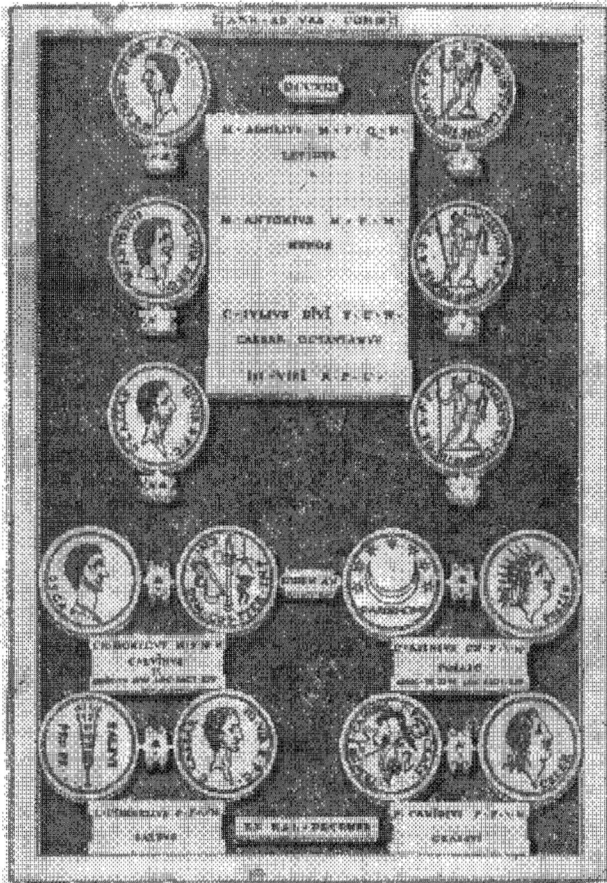

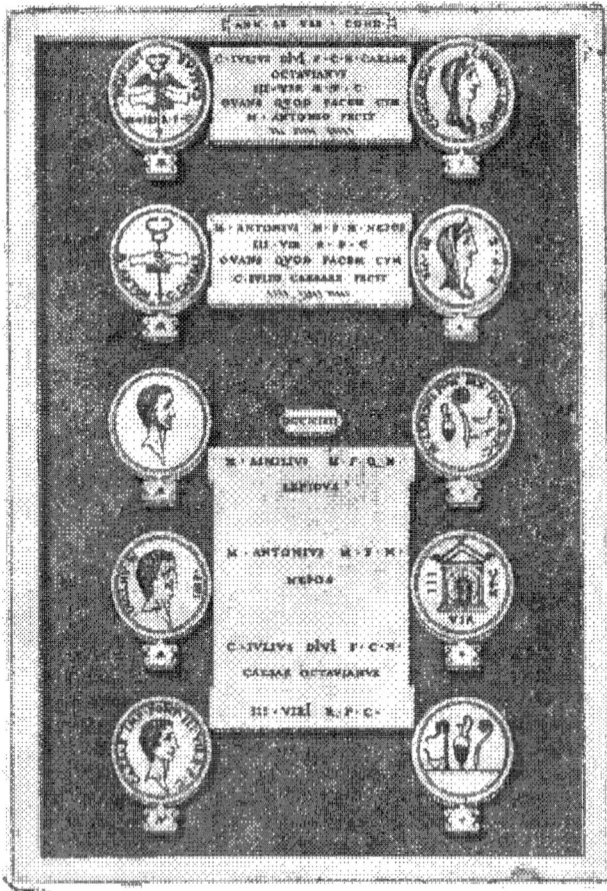

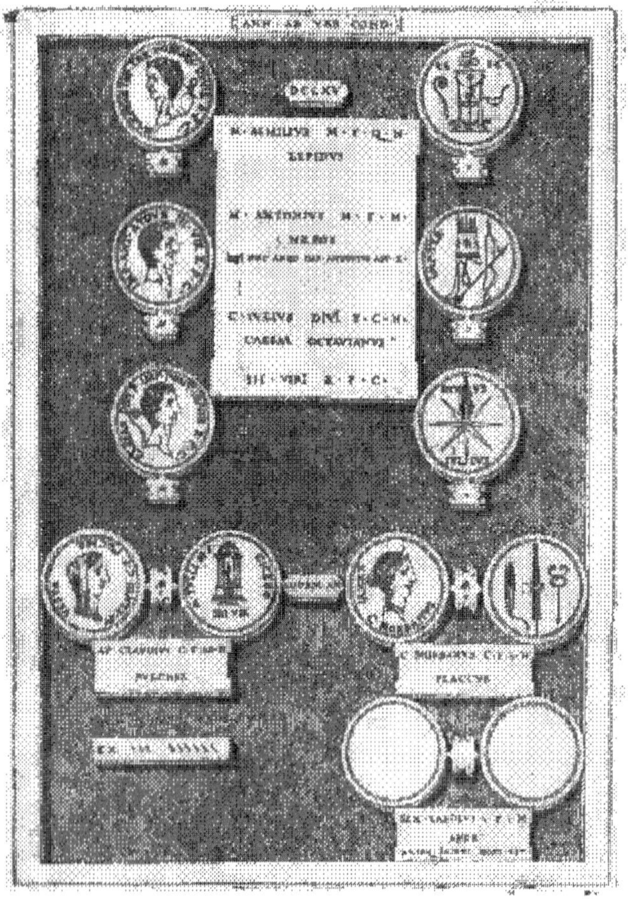
DCCXV
III · VIRI R · P · C ·

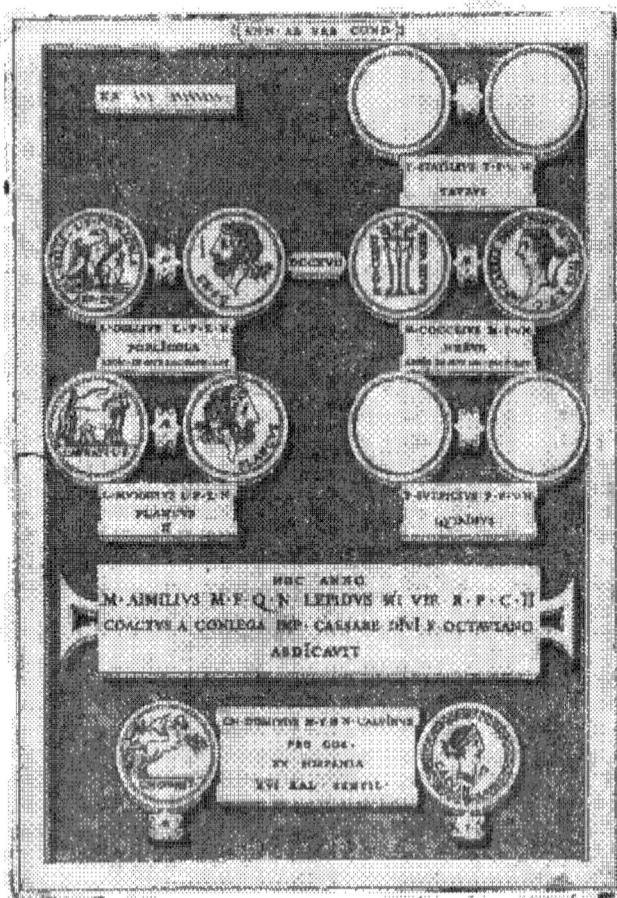

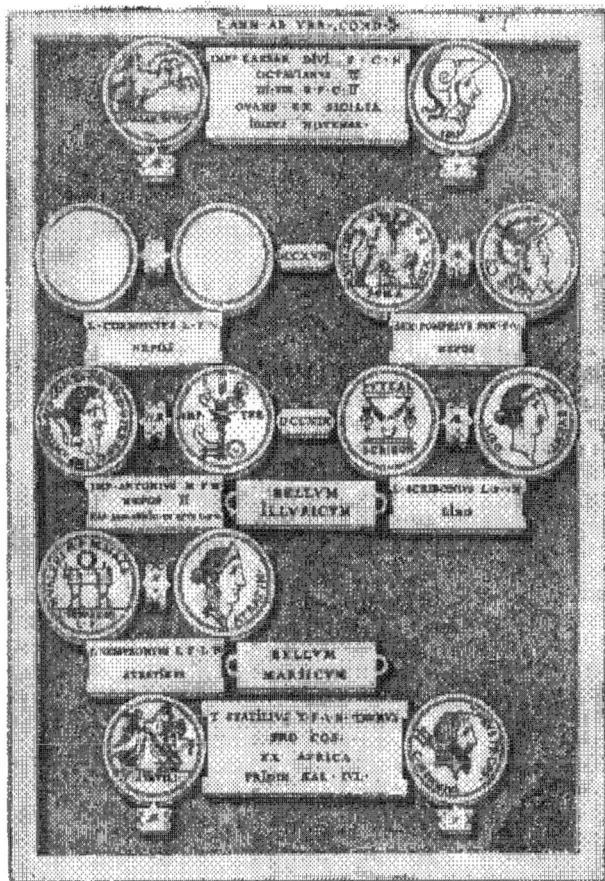

PR · KAL · APRIL

PR · KAL · IVLIS

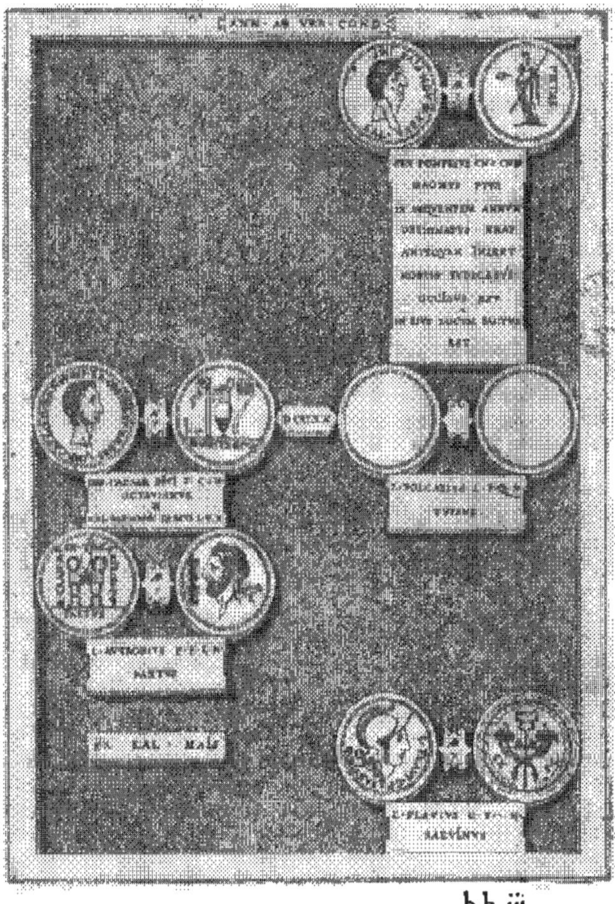

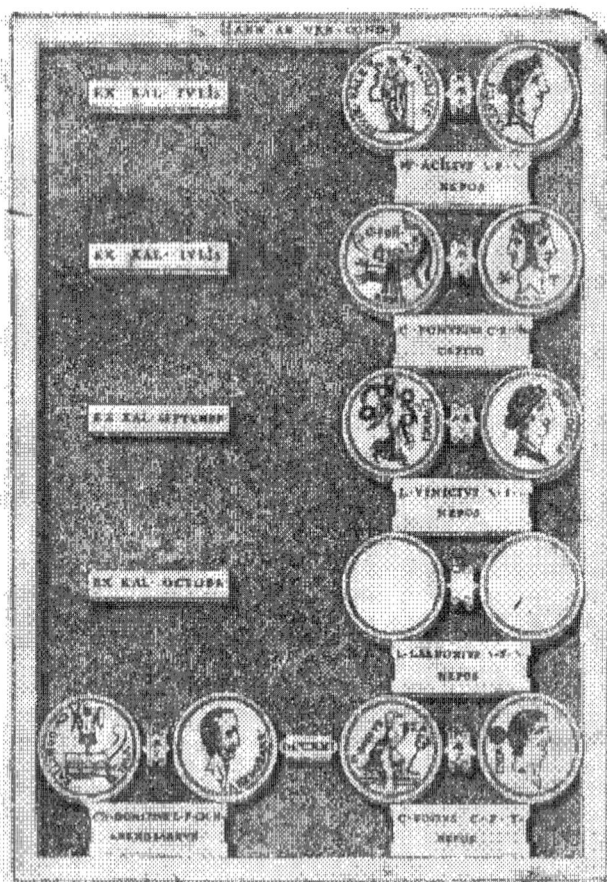

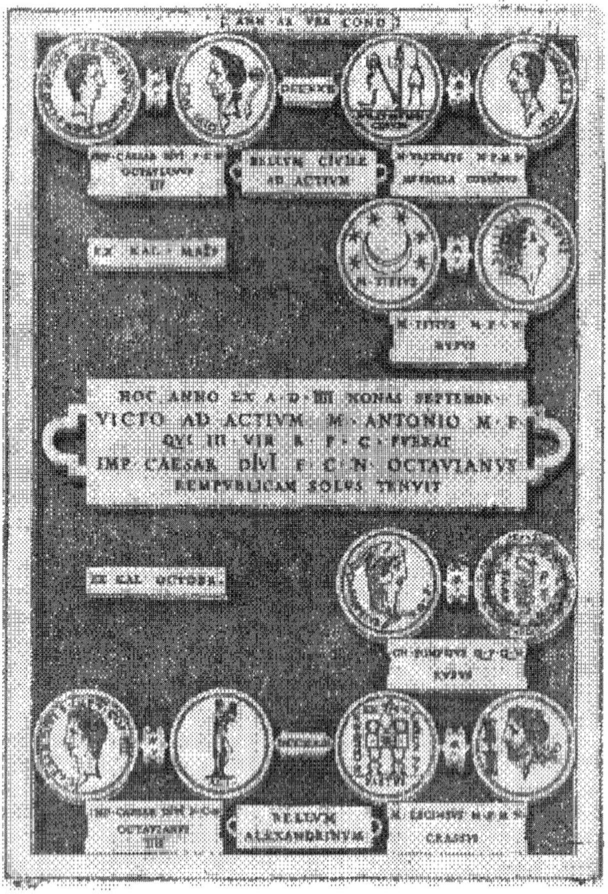
ANN AB VRB COND
IMP·CAESAR DIVI F·C·N
OCTAVIANVS
III
BELLVM CIVILE
AD ACTIVM
HOC ANNO EX A·D·IIII NONAS SEPTEMBR·
VICTO AD ACTIVM M·ANTONIO M·F·
QVI III VIR R·P·C·FVERAT
IMP·CAESAR DIVI F·C·N·OCTAVIANVS
REMPVBLICAM SOLVS TENVIT
IMP·CAESAR DIVI F·C·N
OCTAVIANVS
IIII
BELLVM
ALEXANDRINVM
CRASSVS

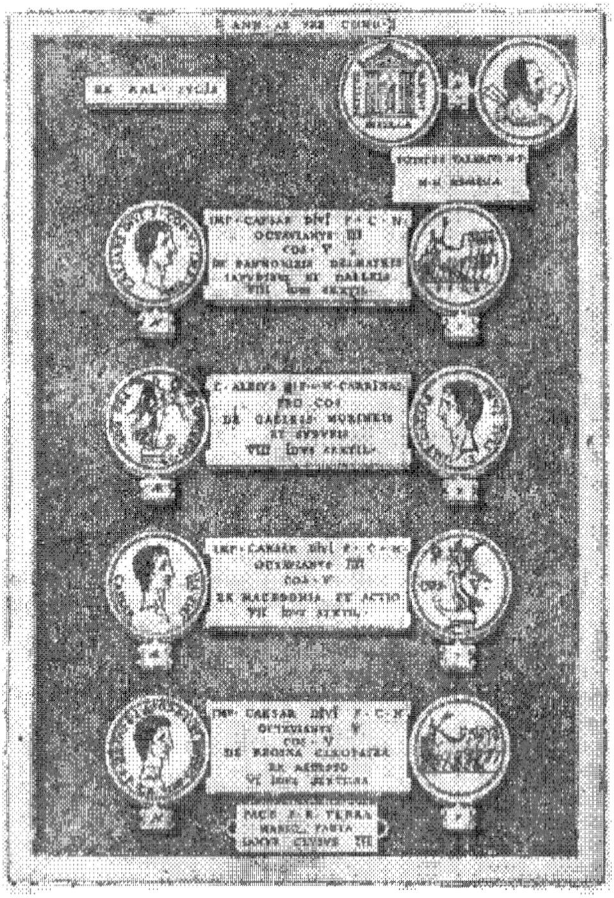

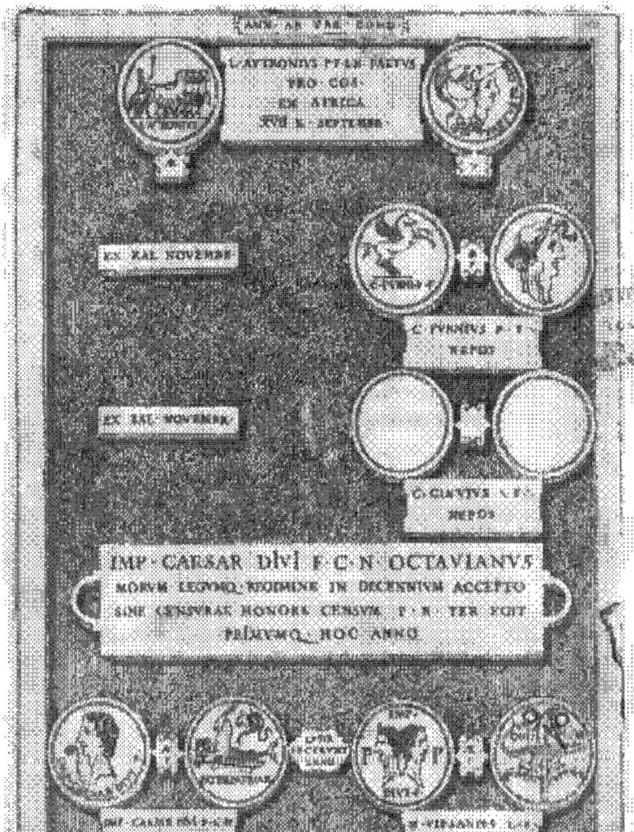
PRO · COS
EX AFRICA
IMP · CAESAR DIVI F · C · N · OCTAVIANVS
PRIMVMQ. HOC ANNO
NEPOS
AGRIPPA

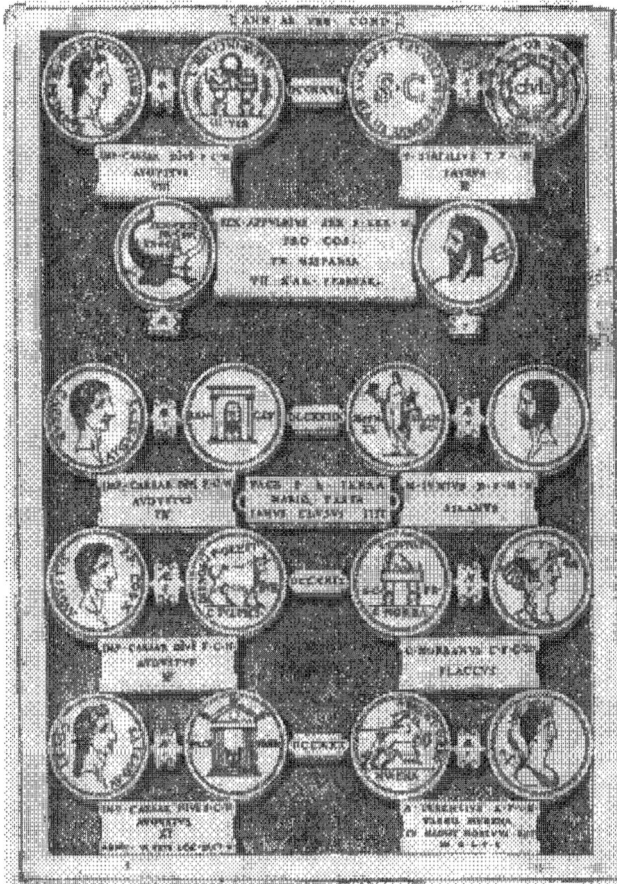

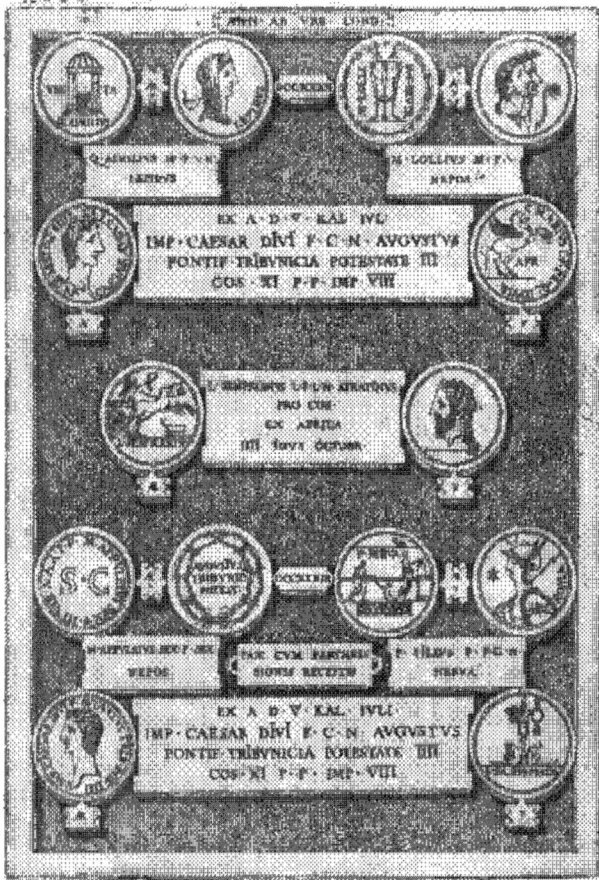

BELLVM PANNONICVM

PRO COS
EX ALPIBVS
PRO COS
EX · A · D · V · KAL · IVLI
IMP · CAESAR DIVI F · C · N · AVGVSTVS
PONTIF · TRIBVNIC · POTEST · X
COS XI P · P · IMP · X
M · VIPSANIVS L · F · AGRIPPA
PONTIF · TRIBVNIC · POTESTAT · V
COS · III IMP · IIII

IMP · CAESAR · DIVI · F · C · N · AVGVSTVS
MORVM · LEGVMQ · REGIMEN · TERT
IN · QVINQVENN · ACCEPIT

EX · A · D · PRID · NONAS · MART
IMP · CAESAR · DIVI · F · C · N · AVGVSTVS
PONTIFEX · MAXIMVS · FACTVS · EST

IMP · CAESAR · DIVI · F · C · N · AVGVSTVS
REI · PVBL · CONSTIT · POTEST · TERT
IN · QVINQVENN · ACCEPIT

EX · A · D · V · KAL · IVLI
IMP · CAESAR · DIVI · F · C · N · AVGVSTVS
PONT · MAX · TRIB · POT · XI
COS · XI · P · P · IMP · XI

ANN. AB VRB COND.

M. VIPSANIVS L. F. AGRIPPA
PONTIF. TRIBVNICIAM POTESTATEM
ITERVM
IN QVINQVENNIVM ACCEPIT

EX. A. D. V. KAL. IVLI
IMP. CAESAR DIVI F. C. N. AVGVSTVS
PONT. MAX. TRIB. POT. XII
COS. XI. P. P. IMP. XII

FASTI AB VRB CONO

EX A D V KAL IVL
IMP CAESAR DIVI F C N AVGVSTVS
PONT MAX TRIB POT XIIII
COS XI P P IMP XIII

S C

IN A D V KAL IVLI
IMP CAESAR DIVI F C N AVGVSTVS
PONT MAX TRIB POT XV
COS XI P P IMP XIII

IMP CAESAR DIVI F C N AVGVSTVS
MORVM LEGVMQ REGIMEN QVART
IN DECENNIVM ACCEPIT

S C

TI · CLAVDIVS · TI · F · II · N · NERO
TRIBVNICIAM · POTESTATEM
AB · IMP · CAESARE · DIVI · F · AVGVSTO
IN · QVINQVENNIVM · ACCEPIT

TI · LAELIVS · D · V · P ·
BALBVS

C · ANTISTIVS · C · F ·
VETVS

TI · CLAVDIVS · TI · F · N · NERO
II · COS · II
DE · GERMANIS
K · IANVAR

EX · A · D · V · KAL · IVLI ·
IMP · CAESAR · DIVI · F · N · AVGVSTVS
PONT · MAX · TRIB · POT · XVIII
COS · XI · P · F · IMP · XIIII

S · C

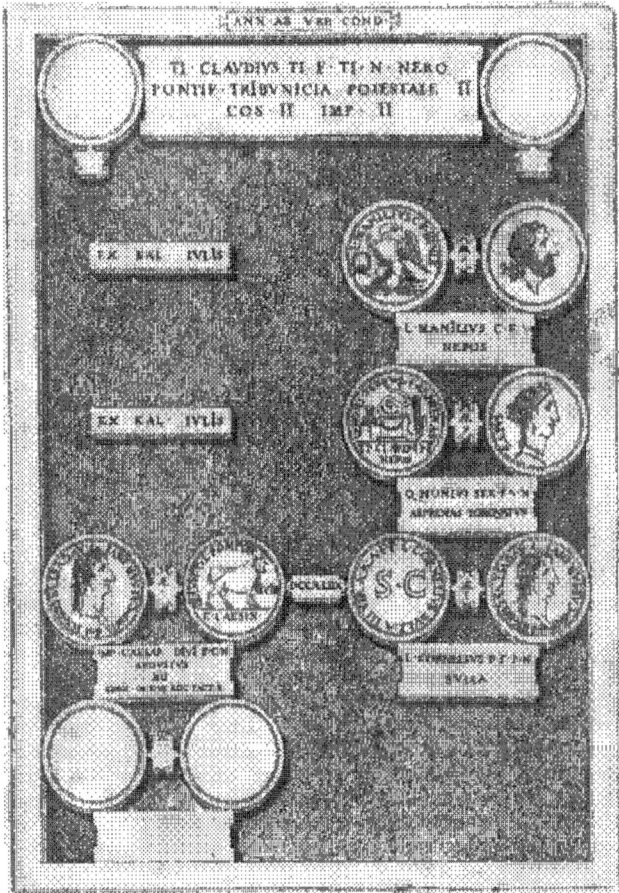

HANN AB VRB COND

TI CLAVDIVS TI F TI N NERO
PONTIF TRIBVNICIA POTESTALE II
COS II IMP II

EX KAL IVLIS

L MANLIVS C F
NEPOS

EX KAL IVLIS

Q PETILIVS SER F
ARPINAS SEMPRONIVS

M GALLII DIVI PON
ARPINATE
IN
SMP GALLII ARPINATE

L HERENNIVS P F M
SVLLA

ANN AB VRB COND

EX A D V KAL IVLI
IMP CAESAR DIVI F C N AVGVSTVS
PONT MAX TRIB POT XIX
COS XII P P IMP XIIII

S C

TI CLAVDIVS TI F TI N NERO
PONTIF TRIBVNIC POTESTAT III
COS II IMP II

S C

T STATILIVS CO . . .
SABINVS

L PASSIENVS Q . . .
CRISPINVS RVFVS

EX A D V KAL IVLI
IMP CAESAR DIVI F C N AVGVSTVS
PONT MAX TRIB POT XX
COS XII P P IMP XIIII

TI CLAVDIVS TI F TI N NERO
PONTIF TRIBVNIC POTESTAT IIII
COS II IMP II

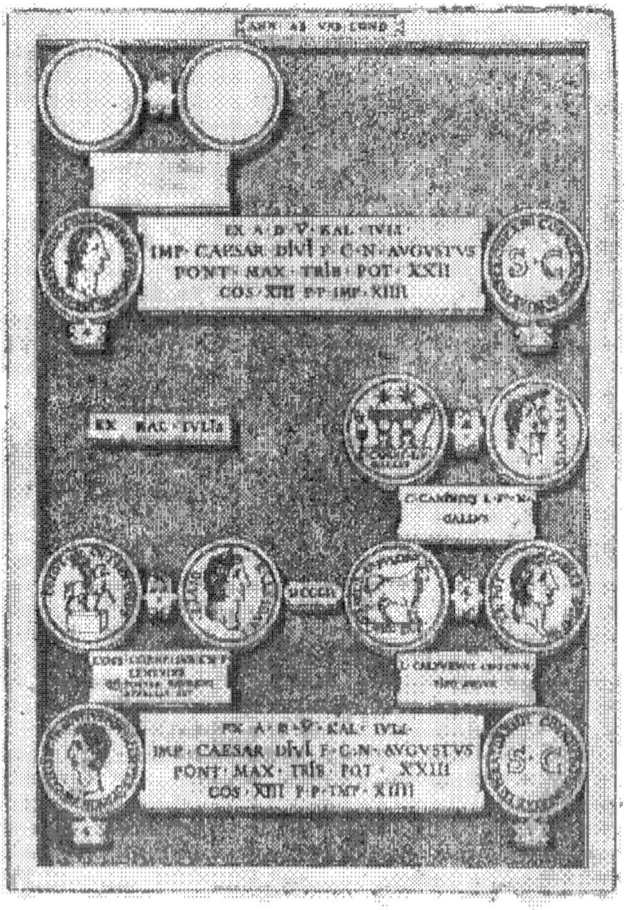

L. AELIVS · L · F · M ·
LAMIA

M. SERVILIVS · M · F ·
OBVLENVS

EX · A · D · V · KAL · IVLI ·
IMP · CAESAR · DIVI · F · C · N · AVGVSTVS ·
PONT · MAX · TRIB · POT · XXVI ·
COS · XIII · P · P · IMP · XIIII ·

IMP · CAESAR · DIVI · F · C · N · AVGVSTVS
REI · PVBL · CONSTIT · POTEST · QVINCT ·
IN · DECENNIVM · ACCEPIT

SEX · AELIVS · Q · F · VOL ·
CATVS

L · APRONIVS · C · F · N ·
SATVRNINVS

IMP · CAESAR · DIVI · F · C · N · AVGVSTVS
SINE · COLLEGA · CENSVM · VICESIMVM · EGIT ·
LVSTRVM · NON · FECIT

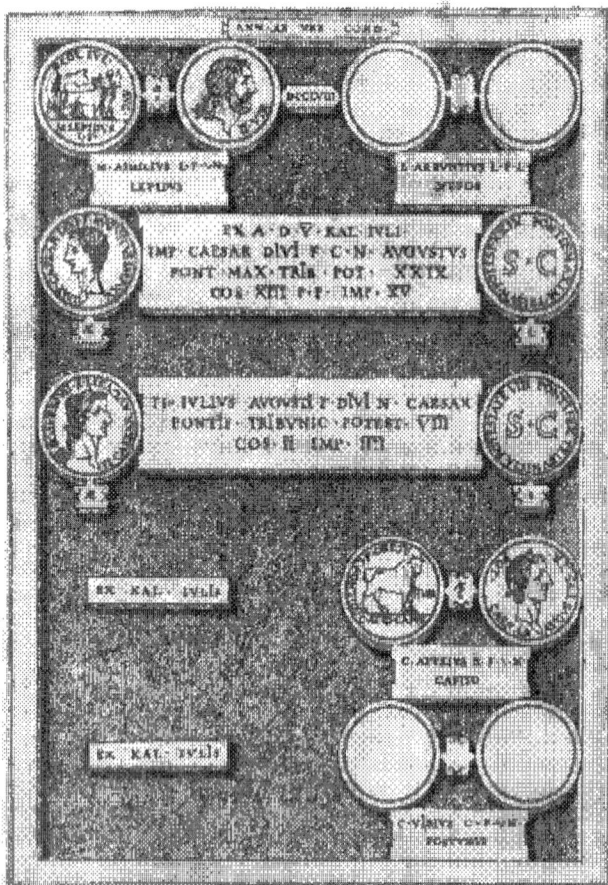

ANN AB VR COND

S·C   IMP   S·C

M FVRIVS P F P N
CAMILLVS

SEX NONIVS L F L N
QVINCTILIANVS

EX A D V KAL IVLII·
IMP CAESAR DIVI F C N · AVGVSTVS
PONT MAX TRIB POT XXXI
COS XIII P P IMP XV

S·C

TI IVLLVS AVGVSTI F DIVI N CAESAR
PONTIF TRIBVNIC POTEST II
COS II IMP V

S·C

EX KAL IVLII

L AFRONIVS F N
NEPOS

EX KAL IVLII

A TERIVS C F C N
VARRVS

EX·A·D·V·KAL·IVLI·
IMP·CAESAR DIVI·F·G·N·AVGVSTVS
PONT·MAX·TRIB·POT·XXXII
COS·XIII·P·P·DIC·XVI

SC

TI·IVLIVS·AVGVSTI·F·DIVI·N·CAESAR
PONTIF·TRIBVNIC·POTEST·XI
COS·II·IMP·V

SC

EX·KAL·IVLIS

EX·KAL·IVLIS

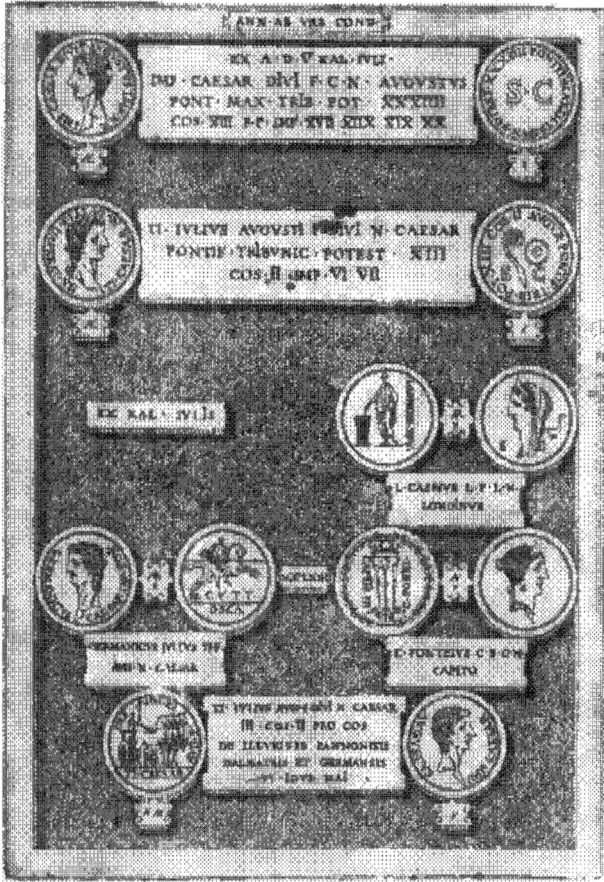

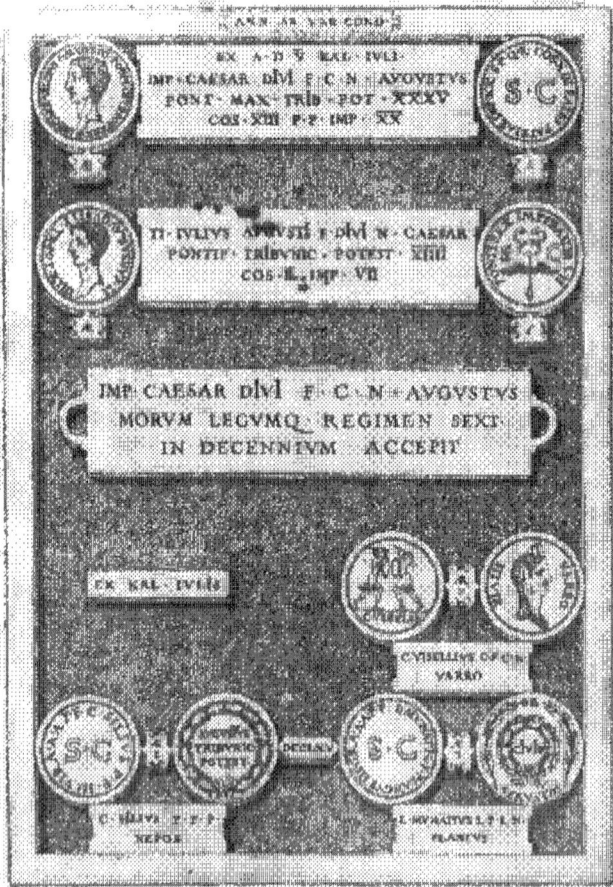

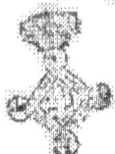

FRAGMENTVM MARMOREVM

TRIVMPHORVM ROMAE ERVTVM IN VINEA

ON. LVDOVICI MATHAEI AD RADICES PER QVILIANVM

Ann. a Christo nato M. D. LXXII. nunc primum publicatum

ex quo plerique Fastorum nostrorum Triumphi restituti

& suis locis inserti sunt.

SALLVVEISQ. //// /// ////

C. SEXTIVS. C.F.C.N. CALVIN. PRO. COS. ////////

DE. LIGVRIB. VOCONTIEIS. SALLVVEISQ ////////

L. AVRELIVS. L.F.L.N. ORESTES. PRO. AN. DC////

COS. EX. SARDINIA. VI. IDVS. DECL////

Q. CAECILIVS. Q.F.Q.N. METELLVS A. DCX////

BALEARIC. PRO. COS. DE. BALEARIB. PR//// ////

Q. FABIVS. Q. AEMILIANI. F. Q. N. AN.DC////

MAXIMVS. PRO. COS. DE. ALLOBRO////

ET. REGE. ARVERNORVM. BETVLTO. X. K. ////

CN. DOMITIVS. CN. F. CN. N. AHENOBARB. A DC////

PRO. COS. DE. GALLEIS. ARVERNEIS. XVI. K. ////////

L. CAECILIVS. L. F. Q. N. METELLVS. AN. DCX////

DELMATIC. PRO. COS. DE. DELMATEIS. III. NO////

Q. MARCIVS. Q. F. Q. N. REX. PRO. COS. AN. DCX////

DE. LIGVRIBVS. STOENEIS. III. NON. DEC////

M. AEMILIVS. M. F. L. N. SCAVRVS. COS. A. ////////

DE. GALLEIS. KARNEIS. V//// //// ////

M. CAECILIVS. Q. F. Q. N. METELL// //// /// ////////

COS. EX. SARDINIA. /// //// ////////

/. ////IVS. Q. F. Q. N. ////// ///. //. ////

65 ij AD

AD LECTOREM.

Vta tam ipforum Confulum **quàm** reliquorum magiſtratuum maieſtas atque auctoritas cum Caeſare Auguſto, per legem Regium, quæ de eius imperio lata eſt, extincta ſunt, re-
manentibus nudis tantùm & ſine aliqua ferè poteſtate magiſtratuum ac dignitatum nominibus, placuit cum ipſo ſtatim
Auguſti deceſſu, ſummum Faſtis noſtris manum imponerem,
quantumui alioqui Tabulas Capitolinas ad Domitianum
vſque (vti ex fragmentis quibuſdam etiamnum apparet) pro-
greſſas fuiſſe conſtet. Quod tamen ipſum mihi nequaquam
ſequendum eſſe putaui, tum propter eam quæ iam a
me dicta eſt rationem, tum etiam quod a Tiberio deinceps, præterquam ipſorum
Imperatorum, nulla in magiſtratibus legantur Cffulum aut aliorum magiſtratuum
nomina, paucis Duumuirorum aut Triumuirorum coloniarum deducendarum nominibus exceptis, quæ in aliquot Tiberij & Caij nummis inſcripta leguntur, iiſque
non tam Romanis quàm Prouincialibus. Ne tamen non omnium commoditatibus
hac in parte conſuleretur, exiſtimaui me rem haud ingratam eſſe facturam maximè
iuris prudentiæ ſtudioſis, ſi & reliquorum Conſulum, qui a Tiberio Caeſare **ad** Iu-
ſtinianum vſque ſub vnoquoque Imperatorum fuêre, ſeriem & catalogum hoc in fine
operis quaſi corollarium quoddam ſubtexerem, inſertis interim triumphis qui ab
ipſis potiſſimùm Imperatoribus acti ſunt. Sed id alia ratione quàm in ſuperioribus
a nobis factum eſt, dum Conſulatus & triumphos non per Tabellas diſponimus,
ſed nomina Conſulum in perpetuis columnis, (vti vocant,) deſcribimus, niſi quà Triumphus aliquis vel nouus Imperator, aut aliud aliquid ſimile incidit. Sicubi autem
inter Conſules occurrent aliqui, quibus II, aut III, aut alius aliquis numerus ad-
ſcriptus erit, quòd tum fortè ſecundùm, tertium, aut quartùm Conſules creati fuerint, quorum tamen priores Conſulatus non ſunt annotati: credendum eſt hos annis
præcedentibus, Conſulibus ordinarijs, qui ferè ipſis kalendis Ianuarijs inibant, fuiſſe
ſuffectos ex kalendis Martijs, Maijs, Iulijs, Septembribus, aut alio aliquo tempore.
Qui Conſulatus extra ordinem initi, quando nec apud auctores leguntur, nec ali-
quibus antiquis monumentis inſcripti ſunt, quòdque proinde annus & tempus illo-
rum in obſcuro ſit: ideo nec hîc à nobis, vti nec ab alio quoquam qui ante nos Fa-
ſtos digeſſerunt, ſuo loco adſcripti ſunt, reponendi inter ſuffectos Conſules
aliquo loco ex aliis quos vacuos & ſine Conſule eſſe vides, adſcripto
tantùm **Ex** kal. April. Iulijs, Octob. &c. Sed
quo incertum. Cuius te benignè Lector monea-
dum eſſe cenſuimus, rogatumque vt ſi-
cuti cetera ita & hæc æqui
boníque conſulas.
Sis felix.

CATALOGVS SIVE ENVMERATIO
CONSVLVM QVI POST AVGVSTI OBITVM
VIQVE AD IVSTINIANVM SVB VNOQVOQVE IMPP.
PVERE VNA CVN TRIVMPHIS.

Anno ab Vrbe condita DCCLXVI. mortuo ad XIIII. kalend.
Septembris Augusto.

TI. CAESAR DIVI AVG. F. DIVI IVLII N.

AVGVSTVS IMPERIVM ACCEPIT.

VII	Drusus Caesar Ti. Augusti F. Diui Augusti N.	C. Norbanus	C. F. C. N.	Flaccus
IIX	T. Statilius	T. F. T. N.	Sibenus Taurus	L. Scribonius L. F. L. N.	Libo
IX	C. Coelius	C. F. /. N.	Rufus	L. Pomponius L. F. L. N.	Flaccus

Germanicus Caesar Ti. Augusti F. Diui Augusti N. Pro Cos.
De Cheruscis Cattis Angriuariisque
VII. Kal. Iunias.

DEXLXII	Ti. Caesar Diui Aug. F. Diui Iulij N. Aug. III.	Germanicus Caesar Ti. Aug. F. Diui Aug. N. II.		
	Abdicauit. in eius locum factus est		abdicauit. in eius locum factus est	
	L. Seius /. F. /. N.	Tubero	/. Rubellius /. F. /. N.	Blandus
	M. Iuncus M. F. M. N.	Silanus	L. Norbanus C. F. C. N.	Placens Balbus
	M. Valerius M. F. M. N.	Messalla	M. Aurelius M. F. M. N.	Cotta

Drusus Caesar Ti. Augusti F. Diui Augusti N. Pro Cos.
Ouans ex Germania ///////////

III	Ti. Caesar Diui Aug. F. Diui Iulij N. Aug. IIII.	Drusus Caesar Ti. Augusti F. Diui Aug. N. II.		

Kal. April. abdicauit

Eodem Anno

DRVSVS CAESAR TI. AVG. F. DIVI AVG. N. TRIBVNICIAM POTESTATEM
IN DECENNIVM ACCEPIT.

IV	D. Haterius	Q. F. /. N.	Agrippa	C. Sulpicius Ser. F. Ser. N.	Galba
		Suffecti { Ex k. Iulias	M. Cocceius M. F. /. N.		Nerua
		{ Ex k. Iulias	C. Vibius C. F. /. N.		Rufinus

Hoc anno Drusus Caesar Ti. Aug. F. Diui Aug. N. mortuus est

V	C. Asinius	C. F. C. N.	Pollio	C. Antistius C. F. C. N.	Vetus
VI	Ser. Cornelius	Ser. F. /. N.	Cethegus	L. Visellius C. F. C. N.	Varro
VII	Cossus Cornelius Cossi F. Cni. N.		Lentulus	M. Asinius M. F. /. N.	Agrippa
IIX	C. Caluisius	C. F. C. N.	Sabinus	Cn. Cornelius Cossi F. Cn. N. Lentul. Getulicus
		Suffecti { Ex k. Iulias	Q. Marcius /. F. /. N.		Barea
		{ Ex k. Iulias	T. Rustius T. F. /. N.		Numatius Gallus
IX	M. Licinius	M. F. M. N.	Crassus	L. Calpurnius L. F. L. N.	Piso
DCCXXX	Ap. Iunius	C. F. C. N.	Silanus	P. Silius P. F. P. N.	Nerua
X	C. Rubellius	/. F. /. N.	Geminus	C. Fufius /. F. /. N.	Geminus
		Suffecti { Ex k. Iulias	Q. Pomponius /. F. /. N.		Secundus
		{ Ex k. Iulias	M. Sanquinius Q. F. /. N.		Maximus
XI	M. Vinicius	P. F. M. N.	Quartinus	C. Cassius L. F. L. N.	Longinus
XII	Ti. Caesar Diui Aug. F. Diui Iulij N. August. V.			L. Aelius L. F. /. N.	Seianus
		Suffecti { Ex Idib. Maijs	C. Memmius /. F. /. N.		Regulus
		{ Ex Idib. Maijs	/. Fulcinius /. F. /. N.		Trio
IV	Cn. Domitius L. F. Cn. N.		Ahenobarbus	A. Vitellius P. F. Q. N.	In magistratu
				mortuus est. in eius locum factus est	
				M. Furius M. F. Camillus Scribonianus	
V	Ser. Sulpicius Ser. F. Ser. N.	Galba qui	L. Cornelius L. F. P. N.		Sulla
	postea Imp. Caes. Aug. appellatus est				
		Suffectus Ex k. Iulias	L. Saluius M. F. /. F.		Otho
				L. Vitel.	

L. Vitellius P. F. Q.   Nepos   Publius Fabius Paullus   F. Q. N.   Persicus
C. Cestius / F. / N.   Gallus Camerinus   M. Servilius M. F. M. N   Nonianus
Q. Plautius Q. F. / N.   Lateranus   Sex. Papinius Q. F. / N.   Gallienus
Suffecti ex K. Iulijs   P. Petronius / F. / .   Nepos
Cn. Acerronius / P. / N.   Proculus   C. Pontius / F. / N.   Nigrinus

Hoc anno ad XVII Kal. Apriles
Ti. Caesar Diui Augusti F. Diui Iulij N. Augustus mortuus est

C. CAESAR GERMANICI F. TI. AVG. N. AVGVSTVS

GERMANICVS TRIBVNICIAM POTESTATEM

CVM IMPERIO ACCEPIT

Suffecti {Ex k. Iulijs / Ex k. Iulijs}   C. Caesar German. F. Ti. Aug. N. Aug. German.
Ti. Claudius Drusi F. Ti. N. Drui uit fieri coepit,
qui postea Caesar Augustus appellatus est.

M. Aquillius C. F. / N.   Iulianus   P. Nonius M. F. / N.   Asprenas
C. Caesar Germanici F. Ti. Aug. N. Augustus   L. Apronius L. F. L. N.   Caesianus
Germanicus II.   Pr. delati.
Februar. abdicauit, in eius loc. fact. est
/ Sabinus / F. / N.   Maximus

Suffecti ex k. Iulijs   Cn. Domitius / F. / N.   Corbulo
Suffecti {Ex Non. Sept. / Ex Non. Sept.}   Sex. Domitius Afe. F. / N.   Afer
Q. Curtius Q. F. / N.   Rufus

C. Caesar Germanici F. Ti. Aug. N. Augustus
Germanicus III.   sine collega.
Prid. Idus Ianuar. abdicto in eius loc. fact. sunt
L. Gellius L. F. L. N.   Poplicola   M. Cocceius M. F. M. N.   Nerva

Suffecti {Ex k. Iulijs / Ex k. Iulijs}   Sex. Iunius / F. / N.   Celer
Sex. Nonius Sex. F. / N.   Quintilianus

C. Caesar Germanici F. Ti. Aug. N. Augustus Germanicus
Pont. Max. Trib. Potest. III. III. Cos. III. Pro Cos. P. P. Imp. II.
Diuos es Germanus Drusus it d. September.

C. Caesar Germanici F. Ti. Aug. N. Augustus   Cn. Sentius Cn. F. / N.   Saturninus
Germanicus III.   ad VII. Idus
Ianuar. abdicauit, in eius loc.   facti sunt
Q. Pomponius / F. / N.   Secundus II.

Hoc anno ad IX. Kal. Februar.
C. Caesar Augustus Germanicus occisus est.

TI. CLAVDIVS DRVSI F. TI. N. CAESAR AVGVSTVS

GERMANICVS TRIBVNICIAM POTESTATEM

CVM IMPERIO ACCEPIT

Suffectus Ex k. Iulijs   / / / / / / / / / F. / N.   Vinicius
Ti. Claudius Drusi F. Caesar Aug. Germanic. II.   C. Laecanius / F. / N.   Caecinna Largus
Prid. K. Mart. abdicauit, in eius loc. fact. est   in magistratum reuersus est
C. Vibius / F. / N.   Crispus

Ti. Claudius Drusi F. Caesar Aug. Germanic. III.   L. Vitellius P. F. Q.   Nepos II.
Prid. x Mart. abdic. in eius loc. factus est
P. Valerius L. F. / N.   Asiaticus

C. Vibius / F. / N.   Crispus II.   T. Statilius   T. F. T. N.   Taurus

Ti. Claudius Drusi F. Caesar Augustus Germanicus
Pont. Max. Trib. Potest. V Cos. III. Pro Cos. P. P. Imp. VI.
In Britannia / / / / / / / / / / /

M. Vinicius   P. F. II. N.   Quartinus II.   T. Statilius T. F. T. N.   Messalla Corvinus
Suffecti

Suffecti { Ex k. Ioliis   M. Cluuius   A. F. A. N.   Rufus
{ Ex k. Ioliis   Pompeius   A. F. A. N.   Sabinus

III P. Valerius L. F. A. N.   Afiaticus II.   M. Iunius   A. F. A. N.   Silanus

Suffecti { Ex k. Ioliis   A. Vitelius   A. F. A. N.   Rufus
{ Ex k. Ioliis   F. Ofitonus   A. F. A. N.   Scapula

IX Ti. Claudius Drusi F. Cæfar Aug. Germanic. IIII.   L. Vitellius   P. F. Q.   Nepos III.
Suffectus Ex k. Mart.   Ti. Plautius   M. F. M. N.   Siluanus Ælianus

A. Plautius M. F. A. N.   Siluanus Pro Cos.
missus Ex Britannia de Rege Caractaco

LVDI SÆCVLARES IIXXX IS. I. C. FACTI

DCCC A. Vitellius L. F. P. Nepos qui poftea Imp.   L. Vipſanius   A. F. A. N.   Popliola
Augustus Germanicus appellatus est
Cenfores Ti. Claudius Drusi F. Cæfar Aug. Germanic. I. Vitellius P. F. Q. N. Luſtr.fecer. LXXIIII.

Suffecti { Ex k. Ioliis   L. Vitellius   L. F. P.   Nepos
{ Ex k. Ioliis   C. Calpurnius   A. F. A. N.   Piſo

C. Silius   C. F. P. N.   Nerua
in fequentem annum defig. erat non init

I C. Pompeius C. F. A. N.   Longinus Gallus   Q. Veranius   Q. F. A.   Nepos
Suffectus Ex k. Ioliis   A. Memmius   A. F. A. N.   Pollio

II C. Antistius C. F. C. N.   Vetus   M. Suillius   P. F. A. N.   Nerulinus
III Ti. Claudius Drusi F. Cæfar Aug. Germanic. V.   Ser. Cornelius   A. F. A. N.   Scipio Orfitus

Suffecti { Ex k. Ioliis   C. Nunucius   A. F. A. N.   Fundanus
{ Ex k. Ioliis   C. Vexennius   A. F. A. N.   Sentius

IV P. Cornelius L. F. L. N.   Sulla Faustus   L. Saluius   M. F. A. N.   Otho
Suffecti { Ex k. Ioliis   A. Seruilius   A. F. A. N.   Barea Soranus
{ Ex k. Ioliis   M. Licinius   M. F. A. N.   Crassus Mucianus
Suffecti { Ex k. Nouēb.   L. Cornelius   L. F. L. N.   Sulla
{ Ex k. Nouēb.   T. Fluuius   T. F. T. N.   Sabinus Vespasianus
qui poftea Imp. Cæfar Aug appellat. est

V D. Iunius M. F. M. N.   Silanus   Q. Haterius   D. F. Q. N.   Antoninus
VI M. Afinius M. F. A. N.   Marcellus   M. Acilius   A. F. A. N.   Auiola

Hoc anno ad III. Idus Octobris
Ti. Claudius Cæfar Augustus Germanicus mortuus est

IMP. NERO CLAVDIVS DIVI CLAVDII F. CAESAR

AVGVSTVS GERMANICVS TRIBVNICIAM POTESTATEM
CVM IMPERIO ACCEPIT.

VII Imp. Nero Claudius Cæfar Aug.   Germanicus   L. Antistius   C. F. C. N.   Vetus

Imp. Nero Claudius Diui Claudii F. Cæfar Augustus Germanicus
Pont. Max. Trib. Potest. Cos. Oninus

De Armeniciis et Parthis

IIX Q. Volusius L. F. A. N.   Saturninus   P. Cornelius   P. F. A. N.   Scipio
IX Imp. Nero Claudius Cæfar Aug. Germanicus II.   L. Calpurnius   L. F. L. N.   Piſo
Suffecti { Ex k. Ioliis   A. Ducennius   A. F. A. N.   Geminus
{ Ex k. Ioliis   A. Pompeius   A. F. A. N.   Paulinus
DCCCX Imp. Nero Claudius Cæfar Aug. Germanic. III.   M. Valerius   M. F. M. N.   Messalla

PACE P. R. TERRA MARIQVE PARTA IANVI CLVSVS V.

I C. Vipſanius C. F. A. N.   Poplicola Apronian.   C. Fonteius   L. F. C. N.   Capito
II Imp. Nero Claudius Cæfar Aug. Germani. IIII.   Cossus Cornelius Cossi F. Cossi N.   Lentulus
III C. Caesonius A. F. A. N.   Pœtus   C. Petronius   P. F. A. N.   Sabinus Turpilianus
IV P. Marius A. F. A. N.   Celsus   L. Afinius   C. F. C. N.   Gallus
Suffecti { Ex k. Ioliis   L. Annæus   L. F. A. N.   Seneca
{ Ex k. Ioliis   A. Trebellius   A. F. A. N.   Maximus
V L. Memmius C. F. A. N.   Regulus   Paullus Virginius   A. F. A. N.   Rufus
C. Læca

ʃɪ C. Lecanius ./.F./.N.	Baſſus M. Livinius M.F.M.N.	Craſſus Frugi
VII P. Silius P.F.P.N.	Nerua C. Iulius ./.F./.N.	Aruieus Veſtinus

in magiſtratu occiſus eſt.

Suffecti {
Ex k. Iulijs ./. Plautius ./.F./.N.   Lateranus antequam
inieret occiſus eſt.
Ex k. Iulijs ./. Anicius ./.F./.N.   **Cerealis**

BELLVM IVDAICVM.

ɪɪɪ C. Suetonius ./.F./.N.	**Paullinus** L. Pontius ./.F./.N.	Teleſinus
ɪɪ L. Fonteius L.F.C.N.	**Capito** C. Iulius ./.F./.N.	Rufus

Suffectus Ex k. Iulijs Imp. Nero Claudius Cæſar Aug. Germanic. V.
ſolus ſine conleg.

DCCCXX C. Silius ./.F./.N.   **Italicus**   M. Galerius M.F./.N. Trachalus Turpilianus

Hoc Anno ad IIII. Idus Iunias
Imp. Nero Claudius Cæſar Auguſtus Germanicus mortuus eſt.

IMP. SER. SVLPICIVS SER. F. SER. N. GALBA
CÆSAR AVGVSTVS TRIBVNICIAM POTESTATEM
CVM IMPERIO ACCEPIT.

Suffecti {
Ex k. Iulijs M. Plautius M.F./.N.   Siluanus
Ex k. Iulijs M. Saluius L.F.M.N.   Otho, qui poſtea
Imp. Cæſar Auguſtus appellatus eſt.

Suffecti {
Ex k. Septib. C. Bellicus ./.F./.N.   Natalis
Ex k. Septib. P. Cornelius ./.F./.N.   Scipio Aſianus

I Imp. Ser. Sulpicius Ser. F. Ser. N. Galba   T. Vinius ./.F./.N.   Rufinus
Cæſar Auguſtus .II.   in magiſtratu occiſus eſt.

Hoc anno ex ante diem III. Non. Ianuar.

A. VITELLIVS L. F. P. N. IN GERMANIA IMPERATOR
APPELLATVS EST.

Eodem anno ad XIIX. Kal. Februar.
Imp. Ser. Sulpicius Ser. F. Ser. N. Galba Cæſar Auguſtus occiſus eſt.

IMP. M. SALVIVS L. F. M. N. OTHO CÆSAR AVG.
TRIBVNICIAM POTESTATEM CVM IMPERIO
OCCVPAVIT.

Suffecti {
Ex XVII. k. Febr. Imp. M. Saluius L.F.M.N. Otho Cæſar Aug. II.
Ex XVII. k. Febr. L. Saluius L.F.M.N.   Titianus iterauit
Suffecti {
Ex K. Mart. T. Verginius ./.F./.N.   Rufus
Ex K. Mart. Vopiſcus Pompeius ./.F./.N.   Siluanus

Eodem anno ad XII. Kal. Maias
Imp. M. Saluius L. F. M. N. Otho Cæſar Auguſtus mortuus eſt.

A. VITELLIVS L. F. P. N. GERMANICVS IMP. AVG.
TRIBVNICIAM POTESTATEM CVM IMPERIO
OCCVPAVIT.

Suffecti {
Ex k. Maijs M. Coelius ./.F./.N.   Sabinus
Ex k. Maijs T. Flauius T.F.T.N.   Sabinus
Suffecti {
Ex k. Iulijs T. Arrius ./.F./.N.   Antoninus
Ex k. Iulijs P. Marius ./.F./.N.   Celſus .II.

Eodem anno ex ante diem Kal. Iulias

T. FLAVIVS T. F. T. N. SABINVS VESPASIANVS IN IVDÆA IMP.
CÆSAR AVGVSTVS APPELLATVS EST.

Suffecti {
Ex k. Septib. C. Fabius ./.F./.N.   Valens
Ex k. Septib. A. Licinius ./.F./.N.   Cæcina Ex S. C.
conſilis abdicauit, in eius loc. ſuff. eſt.

Suffectus Ex pridie k. Nouēb. ./. Roſcius ./.F./.N.   Regulus
Suffecti

Suffecti {Ex K. Noueb.   C. Quinctius /. F. /. N.
{Ex K. Noueb.   Cn. Caecilius /. F. /. N.

Eodem anno ad IX. Kal. Ianuar.

A. Vitellius L. F. P. N. Germanicus Imperator Augustus occisus est.

IMP. CAESAR T. FLAVIVS T. F. T. N. SABINVS

VESPASIANVS AVGVSTVS TRIBVNICIAM POTESTATEM

CVM IMPERIO ACCEPIT.

II. Imp. Caesar T. Flauius T. F. T. N. Sabinus Vespasianus Augustus	T. Flauius Vespasiani Augusti F. T. N. Caesar Sabinus Vespasianus.	
	II.	
Suffecti { Ex kal. Iulijs	T. Flauius Vespasiani Augusti F. T. N. Caesar Sabinus Domitianus	
Ex kal. Iulijs	M. Licinius M. F. /. N. Crassus Mucianus II.	
Suffecti Ex k. Septemb.	P. Valerius C. F. /. N.	Asiaticus
Suffecti { Ex k. Noueb.	L. Annius /. F. /. N.	Bassus
{ Ex k. Noueb.	C. Caecina /. F. /. N.	Paetus
III. Imp. Caesar T. Flauius T. F. T. N. Sabinus Vespasianus Augustus	M. Cocceius M. F. M. N. Nerua, qui postea Imp. Caesar Augustus appellatus est	
	III.	

Imp. Caesar T. Flauius T. F. T. N. Sabinus Vespasianus Augustus
Pont. Max. Trib. Potest II. Cos. III. P P. Imp. IV. &
T. Flauius Vespasiani Aug. F. T. N. Caesar Sabinus Vespasianus
Pontifex pro Cos. Imp. III. Vnà
De Iudaeis Hierosolymitaneis Palaestineisque ex Suria
calendis Iulijs.

PACE PER TERRA MARIQVE PARTA IANVS CLVSVS VI.
Eundem annos ex ante diem kal. Iulias.

T. FLAVIVS VESPASIANI AVG. F. T. N. CAESAR SABINVS

VESPASIANVS TRIBVNICIAM

POTESTATEM ACCEPIT.

IV. Imp. Caesar T. Flauius T. F. T. N. Sabinus Vespasianus Augustus	T. Flauius Vespasiani Augusti F. T. N. Caesar Sabinus Vespasianus	
	IIII.	IV.
V. T. Flauius Vespasiani Augusti F. T. N. Caesar Sabinus Domitianus	M. Valerius M. F. M. N.	Messalinus
	II.	
VI. Imp. Caesar T. Flauius T. F. T. N. Sabinus Vespasianus Augustus	T. Flauius Vespasiani augusti F. T. N. Caesar Sabinus Vespasianus	
	V.	III.
Suffectus Ex k. Iulijs	T. Flauius Vespasiani Augusti F. T. N. Caesar Sabinus Domitianus	
		III.
Censores Imp. Caesar Vespasianus Augustus T. Caesar Vespasiani Aug. F. Vespasianus L. F. LXXV.		
VII. Imp. Caesar T. Flauius T. F. T. N. Sabinus Vespasianus Augustus	T. Flauius Vespasiani Augusti F. T. N. Caesar Sabinus Vespasianus	
	VI.	IIII.
Suffecti { Ex kal. Iulijs	T. Flauius Vespasiani Augusti F. T. N. Caesar Sabinus Domitianus	
Ex kal. Iulijs	M. Licinius M. F. /. N. Crassus Mucianus III.	IIII.
IX. Imp. Caesar T. Flauius T. F. T. N. Sabinus Vespasianus Augustus	T. Flauius Vespasiani Augusti F. T. N. Caesar Sabinus Vespasianus	
	VII.	V.
Suffecti { Ex kal. Iulijs	T. Flauius Vespasiani Augusti F. T. N. Caesar Sabinus Domitianus	
Ex kal. Iulijs	Ti. Plautius M. F. M. N. Siluanus Aelianus II.	V.
X. Imp. Caesar T. Flauius T. F. T. N. Sabinus Vespasianus Augustus	T. Flauius Vespasiani Augusti F. T. N. Caesar Sabinus Vespasianus	
	VIII.	VI.
Suffecti { Ex kal. Iulijs	T. Flauius Vespasiani Augusti F. T. N. Caesar Sabinus Domitianus	
Ex kal. Iulijs	Cn. Iulius /. F. /. N.	Agricola
DCCCXXX. L. Ceionius /. F. /. N. Commodus Verus	C. Cornelius /. F. /. N.	Priscus
Imp. Caesar T. Flauius T. F. T. N. Sabinus Vespasianus Augustus	T. Flauius Vespasiani Augusti F. T. N. Caesar Sabinus Vespasianus	
	XI.	VII.

Hoc anno ad v 221, kal. Iulias.
Imp. Caesar T. Flauius T. F. T. N. Sabinus Vespasianus Aug. mortuus est.

IMP. T. FLAVIVS DIVI VESPASIANI F. CAESAR SABINVS
VESPASIANVS AVGVSTVS IMPERIVM ACCEPIT.

11. Imp. T. Flauius Diui Vespasiani Sabinus Vespasianus Augustus	F. viii	Caesar	T. Flauius Diui Vespasiani F. T. N. Sabinus Domitianus	Caesar vii.
111. M. Plautius M. F. M. N.		Siluanus	M. Annius /. F. /. N.	Verus Pollio

Hoc anno Idibus Septembribus
Imp. T. Flauius Diui Vespasiani F. Caesar Sabinus Vespasianus
Augustus mortuus est.

IMP. T. FLAVIVS DIVI VESPASIANI F. CAESAR
SABINVS DOMITIANVS AVGVSTVS TRIBVNICIAM
POTESTATEM CVM IMPERIO ACCEPIT.

IV. Imp. T. Flauius Diui Vespasiani F. Sabinus Domitianus Augustus viii.	Caesar	T. Flauius	T. F. T. N.	Sabinus
V. Imp. T. Flauius Diui Vespasiani F. Sabinus Domitianus Augustus ix.	Caesar	T. Verginius	/. F. /. N.	Rufus 11.
VI. Imp. T. Flauius Diui Vespasiani F. Sabinus Domitianus Augustus x. Qui in hoc honore Germanicus appell. est	Caesar	Ap. Iunius		Sabinus
VII. Imp. T. Flauius Diui Vespasiani F. Sabinus Domitianus Aug. Germanicus xi.	Caesar	T. Aurelius	T. F.	Fuluus

Imp. T. Flauius Diui Vespasiani F. Caesar Sabinus
Domitianus Augustus Germanicus
Pont. Max. Trib. Potest. 1111. Cos. xi. Censoria Potest. v. 9 Imp. x111.
De Quadeis Daceis Geteis Sarmateisque Germaneis
/////////////////////

11x. Imp. T. Flauius Diui Vespasiani F. Sabinus Domitianus Aug. Germanicus xii.	Caesar	Ser. Cornelius Cn. F. P. N.	Dolabella
12. Imp. T. Flauius Diui Vespasiani F. Sabinus Domitianus Aug. Germanicus xiii.	Caesar	A. Volusius Q. F. L. N.	Saturninus
DCCCXL. Imp. T. Flauius Diui Vespasiani F. Caesar Sabinus Domitianus Aug. Germanicus xiiii.		L. Minucius	Rufus

LVDI SAECVLARES SEPT. EX S. C. FACTI.

I. T. Aurelius T. F.	Fuluus 111.	A. Sempronius	Attratinus
	Suffecti { Ex kal. Iulijs /. ///////// Ex kal. Iulijs /. /////////		////// //////
11. Imp. T. Flauius Diui Vespasiani F. Sabinus Domitianus Aug. Germanicus xv.	Caesar	M. Coccetus M. F. M. N.	Nerua 11.
111. M. Vlpius M. F. Traianus Crinitus, qui pudes Imp. Caesar Augustus appell. est		M'. Acilius M'. F. in magistratu occisus est	Glabrio
IV. Imp. T. Flauius Diui Vespasiani F. Sabinus Domitianus Aug. Germanicus. xvi.	Caesar	A. Volusius Q. F. L. N.	Saturninus. 11.

Imp. T. Flauius Diui Vespasiani F. Caesar Sabinus
Domitianus Augustus Germanicus
Pont. Max. Trib. Pot. x. Cos. xvi. Censor Perp. P. P. Imp. xxi.
iterum de Quadeis Daceis Geteis Sarmateisque Germaneis
/////////////////////

V. Sex. Pompeius			Priscus
	Collega /. Cornelius		Paullinus
	Suffecti { Ex kal. Iulijs M. Lollius Ex kal. Iulijs /. Valerius		Asiaticus Saturninus
	Suffecti { Ex kal. ////// C. Antius C. F. Ex kal. ////// A. Iulius		////// Quadratus L. Nonius

VI. L. Nonius P. F. M. N.   Asprenas Torquatus   M. Arricinus
Suffecti {Ex K. Iulij   /. Sextilius
{Ex K. Iulij   C. Silius
VII. Imp. T. Flauius Diui Vespasiani F. Caesar Sabi-   T. Flauius   T. F. T. N.
nus Domitianus Aug. Germanicus   XVII.   in magistratu occisus est
III. C. Fabricius   Valens   C. Aquilius   L. F. C. N.   Vetus
in magistratu mortuus est
Suffecti {Ex K. Nouēb.   T. Flauius   T. F. T. N.   Sabinus
{Ex K. Nouēb.   T. Arrius   T. F.   Antoninus

Hoc anno ad XIIII. kal. Octobreis
Imp. T. Flauius Diui Vespasiani F. Caesar Sabinus Domitianus
Augustus Germanicus occisus est

IMP. NERVA CAESAR AVGVSTVS TRIBVNICIAM
POTESTATEM CVM IMPERIO ACCEPIT.

IX. Imp. Nerva   Caesar Augustus   III.   T. Verginius   Rufus   III.
in mag. mort. est. in eius loc. fact. est
P. Cornelius   Tacitus
Suffecti {Ex k. Maijs   /. Domitius   Apollinaris
{Ex k. Maijs   Q. Fabius   Veiento
Suffecti {Ex k. Iulijs   M. Cornelius   Fronto.   II.
{Ex k. Iulijs   /. Fabius   Posthumus

Eodem Anno et ante diem XIII. kal. Octobreis
M. VLPIVS M. F. TRAIANVS CRINITVS AB IMP. NERVA
CAESARE AVGVSTO ADOPTATVS CAESAR APPELLATVS EST
ET TRIBVNICIAM POTESTATEM ACCEPIT.

Suffecti {Ex k. Nouēb.   C. Poblicius   Gemina, antequam
inijt damnatus est, in eius loc. fact. est
Sex. Pompeius   Collega. II.
{Ex k. Nouēb.   /. Verrius   Proculus
DCCCL.   Imp. Nerva Caesar Augustus, qui in hos honore   Nerva Traianus Nerva Augusti F. Caesar   IX.
Germanicus appellatus est   IIII.   qui in hoc honore Germanicus appellatus est

Hoc anno ad VI. Kal. Februar.
Imp. Nerva Caesar Augustus Germanicus mortuus est.

IMP. CAESAR DIVI NERVAE F. TRAIANVS AVG.
GERMANICVS IMPERIVM ACCEPIT.

Suffecti {Ex k. Iulijs   C. Sosius   Senecio
{Ex k. Iulijs   L. Licinius   Sura
Suffectus Ex K. Octob.   /. Afranius   Dexter
in magistratu occisus est.
I. C. Sosius   Senecio.   II.   A. Cornelius   Palma
II. Imp. Caesar Diui Nervae F. Nerva Traianus   M. Cornelius   Fronto   III.
Augustus Germanicus   III.
Suffectus Ex Mart.   Sex. Pompeius   Collega   II.
Suffecti {Ex k. Sept.   C. Plinius   C. F. C. N.   Caecilius Secundus
{Ex k. Sept.   Sp. Cornelius   Tertullus
Suffecti {Ex k. Nouēb.   /. Iulius   Ferox
{Ex k. Nouēb.   /. Acutius   Nerva

BELLVM DACICVM.

III. Imp. Caesar Diui Nervae F. Nerva Traianus   Sex. Articuleius   Paetus
Augustus Germanicus, qui in hoc honore
Dacicus appellatus est.   IIII.
Suffectus Ex k. Mart.   /. Cornelius   Scipio Orfitus
Suffecti {Ex k. Maijs   /. Baebius   Macer
{Ex k. Maijs   M. Valerius   P. F. L. N.   Paullinus
kk. ij.   Suffecti

Suffecti	Ex kal. Iulijs	/. Rufinus		Gallus
	Ex kal. Iulijs	Q. Coelius	Q. J. Q. N.	Hispo
	Senecio III.	L. Licinius		Sura II.
Suffecti	Ex kal. Iulijs	M'. Acilius		Rufus
	Ex kal. Iulijs	C. Caecilius		Classicus

Imp. Caesar Diui Neruae F. Nerua Traianus Optimus Aug. Germanic. Dacicus
Pont. Max. Trib. Pot. v. Cos. IIII. Pro Cos. P. P. Imp. III.
De Pannonijs Dacisque & Rege Decebalo ex Germania
//// /////////////// ////

v. Imp. Caesar Diui Neruae F. Nerua Traianus   L. Appius   **Maximus** II.
Augustus Germanicus Dacicus.   **v.**

Imp. Caesar Diui Neruae F. Nerua Traianus Optimus Aug. Germanic. Dacicus
Pont. Max. Trib. Pot. vi. Cos. v. P. P. Imp. III. Iterum
De Daceis & Rege Decebalo ex Germania
//// ////// //////

VI. /. /////////		Suranus	P. Neratius	Marcellus
VII. Ti. Iulius		Candidus II.	A. Iulius	Quadratus III.
IIX. L. Ceionius	L. F.	Commodus Verus	L. Tuccius	Cerealis
IX. C. Sosius		Senecio IIII.	L. Licinius	Sura IIII.
	Suffecti { Ex kal. Iulijs	/. ///////		Surianus II.
	{ Ex kal. Iulijs	C. Iulius Seruilius		Vrbis Seruianus
	Trebonianus Gallus		M. Acilius	Mecellus Bradua
	Suffecti { Ex kal. Iulijs	C. Iulius		Africanus
	{ Ex kal. Iulijs	/. Clodius		Crispinus
X. A. Cornelius	Palma II.		C. Calvisius	Tullus II.
	Ex kal. Iulijs	P. Aelius T. F. T. N.	Hadrianus qui postea
	Suffecti {		Imp. Caesar Augustus appellatus est.
	{ Ex kal. Iulijs	L. Publilius		Celsus
XI. /. Clodius		Crispinus	/. Sosenus	Orfitus
XII. L. Calpurnius		Pedo	/. Veretus	Rusticus Bolanus
	Suffecti { Ex kal. Iulijs	C. Iulius Seruilius		Vetus Seruilianus II.
	{ Ex kal. Iulijs	L. Fabius		Iustus
XV. Imp. Caesar Diui Neruae F. Nerua Traianus	C. Iulius		Africanus II.
Augustus Germanicus Dacicus. VI.			
qui in hoc honore Parthicus appellatus est			
V. L. Publilius	Celsus II.		C. Clodius	Crispinus
VI. Q. Ninnius	Hasta		P. Manilius	Vopiscus
VII. M. Valerius	M. F. M. N.	Messalla	C. Popillius	Carus Pedo
		in magistratu mortuus est	
		Aelianus	L. Antilius L. F. C. N.	Vetus
IIX. /. Aimilius		Niger	T. Vipsanius	Apronianus
IX. /. Quinctius			M. Erucius	Clarus
	Suffecti { Ex kal. Iulijs	M. Erucius		
	{ Ex kal. Iulijs	Ti. Iulius		Alexander

Eodem Anno ex ante diem v. Idus Augustas,
P. AELIVS T. F. T. N. HADRIANVS AB IMP. CAESARE NERVA
TRAIANO AVGVSTO ADOPTATVS CAESAR APPELLATVS
EST ET TRIBVNICIAM POTESTATEM ACCEPIT.

Eodem anno ad III. Idus August.
Imp. Caesar Nerua Traianus Augustus mortuus est

IMP. CAESAR DIVI TRAIANI PARTHICI F. DIVI

NERVAE N. TRAIANVS HADRIANVS AVGVSTVS
IMPERIVM ACCEPIT.

DCCCLXI. Imp. Caesar Traianus Hadrianus Augustus. II.	Ti. Claudius	Ti. F.	Fuscus Salinator Diuus

Diuus Nerua Traianus Germanicus Dacicus Parthicus . 111.
De Arabibus Armeniis Mesopotamiis Partheis
Ostendens in et Rege Coldine ex Oriente
////// ////// ////////

i. Imp. Caesar Traianus Hadrianus Aug.		111.	Q. Iunius		Rusticus
	Suffectus Ex 2. Maiji		/.////////		/////////
ii. L. Catilius		Seuerus	T. Aurelius T. F. T. N.		Fuluus Antoninus
			qui postea Pius Augustus appellatus est		
iii. M. Annius	M. F.	Verus 11.	/.////////		Angur
iv. M'. Acilius	M'. F.	Auiok	C. Cotelius		Paulа
v. Q. Arrius		Paetinus	C. Ventidius		Apronianus
vi. M. Acilius	M. F.	Glabrio	C. Bellicius		Torquatus
vii. P. Cornelius	P. F.	Scipio Asiaticus 11.	Q. Verius		Aquilinus
viii. /. Velpronius		Candidus Verus 11.	/. Ambagius		Bibulus
ix. /. ////////		Gallicanus	D. Coelius		Trianus
bbbbbb. L. Nonius L. F. F. N.		Torquatus Asprenas	M. Annius	M. F.	Libo
x. D. Iuuentius		Celsus 11.	Q. Iulius		Balbus
	Suffecti { Ex 2. Mart.		T. Aufidius		Fronto
	{ Ex 2. Marr.		/. Atrius		Seuerianus
	Suffecti { Ex k. Noueb.		C. Neratius		Marcellus
	{ Ex k. Noueb.		Cn. Lollius		Gallus
xi. Q. Fabius.		Catullinus	M. Flauius		Aper
iii. Ser. Octauius		Lenas Pontianus	M. Antonius		Rufinus
iv. /. Sentius		Augurinus	/. Arrius		Seuerianus. 11.
v. /. ////////		Hiberus	/. Iunius		Siluanus Sininna
vi. C. Iulius Seuuilius		Vrius Seruianus. 111.	C. Vibius		Iuuentius Verus
vii. /. /////		Pompeianus Lupercus	L. Iulius	L. F.	Arnieus Acilianus
xii. L. Ceionius L. F. L. N.		Commodus Verus	Sex. Vetulenus		Cineus Pompeianus

Eodem anno ex ante diem 111. Idus Augustas

L. CEIONIVS L. F. L. N. COMMODVS VERVS AB IMP. CAESARE
TRAIANO HADRIANO AVGVSTO ADOPTATVS CAESAR
APPELLATVS EST ET TRIBVNICIAM POTE-
STATEM ACQVIT.

ix. L. Aelius Hadriani Aug. F.		Verus Caesar. 11.	P. Coelius	P. F.	Balbinus Vibullius
in magistratu mortuus est					
bbbbbb. /. Sulpenus		Camerinus /. Quinchius			Niger Magnus

Eodem anno ex ante diem v. xal. Martias

T. AVRELIVS T. F. T. N. FVLVVS ANTONINVS AB IMP. CAESARE
TRAIANO HADRIANO AVGVSTO ADOPTATVS CAESAR APPEL. EST
ET TRIBVNICIAM POTESTATEM ACCIPIT.

Eodem anno ad vt. Idus Iulias
Imp. Caesar Traianus Hadrianus Augustus mortuus est

IMP. T. AELIVS CAESAR HADRIANVS ANTONINVS
AVG. PIVS IMPERIVM ACCEPIT.

ii. Imp. T. Aelius Caesar Hadrianus Antoninus	/. Bruttius		Praesens
Augustus Pius.	11.		

Eodem anno ex ante diem v. xal. Marцas

M. ANNIVS M. F. M. N. VERVS ET L. AELIVS L. F. HADRIANI
AVG. N. VERVS AB IMP. T. AELIO CAESARE HADRIANO ANTONINO
AVGVSTO PIO ADOPTATI CAESARES APPELLATI SVNT.

ii. Imp. T. Aelius Caesar Hadrianus Antoninus	M. Aurelius Aug. Pij F.		Antoninus Caesar
Augustus Pius	111.		qui postea Augustus appellatus est
iii. M. Pedinaeus	Sylloga Priscinus	T. Hoenius		Seuerus
				/. Culpius

bb. lij.

CATALOGVS CONSVLVM

11. L. Calpius		Rufinus	L. Statius	Quadratus
v. C. Bellicius	C. F.	Torquatus	Ti. Claudius	Atticus Herodes
v1. P. Auitius	M.P.P.N.	Lollianus	C. Caristos	C. F. Maximus
v11. Imp. T. Aelius Caesar Hadrianus Antoninus			M. Aurelius Aug. Pij F.	Antoninus Caesar. 11.
Augustus Pius.		1111.		
1 (x. Ser. Erucius	Ser. F.	Clarus. 11.	Cn. Claudius	Seuerus
1 x. M. Valerius		Largus	M. Valerius M. F.	Messallinus

Eodem anno ex ante diem v. kal. Martias

M. AVRELIVS PII. AVR. F. ANTONINVS CAESAR TRIBVNICIAM
POTESTATEM ACCEPIT.

DCCCC. C. Bellicius	C. F.	Torquatus 11.	M. Salaius	Iulianus 11.
1. Ser. Cornelius		Scipio Orfitus	Q. Nonius	Priscus
11. /////////////		Romulus Gallicanus	/. Ancithus	Vetus
111. Ser. Quinctilius		Gordianus	Ser. Quinctilius	Maximus
1v. Ser. Acilius	M'. F.	Glabrio	C. Valerius C. F.	Omollus Verianus
v1. /. Brutius		Praesens 11.	/. Antonius	Rufinus
v11. L. Aurelius Aug. Pij. F. Verus Caesar qui postea			/. Sextilius	Laetranus
Augustus appellatur est. abdic. in eius loc.				
fact. est. /. Aquillius /. F. /. N.		Orfitus		
v11. C. Iulius		Seuerus	M. Titius	Rufinus Sabinianus
	Suffecti	{ Ex kal. Nouéb.	/. Antius	Pollio
		{ Ex kal. Nouéb.	/. ////////	Opimianus
111. M. Plautius		Siluanus	L. Scutius	Augurinus
1x. /. //////////		Barbatus	/. //////////	Regulus
DCCCC1. Q. Flauius		Tertullus	/. Laenius	Sacerdos
1. /. Plautius		Quinctillus	/. Sancius	Priscus
11. Ap. Annius		Bradua	T. Vibius	Barus
111. M. Aurelius Aug. Pij. F. Antoninus Caesar 111.			L. Aurelius Aug. Pij. F. Verus Caesar	11.

Hoc anno Nonis Martijs
Imp. T. Aelius Caesar Hadrianus Antoninus Augustus Pius mortuus est

IMP. CAES. M. AVRELIVS DIVI ANTONINI PII F.

ANTONINVS AVG. IMPERIVM ACCEPIT.

Eodem anno ex ante diem /////. Nonas Apriles

L. AVRELIVS DIVI ANTONINI PII F. VERVS CAESAR

AB IMP. CAESARE M. AVRELIO ANTONINO AVGVSTO AVGVSTVS
APPELL. EST ET TRIBVNICIAM POTESTATEM CVM
IMPERIO ACCEPIT.

1v. Q. Iunius		Rusticus	/. Vettius	Aquilinus
v. L. Papirius		Aelianus	/. Iunius	Pastor
v1. C. Iulius		Macrinus	L. Cornelius C. F.	Celsus

BELLVM MARCOMANICVM.

v11. /. Seruilius		Pudens	L. Cornelius	Scipio Orfitus

Imp. Caesar M. Aurelius Diui Antonini Pij F. Antoninus Augustus Armeniacus,
Parthicus Maximus, Pont. Max. Trib. potest. x v 111.
Cos. 111. P. P. Pro Cos. Imp. 111. et
Imp. Caesar L. Aurelius Diui Antonini Pij. F. Verus Augustus Armeniacus,
Parthicus Maximus, Pont. Trib. Potest. 1111. Cos. 11.
Pro Cos. Imp. 11. Vna
De Parthicis Armenios Medos & Rege Vologesi
ex Oriente //////////////////////

111. /. Seruilius		Pudens 11.	T. Vetrasius T. F.	Pollio
1x. Imp. Caesar L. Aurelius Diui Antonini Pij. F.			T. Numonidius	Quadratus
Verus Aug. Armeniacus Parthicus		111.		
DCCCC111. L. Vettius		Paullus	T. Iunius	Montanus
				/. Sossus

I. /. Sofius   Priscus   Q. Coelius   Apollinaris
Hoc anno ad ///// ///// /////
Imp. Caesar L. Aurelius Verus Augustus Armeniacus Parthicus mortuus est.
II. L. Iunius   Clarus   M. Aurelius   Seuerus Cecropius
III. L. Septimius   Seuerus. II. /. //////   Herennianus
IV. /. Claudius   Maximus   /. Cornelius   Scipio Orfitus
V. Cn. Claudius   Seuerus II.   M. Aurelius   Pompeianus
VI. /. Fuluius   Flaccus   Ap. Annius   Trebonianus Gallus
VII. /. Calpurnius   Piso   M. Saluius   Iulianus

Eodem anno ex ante diem x III. kal. Februarias
L. AELIVS AVRELIVS M. AVG. F. COMMODVS ANTONINVS CAESAR
TRIBVNICIAM POTESTATEM ACCEPIT.
III. T. Vitrasius   T. F.   Pollio II.   M. Flauius   M. F.   Aper II.

Hoc anno ex ante diem v. xal. Decembreis.
L. AELIVS AVRELIVS M. AVG. F. COMMODVS ANTONINVS CAESAR IMP.
AVGVSTVS GERMANICVS SARMATICVS APPELLATVS EST.

Imp. Caesar M. Aurelius Diui Antonini Pij F. Antoninus Augustus, Armeniacus,
Parthicus Maximus, Germanicus, Sarmaticus, Pont. Max.
Trib. Potest. XXX. Cos. III. P. P. Pro Cos.
Imp. VIII. iterum et
Imp . Caesar L . Aelius Aurelius M . Aug . F. Commodus Antoninus Augustus
Germanicus , Sarmaticus , Pons. Trib . Potest. II. Cos. design. Imp.
Vna de Marcomanneis Quadeis Sueueis Sarmateisque Germaneis.
x. Kal. Ianuar.

II. Imp. Caesar L. Aelius Aurelius M. Aug. F. Commo-   /. Plautius   Quintillus
DCCCCXXI. /. Vettius   Rufus   /. Cornelius   Scipio Orfitus
I. Imp. Caesar L. Aelius Aurelius M. Aug. F. Com-   /. Vespronius   Candidus Verus
modus Antoninus Aug. Germ. Sarmaticus II.
Suffecti{ Ex kal. Iulijs   P. Heluius   P. F.   Pertinax qui postea
Imp. Caesar Augustus appellatus est.
Ex kal. Iulijs   M. Didius   M. F.   Seuerus Iulianus qui
postea Imp. Caesar Augustus appellatus est.
II. /. Brutius   Praesens II.   Sex. Quinctilius   Gordianus

Hoc anno ad xvi. kal. Apreleis.
Imp. Caesar M. Aurelius Antoninus Augustus mortuus est.

IMP. CAES. L. AELIVS AVRELIVS DIVI M. ANTONINI
F. COMMODVS ANTONINVS AVG. GERMANICVS SARMATICVS
IMPERIVM CVM PRAENOMINE M. ACCEPIT.

III. Imp. Caesar M. Aelius Aurelius Diui M. Antoni-   /. Antistius   Burrus
ni F. Commodus Antoninus Aug. Ger. Sar. III.

Imp. Caesar M. Aelius Aurelius Diui M. Antonini F. Commodus Antoninus
Pius Felix Augustus Germanicus Sarmaticus Pont. Max.
Trib. potest. VI. Cos. III. P.P. Pro Cos. Imp. IIII. iterum
De Pannoneis & Germaneis /////////////

IV. /. Petronius   Mamertinus   M. Vettius   Rufus
Suffecti{ Ex kal. Iulijs   /. Aemilius   Iuncus
Ex kal. Iulijs   /. Atilius   Seuerus
V. Imp. Caesar M. Aelius Aurelius Diui M. Antoni-   M. Aufidius   M. F.   Victorinus
ni F. Commodus Antonin. Aug. Ger. Sar. IIII.
qui in hoc honore Britannicus appellatus est
VI. M. Egginus   Marullus   N. Papirius   Aelianus
VII. /. Triarius   Maternus   M. Aelius   Metilius Bradua
Suffecti

　　　　　　　　　　⎧Ex kal. Iulijs　C. Pescennius　　　　　　　Niger Iustus　I I.
　　　　　　Suffecti⎨　　　　　　　　qui postea Imp. Caesar Augustus appell. est.
　　　　　　　　　　⎩Ex kal. Iulijs　L. Septimius M. F.　　　　　Seuerus qui
　　　　　　　　　　　　　　　　　postea Imp. Caesar Augustus appellatus est
　　　　　　Suffectus Ex k. //////　/. Appuleius　　　　　　　　　Rufinus

　　　　　　Hoc Anno XXV. Consules primum facti sunt.
I I I. Imp. Caesar M. Aelius Aurelius Diui M. Antoni- M'. Acilius　M'. F. M'. N.　　　Glabrio I I.
　　　　ni F. Commodus Antoninus Aug. Britannicus v.
I X. /. Clodius　　　　　　　　Crispinus　/. Papirius　　.　　　　Aelianus
DCCCXL.　C. Allius　C. F.　　Fuluianus　/. Tullius　　　　　　　Silanus
I. /. Iunius　　　　　　　　　Silanus　　Q. Seruilius　Q. F.　　Silanus
I I. Imp. Cael. M. Aelius Aurelius Diui M. Antoni-　/. Petronius　　　　　Septiminus
　　　ni F. Commodus Antoninus Aug. Britannicus. vi.
I I I. /. Cassius　　　　　　　Apronianus　M. Arilius　　　Metellus Bradua I I.
I V. Imp. Caes. M. Aelius Aurelius Diui M. Antonini　P. Helulus　　P. F.　　Pertinax I I.
　　　F. Commodus Antoninus Aug. Britannicus vii.
　　　qui hoc anno praenomen L. mutato accepit.

　　　　　　　Eodem anno Kalend. Ianuar.
　　Imp. Caes. L. Aelius Aurelius Commodus Antoninus Augustus Britannicus occisus est.

IMP. CAESAR P. HELVIVS P. F. PERTINAX AVGVSTVS
　　　　　　　IMPERIVM ACCEPIT.
v. Q. Sosius　　　　　Falco in magistr. oerif. est.　C. Iulius　　　　　Fructus Clarus
　　　　　　　　　　⎧Ex kal. Mart.　Fl. Claudius　　　　　Sulpicianus
　　　　　Suffecti⎨Ex kal. Mart.　L. Fabius　M. F.　　Cilo Septiminus

　　　　　　Hoc anno ad v. kal. Apriles
　　　Imp. Caesar P. Heluius P. F. Pertinax Augustus occisus est

IMP. CAES. M. DIDIVS M. F. COMMODVS SEVERVS
　　　IVLIANVS AVGVSTVS IMPERIVM ACCEPIT.
　　Suffectus Ex k. Maijs　/. Siluius　　　　　　Messalla
　　　　　Eodem anno Et ante diem ////////

IMP. CAES. C. PESCENNIVS NIGER IVSTVS AVGVSTVS
　　　IMPERIVM ACCEPIT.
　　　Eodem anno ex ante diem Iduum Maij.

IMP. CAES. L. SEPTIMIVS M. F. SEVERVS PIVS PERTINAX
　　AVGVSTVS IMPERIVM ACCEPIT.

　　　　　Eodem anno kalend. Ianuij.
　　Imp. Caesar M. Didius Commodus Seuerus Iulianus Augustus occisus est
　　　　　Eodem anno ex ante diem /////
　D. CLODIVS ALBINVS AB IMP. CAESARE L. SEPTIMIO SEVERO
　　AVGVSTO CAESAR APPELLAEVS EST.
　　　　　　⎧Ex kal. Iulijs　/. Aetrius　　　　　//////////
　　　　Suffecti⎨Ex kal. Iulijs　/. Prolius　　　　　//////////
vi. Imp. Caes. L. Septimius M. F. Seuerus Pertinax　D. Clodius Septimius Albinus Caesar　I I.
　　Augustus　　　　　　　　I I.

　　　　　Eodem anno ad ////////////
　　Imp. Caesar C. Pescennius Niger Iustus Augustus occisus est.

vii. Q. Flauius　　　　　　Terentius　T. Flauius　　　　　　Clemens
I I I. C. Domitius　　　　　Dexter. I I.　L. Valerius　Messalla Thaelius Priscus
I X. Ap. Claudius　　　　　Lateranus　M. Marius　M. F.　　Titius Rufinus

　　　　　　Hoc anno ad xi. kal. Martias
　　Imp. Carl. D. Clodius Septimius Albinus Augustus Proelio ab Imp. Seuero Victus occisus est
DCCCL.　T. Haterius　T. F.　　Saturninus　C. Annaeus　Ap. F.　　Trebonianus Gallus
　　　　　　　　　　　　　　　　　　　　　　Eodem anno

A TIB. AD IVSTINIANVM. 249

Eodem anno ex ante diem Pridie Idus Maias

M. AVRELIVS SEVERI AVGVSTI F. ANTONINVS IMP. CAESAR
AVGVSTVS APPELL. EST ET TRIBVNICIAM POTESTATEM ACCEPIT.

I. P. Cornelius	Anullinus. II.	M. Aufidius	M. F.	Fronto
II. Ti. Claudius	Severus	C. Aufidius		Victorinus
III. L. Annius	Fabianus	M. Nonius	M. F.	Mucianus

Suffecti { Ex kal. Iulijs
{ Ex kal. Iulijs

Imp. Caesar L. Septimius M. F. Severus Pius Pertinax Augustus Arabicus Adiabenicus
Parthicus Maximus Pont. Max. Trib. Pot. VIII. Cos. II. P. P.
Pro Cos. Imp. XI. et
Imp. Cael. M. Aurelius Severi Augusti F. Antoninus Pius Felix Augustus Pont. Trib.
Potest. III. Cos. designatus Imp. Vna
De Arabibus Parthers Adiabenisque et Rege Artabano

IV. Imp. Cael. L. Septimius M. F. Severus Pertinax   Imp. Caesar M. Aurelius Severi. Aug. F. Anto-
Augustus Arabicus Adiabenic. Parthicus III.   ninus Augustus.
V. P. Septimius M. F.   Geta   L. Septimius   Plautianus II.
VI. L. Fabius   M. F.   Cilo Septiminus et.   M. Annius   M. F.   Libo

LVDI SAECVLARES CCV. IN S. C. FACTI.

Suffecti { Ex kal. Iulijs
{ Ex kal. Iulijs

VII. Imp. Caesar M. Aurelius Severi Aug. F. Anto-   P. Septimius Severi Augusti F. Geta Caesar
ninus Augustus.   II.   Qui postea Imp. Caesar Augustus appell. est

Suffecti { Ex kal. Iulijs
{ Ex kal. Iulijs

III. M. Numerius   Albinus   I. Fulvius   Aemilianus
II. M. Plautius   M. F.   Asper   Q. Albus   Maximus

Suffecti { Ex kal. Iulijs
{ Ex kal. Iulijs

DCCCLI. Imp. Caesar M. Aurelius Severi Aug. F. Anto-   P. Septimius Severi Aug. F. Geta Caesar II.
ninus Augustus.   III.

P. SEPTIMIVS SEVERI AVGVSTI F. GETA IMP. CAESAR
AVGVSTVS APPELLATVS EST ET TRIBVNICIAM POTE-
STATEM ACCEPIT.

I. M. Aurelius Claudius M. F.	Pompeianus	I.	Lollianus Avitus
II. M. Acilius M. F. M. N.	Faustinus	C. Caesonius C. F.	Macer Rufinianus
III. Q. Epidius L. F.	Rufus Lollianus Gentius	I. Pomponius	Bassus

Hoc anno Pridie Nonas Februarias
Imp. Caesar L. Septimius Severus Pertinax Augustus mortuus est

IMPP. CAESS. DIVI SEVERI FILII M. AVRELIVS
ANTONINVS PIVS FELIX AVGVSTVS BRITANNICVS
GERMANICVS ET

P. SEPTIMIVS GETA PIVS FELIX AVGVSTVS
BRITANNICVS IMPERIVM ACCEPERVNT.

IV. M. Pompeius   M. F.   Asper   I.   Asper

Hoc anno ad V. kalend. Martias
Imp. Caesar P. Septimius Divi Severi F. Geta Aug. Britannicus occisus est
V. Imp. Caesar M. Aurelius Divi Severi F. Anto-   P. Caelius   P. P.   Balbinus II.
ninus Augustus Britannic. Germanicus IIII.

II.   Imp.

CATALOGVS CONSVLVM

Imp. Caesar M. Aurelius Divi Seueri F. Antoninus Pius Felix Augustus
Britannicus Germanicus Pont. Max. Trib. Potest. x v i.
Cons. i i i i. P. P. Imp. i i. iterum.
De Britannis //////// ///// /////

	Suffectus	Ex K. Mart.	M. Antonius	M. F.	Gordianus qui
	Suffectus	Ex K. Maias	P. Helenus Divi perennis	F. P. N.	postea Imp. Caesar Augustus appellat est. Pertinax
vi. /. Silius		Messalla	Q. Aquilius		Sabinus
vii. /. Aurelius		Larius	/. Antonius		Cornelius
iix. Q. Aquilius ii.	Sabinus ii.	Sex. Aurelius	P. F.		Apollinaris
ix. /. Brittius		Praesens	/. //////		Britannicus

Hoc anno ad vi. Idus Apriles
Imp. Caes. M. Aurelius Diu. Seueri F. Antoninus Aug. Britann. German. occisus est.

IMP. CAES. M. OPELIVS SEVERVS MACRINVS AVG.

TRIBVNICIAM POTESTATEM CVM IMPERIO ACCEPIT.

	Suffecti	Ex nal. Maias	Imp. Caes. M. Opelius Seuerus Macrinus Aug. ii
		Ex nal. Maias	M. Opelius Macrini Aug. F. Antoninus Diadumenianus Caesar

DCCCCLXX. M. Opelius Macrini Aug. F. Antoninus Diadu- /. ////// **Adorneus**
menianus Caesar
ii.

Eodem anno ex ante diem /////// ////////

M. OPELIVS MACRINI AVG. F. ANTONINVS DIADVMENIAN.

CAESAR IMP. AVGVSTVS APPELLATVS EST.

Eodem anno ex ante diem x vi. kal. Iunias

M. AVRELIVS DIVI ANTONINI F. DIVI SEVERI N. ANTONINVS
IN CASTRIS CONTRA MACRINVM IMPERATOR APPEL. EST

Eodem anno ad vii. Idus Iunias
Victi in Proelio Impp. Caesares Macrinus & Diadumenianus **Augusti**

IMP. CAES. M. AVRELIVS DIVI ANTONINI F.

DIVI SEVERI N. ANTONINVS AVGVSTVS TRI-
BVNICIAM POTESTATEM CVM IMPERIO ACCEPIT.

	Suffecti	Ex kal. Iulias	Imp. Caesar M. Aurelius Antoninus Augustus
		Ex kal. Iulias	M. Aurelius	Eutychianus Comazon
i. Imp. Caesar M. Aurelius Antoninus Augustus ii.	/. Licinius		Sacerdos
ii. Imp. Caes M. Aurelius Antoninus Augustus ii.	M. Aurelius	Eutychianus Comazon ii.
iii. /. //////	Gratus	/. Claudius	Seleucus

Eodem anno ex ante diem vii. Idus Iunias
M. AVRELIVS DIVI ANTONINI F. DIVI SEVERI N. SEVERVS
ALEXANDER AB IMP. CAESARE M. AVRELIO ANTONINO
AVGVSTO CAESAR APPELLATVS EST

iv. Imp. Caes. M. Aurelius Antoninus Augustus. iiii. M. Aurelius **Seuerus** Alexander **Caesar**

Hoc anno ad vi. Idus Martias
Imp. Caesar M. Aurelius Antoninus Augustus occisus est

IMP. CAES. M. AVRELIVS DIVI ANTONINI F. DIVI

SEVERI N. SEVERVS ALEXANDER AVGVSTVS TRI-
BVNICIAM POTESTATEM CVM IMPERIO ACCEPIT.

vi. /. //////		Maximus	/. Papirius		Aelianus
vii. /. Claudius		Iulianus	/. Cteditus		Crispinus
viii. L. Iosephus L. F.		Dexter	M. Maecius		Rufus
iix. Imp. Cael M. Aurelius Seuerus Augustus	Alexander	C. Quintilius		Marcellus
		ii.			D. Caelius

A TIB. AD IVSTINIANVM. 151

IX. D. Caelius   P. F. P. N.   Balbinus 11.   M. Clodius   Pupienus Maximus qui
qui postea Imp. Cael. Aug. appellatus est   postea Imp. Cael. Augustus appellat. est
DCCCCXXC. /. Vitrius   modestus   /. ///////   Probus
I. Imp. Cael. M. Aurel. Severus Alexander Aug. III   /. Cassius Apronianus   F.   Dio. II.
Suffectus   Ex K. ///////   M. Antonius   M. F.   Gordianus. II.
II. /. Calpurnius   Agricola   /. ///////   Clementinus
III. M. Aurelius Claudius   M. F.   Pompeianus   /. ///////   Felicianus
IV. /. Iulius   Lupus   /. ///////   Maximus
V. /. ///////   Maximus 11.   /. Ouinius   Pacinus

BELLVM PERSICVM.

VI. /. ///////   Maximus   P. Vinarius   Vrbanus
Imp. Cael. M. Aurelius Diui Antonini F. Diui Severi N. Severus
Alexander Pius Felix Augustus Pont. Max. Trib. Potest. XII.
Cos. III. P. P. Pro Cos. Imp.
De Perseis & Rege Artaxerxe ///// /////
VII. L. Caelius   Severus   L. Ragonius   L. P.   Quindilianus
Hoc anno ad XV. kal. Apriles
Imp. Caesar M. Aurelius Severus Alexander Augustus occisus est

IMP. CAES. C. IVLIVS MAXIMINVS AVGVSTVS
GERMANICVS TRIBVNICIAM POTESTATEM
CVM IMPERIO OCCVPAVIT.

Eodem anno ex ante diem XIII. Idus Octobris
C. IVLIVS MAXIMINI AVG. F. VERVS MAXIMVS CAESAR
GERMANICVS APPELLATVS EST.
IIX. Imp. Cael. C. Iulius Maximinus Aug. German.   C. Iulius   Africanus
IX. P. Titius   Perpetuus   L. Ouinius   L. F.   Rutilius Cornelianus
Suffecti {Ex kal. Maii   /. Iulius   Salanus
{Ex kal. Maii   Cn. Mellius   Gallicanus

HOC ANNO C. IVLIVS MAXIMINI AVG. F. VERVS MAXIMVS GERMANICVS
IMP. CAES. AVGVSTVS APPELLATVS EST.

Eodem anno ex ante diem VI. Kal. Iunias.
IMP. CAES. M. ANTONIVS M. F. GORDIANVS AFRI-
CANVS AVG. ET IMP. CAES. M. ANTONIVS
GORDIANI AVG. F. M. N. GORDIANVS AFRICANVS
AVGVSTVS TRIBVNICIAM POTESTATEM
CVM IMPERIO ACCIPERVNT.

Eodem anno kal. Iulijs
Imperatores Caesares Gordiani Africani Augusti mortui sunt.
IMP. CAES. D. CAELIVS P. F. P. N. BALBINVS AVG. ET
IMP. CAES. M. CLODIVS PVPIENVS MAXIMVS
AVGVSTVS TRIBVNICIAM POTESTATEM CVM
IMPERIO ACCIPERVNT.
Eodem die.
M. ANTONIVS GORDIANVS CAESAR APPELLATVS EST.
Suffecti {Ex kal. Septib.   Ti. Claudius   Iulianus
{Ex kal. Septib.   /. ///////   Celsus Aelianus
Eodem anno ad ///// ///// ////
Impp. Caess. Maximinus et Maximus Augg. Germanici occisi sunt.
DCCCCIC.   M. Viprius   Crinitus   /. ///////   Proculus Pontianus

BELLVM SCYTHICVM
Hoc anno ad ///// ///// Iunias.
Impp. Caess. D. Caelius Balbinus et M. Clodius Pupienus maximus Augg. occisi sunt.
IMP. CAES. M. ANTONIVS GORDIANVS AVGVSTVS
TRIBVNICIAM POTESTATEM CVM IMPERIO ACCEPIT.
R. 4.   Imp. Caesar

I. Imp. Caefar M. Antonius Gordianus Augustus	M. Acilius	Aviola
II. /. Vettius	Sabinus II.	/. ///////	Venustus
III. Imp. Cæf. M. Antonius Gordianus Augustus II.	M. Aurelius Claudius M. F. M. N. Pompeianus	
IV. C. Aufidius	Atticus	C. Afinius	Prætextatus
V. C. Iulius	Arrianus	/. Afinius	Papus
VI. /. V///////	Peregrinus	/. Fabius	Attellianus

Hoc anno ad ///// //// Martias,
Imp. Cæf. M. Antonius Gordianus occisus est.

IMP. CAES. M. MARCIVS AVGVSTVS TRIBVNICIAM
POTESTATEM CVM IMPERIO ACCEPIT.

Eodem anno Imp. Cæf. M. Marcius Augustus occisus est.

IMP. CAES. L. AVRELIVS SEVERVS HOSTILIANVS
AVGVSTVS TRIBVNICIAM POTESTATEM CVM
IMPERIO ACCEPIT.

Eodem anno Imp. Cæf. L. Aurelius Severus Hostilianus Aug. mortuus est.
Eodem anno occiso Imp. Cæsare M. Antonio Gordiano Augusto

IMP. CAES. M. IVLIVS PHILIPPVS AVGVSTVS
TRIBVNICIAM POTESTATEM CVM IMPERIO ACCEPIT.

VII. Imp. Cæf. M. Iulius Philippus	Augustus	Tl. Fabius	i.
VIII. /. Brutius	Præfens	/. Numerius	Albinus
IX. Imp. Cæs. M. Iulius Philippus Augustus II.	M. Iulius Philippi Aug. F. Philippus Cæsar

Eodem anno ex ante diem /// //// Martias,

M. IVLIVS PHILIPPI AVGVSTI F. PHILIPPVS IMP. CAES.
AVGVSTVS APPELLATVS EST ET TRIBVNICIAM
POTESTATEM ACCEPIT.

Imp. Cæs. M. Iulius Philippus   Augustus III.   Imp. Cæsf. M. Iulius Philippi Augusti F. Philippus Augustus   Fl.

LVDI SAECVLARES ANNI DC L. C. FACTI.

I. /. Fuluius	Æmilianus II.	/. Vettius	Aquilinus

Hoc anno ad ///// ////
Imp. Cæss. M. Iulij Philippi Augg. occisi sunt.

IMP. CAES. CN. MESSIVS QVINCTVS TRAIANVS
DECIVS AVG. TRIBVNICIAM POTESTATEM CVM
IMPERIO ACCEPIT.

II. Imp. Cæfar Cn. Messius Quinctus Traianus Decius Augustus	/. Annius	Maximus Græus
	II.	
III. Imp. Cæfar Cn. Messius Quinctus Traianus Decius Augustus	Q. Herennius Decij Aug. F. Etruscus Messius
	III. Decius Cæfar	

BELLVM GOTHICVM PRIMVM.
Cenfor P. Licinius P. P.   Valerianus   Sine conlega.   Lustrum non facit.

Hoc anno Imp. Cæf. Cn. Messius Quinctus Traianus Decius Aug. in prælio occisus est.

IMPP. CAESS. DECII AVG. FIL. II Q. HERENNIVS
ETRVSCVS MESSIVS DECIVS ET C. VALENS
HOSTILIANVS MESSIVS QVINCTVS AVGG. TRIBVNICIAM
POTESTATEM CVM IMPERIO ACCEPERVNT.

Eodem anno Imp. Cæss. C. Valens Hostilianus Messius Quinctus Aug. occisus est.

IMP. CAES. M. PERPENNA LICINIANVS AVGVSTVS
TRIBVNICIAM POTESTATEM CVM IMPERIO ACCEPIT.
Eodem anno Imp. Cæf. M. Perpenna Licinianus Aug. mortuus est.

IMP. CAES. C. VIBIVS TREBONIANVS GALLVS AVG.
TRIBVNICIAM POTESTATEM CVM IMPERIO ACCEPIT.

           Imp. Cæf.

xv. Imp. Cæf. C. Vibius Trebonian. Gallus Aug. ii   C. Vibius Galli Aug. V.   Volusianus Cæs.

Hoc anno Imp. Cæf. Q. Herennius Etruscus Messius Decius Aug. occisus est.

C. VIBIVS GALLI AVG. F. VOLVSIANVS IMP. CAES. AVGVSTVS
APPELLAT. NEC ET TRIBVNICIAM POTESTATEM ACCEPIT.

v. Imp. Cæf. C. Vibius Volusianus Augustus   ii.   M. Valerius .... Maximus

Hoc anno Impp. Cæss. Trebonianus Gallus et Vibius Volusianus Augg. occisi sunt.

IMP. CAES. C. IVLIVS AEMILIANVS AVGVSTVS
TRIBVNICIAM POTESTATEM CVM IMPERIO ACCEPIT.

Eodem anno Impp. Caess. C. Iulius Aemilianus Augustus necatus est.

IMPP. CAESS. P. LICINIVS P. F. VALERIANVS AVGVSTVS
ET P. LICINIVS VALERIANI AVG. F. GALLIENVS

AVGVSTVS TRIBVNICIAM POTESTATEM CVM
IMPERIO ACCEPERVNT.

vi. Imp. Cæf. P. Licinius P. F. Valerianus Aug. ii.	Imp. Cæf. P. Licinius		Gallienus Aug.
vii. Imp. Cæf. P. Licinius P. F. Valerianus Aug. iii.	Imp. Cæf. P. Licinius		Gallienus Aug. ii.
iix. M. Valerius	Maximus ii.	M. Acilius	Glabrio
Suffecti {Ex xal. Iulijs	Z. /////////.		Anconinus
{Ex xal. Iulijs	/. /////////.		Gallus
ix. Imp. Cæf. P. Licinius P. F. Valerianus Aug. iiii.	Imp. Cæf. P. Licinius Gallienus		Aug. iii.
Suffecti {Ex xal. Iunij	M. Vlpius		Crinitus ii.
{Ex xal. Iunij	L. Domitius	M. F.	Aurelianus qui postea Imp. Cæf. Augustus appellatus est

M. Aurelius Memmius .... Fuscus   Z. Pomponius .... Bassus

Hoc anno CYRIADES IN SVRIA IMP. CAES. AVG. APPELLATVS EST.

Eodem anno D. LAELIVS INGENNVVS IN PANNONIA IMP.
CAES. ATQ. APPELLATVS EST.

i. /. Fulvius .... Aemilianus /. Pomponius .... Bassus ii.

Hoc anno Impp. Caesar Cyriades Augustus necatus est.

ii. L. Cornelius .... Saecularis ii.   /. Iunius .... Donatus

Hoc an. Imp. Cæf. P. Licinius Valerianus Aug. in Proelio victus a Perse capitur.

Eodem anno ODENATHVS IN SVRIA IMP. CAES. AVGVSTVS
APPELLATVS EST. n.

Eodem anno HERODIANVS ODENATHI AVG. F. A PATRE
IMP. CAES. AVG. APPELLATVS EST.

Eodem anno M. ACILIVS AVREOLVS IN ILLYRICO IMP.
CAES. AVG. APPELLATVS EST.

iii. Imp. Cæf. P. Licinius Gallienus Augustus iiii.   /. Petronius .... Volusianus

Hoc anno M. FVLVIVS MACRIANVS IN ASIA IMP.
CAES. AVG. APPELLATVS EST.

Eodem anno Q. FVLVIVS M. AVG. F. MACRIANVS A PATRE
IMP. CAES. AVG. APPELLATVS EST.

Eodem anno CN. FVLVIVS M. AVG. F. QVIETVS A PATRE
IMP. CAES. AVG. APPELLATVS EST.

Eodem anno SER. ANICIVS BALISTA IN ASIA IMP. CAES.
AVGVSTVS APPELLATVS EST.

Eodem anno P. VALERIVS VALENS IN MACEDONIA IMP.
CAES. AVG. APPELLATVS EST.

Eodem anno Imp. Cæf. P. Valerius Valens Aug. occisus est.

Eodem anno L. CALPVRNIVS PISO IN THESSALIA IMP.
CAES. ATQ. APPELLATVS EST.

ii. iij.   Eodem

Eodem anno Imp. Cael. I. Calpurnius Pifo Aug. occifus eft

Eodem anno TI. CESTIVS ALEXANDER AEMILIANVS IN
AEGYPTO IMP. CASS. AVG. APPELLATVS EST.

Eodem anno Imp. Cael. Ti. Ceftius Alexander Aemilianus Aug. occifus eft

Eodem anno M. CASSIVS LATIENVS POSTVMVS IN GALLIA
IMP. CASS. AVG. APPELLATVS EST.

Eodem anno C. IVNIVS CASSIVS M. AVG. P. POSTVMVS IN
GALLIA IMP. CASS. AVG. APPELLATVS EST.

IV. Imp. Cael. P. Licinius Gallienus Augustus v.   Ap. Pompeius   Faustinus
qui in hoc honore Germanicus appellat. eft.
Hoc anno Imp. Cael. D. Laelius Ingennuus Aug. occifus eft

Eodem anno Q. NONIVS REGILLIANVS IN PANNONIA IMP.
CASS. AVG. APPELLATVS EST.

V. 2. Nummius   Albinus 11. 2. ////////   Maximus Dexter
Hoc anno Imppp. Caess. M. Fuluius Macrianus, Q. Fuluius
Macrianus et Cn. Fuluius Quietus Augg. occifi funt.
Eodem anno Imp. Cael. Ser. Anitius Balifta Aug. occifus eft.
Eodem anno Imp. Cael. Q. Nonius Regillianus Aug. occifus eft.

Eodem anno SEX. IVLIVS SATVRNINVS IN AEGYPTO IMP.
CASS. AVG. APPELLATVS EST.

Eodem anno C. ANNIVS TREBELLIANVS IN ISAVRIA IMP.
CASS. AVG. APPELLATVS EST.

Eodem anno T. CORNELIVS CELSVS IN AFRICA IMP.
CASS. AVG. APPELLATVS EST.

Eodem anno Imp. Cael. T. Cornelius Celfus Aug. occifus eft.

VI. Imp. Cael. P. Licinius Gallienus   Augustus 2. Amulius   Saturninus
Germanicus   VI.
Imp. Cael. P. Licinius Gallienus Aug. Germanicus Pont.
Max. Trib. Potest. X11, Cos. VI, P. P. Lup.
De Perfis & Rege Sopore ////////

Hoc anno AP. CLAVDIVS CENSORINVS IN ITALIA IMP.
CASS. AVG. APPELLATVS EST.

Eodem anno Imp. Cael. Ap. Claudius Cenforinus Aug. occifus eft.
Eodem anno Imp. Cael. Sex. Iulius Saturninus Aug. occifus eft.

VII. P. Licinius Valerianus Aug. P.   Valerianus   L. Caefonius C. P.   Macer Lucillus Rufinus
Nobilissimus Caefar   II.
Hoc anno Imp. Cael. Odenatus Aug. occifus eft
Eodem anno HERENNIANVS, THIMOLAVS ET VABALATHVS
ODENATI AVG. FILII IN SVRIA A MATRE ZENOBIA
IMPPP. CAESS. AVGGG. APPELLATI SVNT.

Eodem anno MOEONIVS IN ORIENTE IMP. CAES. AVG.
APPELLATVS EST.

Eodem anno Imp. Cael. C. Annius Trebellianus Aug. occifus eft.

VIII. Imp. Caefar P. Licinius   Gallienus Augustus 2. ////////   Sabinillus
Germanicus   VII.
Hoc anno SP. SERVILIVS LOLLIANVS IN GALLIA IMP.
CASS. AVG. APPELLATVS EST.

Eodem anno Imp. Cael. Moeonius Aug. occifus eft.

IX. 2. Oninius   Paternus 2. ////////   Arcefilaus
Hoc anno Impp. Caess. Postumi Aug. occifi funt
Eodem anno A. POMPONIVS AELIANVS IN GERMANIA
IMP. CASS. AVG. APPELLATVS EST.

                                     Eodem

Eodem anno. M. AVRELIVS VICTORINVS IN GALLIA IMP. CAES.
AVG. APPELLATVS EST.

Eodem anno. L. AVRELIVS M. AVG. F. VICTORINVS A PATRE
IMP. CAESAR AVG. APPELLATVS EST.

Eodem anno. MARIVS IN GALLIA IMP. CAES. AVG. **APPELL. EST.**
Eodem anno Imp. Caef. Marius Aug. occifus eft.
Eodem anno Imp. Caef. SP. Seruilius Lollianus Aug. occifus eft.

Eodem anno ex ante diem 3 VII. Kal. Decembr.

P. LICINIVS VALERIANI AVG. F. VALERIANVS IMP.
CAES. AVG. APPELLATVS EST ET TRIBVNICIAM
POTESTATEM ACCEPIT.

I. **Oninius**   Paternus II. */.////////   Marinianus
Hoc anno Imp. Caef. M'. Acilius Aureolus Aug. occifus eft.
Eodem an. Imp. Caef. A. Pomponius Aelianus Aug occifus eft.

Eodem an. P. PIVESVS **TETRICVS** IN GALLIA IMP. CAES. AVG.
APPELLATVS EST.

Eodem an. C. PIVESVS P. AVG. F. TETRICVS CVM PATRE IMP.
CAES. AVG. APPELLATVS EST.

Eodem anno Impp. Caefs. P. Licinius Gallienus
et P. Licinius Valerianus Augg. occifi funt.

IMP. CAES. M. AVRELIVS CLAVDIVS AVGVSTVS
TRIBVNICIAM POTESTATEM CVM IMPERIO ACCEPIT.

I. Imp. Caef. M. Aurelius Claudius Augustus, II. */.* Oninius   Paternus
qui in hoc honore Gothicus appellatus eft.

Hoc anno Impp. Caess. Victorini Augg. occifi funt.

II. */.* **Flaurus**   Annochianus */.* Furius   **Orfitus**

Hoc anno Pridie Nonas Februarias
Imp. Caes. M. Aurelius Claudius Augustus mortuus eft.

IMP. CAES. M. AVRELIVS QVINCTILLVS AVGVSTVS
TRIBVNICIAM POTESTATEM CVM IMPERIO ACCEPIT.

Eodem anno ad X. Kal. Martias
Imp. Caes. M. Aurelius Quinctillus Augustus occifus eft

IMP. CAES. L. DOMITIVS AVRELIANVS AVGVSTVS
TRIBVNICIAM POTESTATEM CVM IMPERIO ACCEPIT.

III. */.* **Valerius**   Aurelianus */.* Pomponius   **Bassus**
IV. */.* ////////   Quietus */.////////   Volusianus
      { Ex Kal. Iulijs Q. Faltonius   Neocmachus
  Sofectu { Ex Kal. Iulijs */.////////   ////////
V. M. Claudius Tacitus   qui poftea Imp. Caef. M. Maecius Balburfus   **Placidianus**
Augustus appellatus eft.
VI. Imp. Caef. L. Domitius Aurelianus Aug. II. **C. Iulius**   Capitolinus

Imp. Caef. L. Domitius Aurelianus P. F. Augustus Gothicus
Sarmaticus Palmyrenicus Perficus Germanicus
Pont. Max. Trib. Potest. V. Cos. I I. P. P. Imp. III.
De Palmyrencis ex Suris, Gallus Germanicis Gothus
Tetrico & Regina Orientis Zenobia

VII. **Imp. Caef.** L. Domitius Aurelianus Aug. III. T. Anonius   **Marcellinus**

Hoc anno ad IIII. Kal. Februarias
Imp. Caes. L. Domitius Aurelianus Augustus occifus eft.
Inter regnum Menfium VII. dierum XIII 2.

                                               Suffectus

CATALOGVS CONSVLVM

Suffectus Ex K. Febr. M. Aurelius   **Gordianus**
Suffectus Ex K. Iulijs /. Veruius Cornificius   **Gordianus**

Eodem anno et ante diem VII. Kal. Octobris

IMP. CAESAR M. CLAVDIVS TACITVS AVGVSTVS
TRIBVNICIAM POTESTATEM CVM IMPERIO ACCEPIT.
IIX. Imp. Caes. M. Claudius Tacitus Augustus II. /. Fuluius   **Aemilianus**

Hoc anno Idibus Aprilis
Imp. Caes. M. Claudius Tacitus Augustus mortuus est

IMP. CAES. M. ANNIVS FLORIANVS AVGVSTVS
TRIBVNICIAM POTESTATEM CVM IMPERIO ACCEPIT.
Suffecti { Ex kal. Iulijs /. Aelius   **Scorpianus**
       { Ex kal. Iulijs //. ///////   ///////

Eodem anno ad v. Nonas Iulias
Imp. Caesar M. Annius Florianus Augustus occisus est

IMP. CAES. M. AVRELIVS PROBVS AVGVSTVS
TRIBVNICIAM POTESTATEM CVM IMPERIO ACCEPIT.
Suffecti { Ex kal. Aug. Imp. Caes. M. Aurelius Probus **Augustus**
      { Ex kal. Aug. /. Annius   **Paullinus**
IX. Imp. Caes. M Aurelius Probus Augustus. II. M. Fucius   **Lupus**
Imp. Caes. M. Aurelius Probus Augustus. III. /. Ouintus   **Paternus**
I. /. Iunius   Messalla /. ///////   **Gratus**
II. Imp. Caes. M. Aurelius Probus Augustus. IIII. C. Iunius   **Tiberianus**

Imp. Caes. M. Aurelius Probus P. F. Augustus Francicus Gothicus
Germanicus Sarmaticus Pont. Max. Trib. Potest.
v. Cos. IIII. P. P. Imp.
De Blemieis Gotheis Francis Sarmatisque Germanis
///// /////// ///////////

III. Imp. Caes. M. Aurelius Probus Augustus v. /. Pompeius   **Victorinus**

Hoc anno ad IIII. Nonas Nouembris
Imp. Caes. M. Aurelius Probus Augustus occisus est

IMP. CAES. M. AVRELIVS CARVS AVGVSTVS
TRIBVNICIAM POTESTATEM CVM IMPERIO ACCEPIT.
IV. Imp. Caes. M. Aurelius Carus Augustus II. M. Aurelius Cari Augusti F. Carinus Caesar
Suffecti { Ex K. Iulijs M. Aurelius Cari Aug. F. Numerianus Caesar
      { Ex K. Iulijs /. ///////   **Matronianus**

Hoc anno Imp. Caes. M. Aurelius Carus Augustus ex vulnere mortuus est

IMPP. CAESS. DIVI CARI FILII M. AVRELIVS CARINVS
ET M. AVRELIVS NVMERIANVS AVGG. TRIBVNICIAM
POTESTATEM CVM IMPERIO ACCEPERVNT.
V. Imp. Caesar M. Aurelius Diui Cari F. Carinus Imp. Caesar M. Aurelius Diui Cari F. Nume-
Augustus   II.   rianus Augustus   II.

Hoc anno ad /////// kal. Maias
Imp. Caes. M. Aurelius Numerianus Augustus occisus est

IMP. CAES. C. VALERIVS DIOCLETIANVS AVGVSTVS
TRIBVNICIAM POTESTATEM CVM IMPERIO ACCEPIT.
Suffecti { Ex kal. Iulijs M. Aurelius Valerius Maximianus qui postea
               Imp. Caesar Augustus appellatus est
      { Ex kal. Iulijs M. Innius   **Maximus**
VI. Imp. Caes. C. Valerius Diocletianus Aug. II. /. ///////   **Aristobulus**
                                  Hoc anno

Hoc anno Imp. Caef. M. Aurelius Carinus Augustus occisus est.
Eodem anno exanie diem XI. Kal. Maias

M. AVRELIVS VALERIVS MAXIMIANVS A DIOCLETIANO
AVGVSTO CAESAR APPELLATVS EST.

VII. M. Aurelius   Maximus / Venius   Aquilinus

Hoc anno ex ante diem XI. Kal. Maias

M. AVRELIVS VALERIVS MAXIMIANVS CAES. AB IMP.
DIOCLETIANO AVGVSTO APPELLATVS EST
TRIBVNICIAM POTESTATEM ACCEPIT.

IIX. Imp. Caes. C. Valerius Diocletianus Aug. III.	Imp. Caes. M. Aurel. Valer. Maximianus aug. II.	
IX. M. Aurelius	Maximus II.	/. Pomponius Ianuarius
/. Annius	Bassus II.	L. Ragonius Quintianus
X. Imp. Caef. C. Valerius Diocletianus Aug. IIII.		Imp. Caefar M. Aurelius Valerius Maximianus Augustus III.
II. C. Iunius	Tiberianus II.	/. Cassius Dio

Eodem anno ex ante diem Kal. Marx.

FL. VALERIVS CONSTANTIVS ET C. GALERIVS VALERIVS
MAXIMIANVS AB IMP. CAESARIBVS DIOCLETIANO ET MAXIMIA-
NO AVGVSTIS ADOPTATI, CAESARES APPELLATI ET
TRIBVNICIAM POTESTATEM ACCEPERVNT.

XII. /. Afranius	Hannibalianus	M. Aurelius Afclepiodotus
XV. Imp. Caef. C. Valerius Diocletianus Aug. V.		Imp. Caefar M. Aurelius Valerius Maximianus Augustus IIII.
V. Fl. Valerius Conftantius Nobiliffimus Caefar.		C. Galerius Valerius Maximianus Nob. Caefar
VI. /. Nummius	Tufcus	/. Annius Cornelius Anullinus
VII. Imp. Caefar C. Valerius Diocletianus Aug. VI.		Fl. Valerius Conftantius Nobiliff. Caefar II.
IIX. Imp. Caefar M. Aurelius Valerius Maximianus Augustus V.		C. Galerius Valerius Maximianus Nob. Caefar.
IX. /. Anicius	Faustus II.	/. ////// Severus Gallus
Imp. Caefar C. Valerius Diocletianus Aug. VII.		Imp. Caefar M. Aurelius Valerius Maximianus Augustus VI.
XI. Fl. Valerius Conftantius Nobiliff. Caefar. III.		C. Galerius Valer. Maximianus Nob. Caef. III.
II. /. Pollutus	Titianus II.	Fl. Popillius Nepotianus
III. Fl. Valerius Conftantius Nobiliffim. Caef. IIII.		C. Galerius Valer. Maximianus Nob. Caef. IIII.

Imp. Caefar C. Valerius Diocletianus P. F. Augustus, Persicus, Germanicus,
Britannicus, Pont. Max. Trib. Potest. XVIII. Cos. VII.
P. P. Pro Cos. Imp. et

Imp. Caefar M. Aurelius Valerius Maximianus P. F. Augustus, Germanicus,
Britannicus, Aegyptiacus, Pontifex Trib. Potest. XVI.
Cos. VI. P. P. Pro Cos. Imp.
Vna de Perseis, Germaneis, Britanneis, Aegypto, Africa et Rege
Perfarum Narfeo. II. Kal. Maii.

Fl. Valerius Conftantius Nobiliffimus Caefar Pontifex Tribunic.
Potest. II. Cos. IIII. Imp. Ouans
De Alemannueis et Franceis in Gallia /// // ////// ///

C. Galerius Valerius Maximianus Nobiliffimus Caefar Pont. Trib.
Potest. II. Cos. IIII. Imp. Ouans
De Perfeis et Rege Narfeo II. Kal. Maii.

        II.   Imp.

I V. Imp. Caef. C. Valerius Diocletianus Aug. VIII.   Imp. Caef. M. Aurelius Valerius Maximianus
Augustus   VII.

V. Imp. Caef. C. Valerius Diocletianus Aug. IX.   Imp. Caef. M. Aurelius Valerius Maximianus
Angustus.   IIX.

Hoc anno ad XI. kal. Maias
Impp. Caess. Diocletianus & Maximianus Augusti Imperio abdicarunt.

IMPP. CAESS. FL. VALERIVS CONSTANTIVS ET
C. GALERIVS VALERIVS MAXIMIANVS AVGG.
IMPERIVM ACCEPERVNT.

VI. Imp. Caef. Fl. Valerius Constantius   **Aug. V.**   Imp. Caef. C. Galer. Valer. Maximianus Aug. V

VII. Imp. Caef. Fl. Valerius Constantius   **Aug. VI.**   Imp. Caef. C. Galer. Valer. Maximianus Aug. VI.

Hoc anno ex ante diem XII. kal. Martias
C. GALERIVS VALERIVS MAXIMINVS ET FL. VALERIVS
SEVERVS AB IMP. CAESARE MAXIMIANO AVGVSTO
ADOPTATI, CAESARES APPELLATI SVNT

Suffecti {Ex kal. Mart.   Fl. Valerius Constancoi Aug. F. Severus Caef.
{Ex kal. Mart.   C. Galer. Valerius Maximiani Aug. F. Maximinus Caesar

Suffectus   Ex kal. Iulias   P. Cornelius   **Anullinus in Magistratu**
occisus est

Eodem anno ad VIII. kal. Augustas
Imp. Caef. Fl. Valerius Constantius Angustus mortuus est

IMP. CAES. FL. VALERIVS DIVI CONSTANTII F.
CONSTANTINVS AVGVSTVS TRIBVNICIAM
POTESTATEM ACCEPIT.

Eodem anno ex ante diem VII. kal. Octobreis
M. AVRELIVS MAXIMIANI AVG. F. MAXENTIVS ROMAE
A PRAETORIANIS IMPERATOR APPELLATVS EST ET
TRIBVNICIAM POTESTATEM ACCEPIT

Suffectus   Ex kal. Octob.   Imp. Caefar M. Aurelius Maxentius Augustus
IIX. Imp. Caef. Fl. Valerius Constantinus Augustus   M. Aurelius Valerius   Maximianus qui
Imperator fuerat   IX.

Hoc anno ad ///// //// Maias
FL. VALERIVS SEVERVS CAESAR QVVM IMP. AVGVSTVS
APPELLATVS ESSET OCCISVS EST.

Suffecti {Ex kal. Iulias   Imp. Caef. M. Aurelius Maxentius Augustus II.
{Ex kal. Iulias   C. Galer. Valerius Maximiani Aug. F. Maximinus Caesar   II.

II. Imp. Caef. C. Galer. Valer. Maximianus Aug. VII.   C. Valerius Diocletianus qui Imp. fuerat   X.
Suffecti {Ex VII. kal. Mar.   Imp. Caef. M. Aurelius Maxentius Augusti. III.
{Ex VII. kal. Mai.   M. Aurelius Maxentij Aug. F. Romulus Caesar

MII.   Post Consulatum Imp. Maximiani Augusti VII.   Et C. Valerij Diocletiani   X.
Ex kal. /////   Imp. Caef. M. Aurelius Maxentius Aug. IIII.   Maxima
Ex kal. /////   / Iunius

I. II. Post Consulatum Imp. Maximiani Aug. VII.   Et C. Valerij Diocletiani   X.

Hoc anno ex ante diem XI. kal. Maias
C. VALERIVS LICINIANVS LICINIVS AB IMP. CAES.
MAXIMIANO AVGVSTO CAESAR AVGVSTVS APPELLATVS
EST ET TRIBVNICIAM POTESTATEM ACCEPIT

Eodem

Eodem anno ex ante diem ////// Kal. Maias
C. GALERIVS VALERIVS MAXIMIANI AVG. F. MAXIMINVS IMP.
CAES. AVGVSTVS APPELL. ET ET TRIBVNICIAM POTESTATEM ACCEPIT

Ex k. Sept.	Fl. Heraclius	Rufinus
Ex k. Sept.	Fl. Eusebius	//////

II. Imp. Caes. C. Galerius Valerius Maximianus Imp. Caes. C. Valer. Licinianus Licinius Aug.
Augustus VIII.

Imp. Caes. M. Aurelius Maxentius Pius Felix Augustus
Pont. Max. Trib. potest. V. Cos. IIII. P. P. Pro. Cos. Imp.
De Alexandro Tyranno ex Africa

//// ///// //////

Suffecti {Ex kal. Sept. C. Ceionius Rufius Volusianus
{Ex kal. Sept. /. Statius Venitus Rufinus

Hoc anno ad ////// ////// Septembris
Imp. Caes. C. Galerius Valerius Maximianus Aug. mortuus est
III. Imp. Caes. Fl. Valerius Constantinus Aug. II. Imp. Caes. C. Valer. Licinianus Licinius Aug. III.
Hoc anno ad VIII. kal. Octobris.
Imp. Caes. M. Aurelius Maxentius Augustus mortuus est.

Imp. Caes. Fl. Valerius Diui Constantij F. Constantinus Pius Felix
Augustus, Germanicus, Pontifex, Tribunic. Potest. VII.
Cos. II. P. P. Imp.
De Tyranno Maxentio ///// //// Octobr.

IV. Imp. Caes. Fl. Valerius Constantinus Aug. III. Imp. Caes. C. Valer. Licinianus Licinius Aug. III.
Hoc anno ad //// ////// Iunias.
Imp. Caes. C. Galerius Valerius Maximinus Aug. mortuus est
V. C. Ceionius Rufius Volusianus II. /. ////// Annianus
Hoc anno C. Valerius Diocletianus qui Imperator fuerat mortuus est.

VI. Imp. Caes. Fl. Valerius Constantinus Aug. IIII. Imp. Caesar C. Valerius Licinianus Licinius
Augustus IIII.

VII. Fl. Rufius Ceionius	Caecina Sabinus	Q. Aradius Rufinus Valerius	Proculus
I. II. Post Consulatum	Fl. Rufij Sabini	Et Q. Aradij Rufini Valerij	Proculi
Suffecti {Ex XIII. k. Mart.	/. Onimus		Gallicanus
{Ex XIII. k. Mart.	/. Septimus		Bassus

IX. Imp. Caes. C. Valer. Licinianus Licinius Aug. V. Fl. Iulius Constantini Aug. F. Crispus Caesar
Imp. Caes. Fl. Valerius Constantinus Aug. V. C. Valerius Aug. F. Licinius Caesar
I. Imp. Caes. Fl. Valerius Constantinus Aug. V. Fl. Valerius Aug. F. Constantinus Iunior Caesar
II. Fl. Iulius Constantini Aug. F. Crispus Caesar II. Fl. Valerius Aug. F. Constantin. Iunior Caes. II.
III. Fl. Petronius Probianus /. Anicius Iulianus
IV. /. Acilius Severus Fl. Iustus Rufinus
V. Fl. Iulius Constantini Aug. F. Crispus Caes. III. Fl. Valerius Aug. F. Constantius Iunior Caes. III.

Hoc anno ad ///// ////////Maias
Imp. Caes. C. Valerius Licinianus Licinius Augustus coactus ab Imp. Constantino
Augusto Imperio abdicauit.

Imp. Caes. Fl. Valerius Diui Constantij F. Constantinus Maximus, Pius, Felix, Augustus,
Germanicus, Gothicus, Sarmaticus, Pont. Max. Trib. Potest.
XIIX. Cos. VII. P. P. Pro Cos. Imp. XX. Iterum
De Licinino Licinio Tyranno ex Thracia

///// ///// //////

VI. M. Junius Caesonius Anicius Faustus Paulinus P. Publius Ceionius Iulianus Camoenius
Hoc anno C. Valerius Licinianus Licinius qui Imperator fuerat, occisus est
VII. Imp. Caesar Fl. Valerius Constantinus Fl. Iulius Constantini Aug. F. Constantius Caes.
Maximus Augustus VII. { Fl. Valerius Maximus Basilius
III. Fl. Valerius Constantinus / . Fabius Iustus
XI. Fl. Magnus Iunianus { Fl. Valer. Aug. F. Constantinus Iunior Caes. II.

k k. ij. Imp. Caes.

CATALOGVS CONSVLVM

M I X C.	Imp. Caef. Fl. Valer. Conftantinus Max. Aug. III.		Fl. Valer. Aug. F. Conftantinus Iunior Caef. III.	
I. ſ. Ouinius	Gallicanus		L. Aurelius	Symmachus
	Suffectus Ex X.		Fl. Conftantius	
	Baſſus		ſ. Ablabius	Aegyptos
II. ſ. Annius				

Hoc anno ad v. Idus Maias

CONSTANTINOPOLIS NOVA ROMA AB IMP. CAES. FL. VALERIO
CONSTANTINO MAXIMO AVGVSTO DEDICATA EST.

III. ſ. Ouinius	Pacatianus		ſ. Marcelius	Hilarianus
IV. Fl. Valerius Fl. F. Diui Conftantij N.	Delmat.		M. Aurelius	Xenophilus
ius qui poftea Caefar appellatus eft				
V. L. Riatius Oconius L. F.	Optatus		ſ. Anicius	Paullinus Iunior
VI. Fl. Valerius Fl. F. Diui Conftantij N. Conftatius			C. Ceionius Rufius C. F.	Albinus
VII. Fl. Popilius	Nepotianus qui		ſ.........	Facundus
poftea Imp. Caef. Auguftus appellatus eft				
VIII. Ti. Fabius	Titianus		ſ.........	Felicianus

Hoc anno ad XI. kal. Iunias

Imp. Caef. Fl. Valerius Conftantinus Maximus Aug. mortuus eft

IMPPP. CAESSS. DIVI CONSTANTINI FILII DIVI
CONSTANTII N. FL. VALERIVS CONSTANTINVS IVNIOR FL. IVLIVS
CONSTANTIVS ET FL. IVLIVS CONSTANS AVGGG.
IMPERIVM ACCIPERVNT.

II. ſ. Vrſus			ſ. Polemius	
M X C.	Imp. Caefar Fl. Iulius Conftantius Auguftus II.		Imp. Caefar Fl. Iulius Conftans	Auguftus
I. Fl. Septimius	Acyndinus		L. Aradius Q. F. Rufinus Valerius	Proculus

Hoc anno ad ....

Imp. Caef. Fl. Valerius Conftantinus Iunior Aug. occiſus eft

II. Fl. Antonius	Marcellinus		ſ. Carkus	Probianus
III. Imp. Caefar Fl. Iulius Conftantius Aug. III.			Imp. Caefar Fl. Iulius Conftans Auguftus II.	
IV. M. Marcius Memmius Furius	Placidus		Fl. Pifidius	Romulus
V. ſ. Dometius Leontius	....		ſ. Saluftius	....
VI. ſ. Amantius	....		ſ. Ceionius Rufius	Albinus
VII. Poft Conſulatum	Amantij		Ex Ceionij Rufij	Albini
VIII. Fl. Rufinus			Fl. Euſebius	
IX. Fl. Philippus			Fl. Salleus	
M C.	ſ. Vipius Lemenius		Aco Fabius	Catullinus Philoniauus
X. ſ. Sergius			ſ. Niginianus	

Hoc anno ad ...... kal. Martias

Imp. Caefar Fl. Iulius Conftans Auguftus occiſus eft

FL. POPILLIVS NEPOTIANVS IMP. APPELLATVS

XXIII. POST DIE OCCISVS EST

IMP. CAESAR MAGNENTIVS AVGVSTVS
IMPERIVM ACCEPIT.

II. Poft Conſulatum		Sergij Et Nigriniani	

Hoc anno DECENTIVS FORTISSIMVS CAESAR

APPELLATVS EST.

III. Imp. Caefar Fl. Iulius Conftantius Auguftus V.		Fl. Conftantius Diui Conftantij N. Gallus Caef.	
IV. Imp. Caefar Fl. Iulius Conftantius Auguftus VI.		Fl. Conftantius	Gallus Caefar II.

Imp. Caefar Fl. Iulius Diui Conftantini F. Diui Conftantij N.

Conftantius Pius Felix Auguftus Cos. VI.

De Magnentio Decentioque Tyrannis Ex Gallia

Pridie kal. Maias

Imp. Cae-

v. Imp. Caesar Fl. Iulius Constantius August.	vii. Fl. Constantius	Gallus Caesar iii.
vi. Fl. /////////	Arbetio	i. Masortius	Lollianus
vii. Imp. Caesar Fl. Iulius Constantius August.	ii. x. Fl. Claudius Dini Constantij N. Iulianus Caesar	
iix. Imp. Caesar Fl. Iulius Constantius August.	ix. Fl. Claudius	Iulianus Caesar ii.
ix. Ti. Fabius Ti. F.	Timanus	i. Nerrana	Cerealis
i. Eusebius	///////	i. Hypanius	//////
i. Imp. Caesar Fl. Iulius Constantius	Aug. x.	Fl. Claudius	Iulianus Caesar iii.
ii. Fl. /////////	Taurus	Fl. Florentius	//////

MCI.

Hoc anno ad iii. Nonas Nouembreis.
Imp. Caesar Fl. Iulius Constantius Augustus mortuus est.

IMP. CAES. FL. CLAVDIVS DIVI CONSTANTII N.
IVLIANVS AVGVSTVS IMPERIVM ACCEPIT.

iii. FL //////	Mamertinus	Fl. ////////	Neuitta
iv. Imp. Caes. Fl. Claudius Iulianus	Aug. iiii.	i. Salustius	Secundus Promotus

Hoc anno ad vi. cal. Iulias.
Imp. Caesar Fl. Claudius Iulianus Augustus in Proelio occisus est.

IMP. CAES. FL. IOVIANVS PIVS FELIX AVGVSTVS
IMPERIVM ACCEPIT.

v. Imp. Caesar Fl. Iouianus	Augustus Fl. Iouias Iouiani Aug. F.	Varronianus

Hoc anno ad xiii. cal. Martias.
Imp. Caesar Fl. Iouianus Augustus mortuus est.
Eodem anno ex ante diem v. cal. Martias.

IMP. CAES. FL. VALENTINIANVS AVGVSTVS
IMPERIVM ACCEPIT.

Eodem anno ex ante diem cal. Apriles.

FL. VALENS IMP. CAES. AVG. APPELLATVS EST

vi. Imp. Caesar Fl. Valentinianus	Augustus Imp. Caesar Fl. Valens	Augustus
vii. Fl. Grabanus Valentiniani Aug. F. qui postea Fl. Dagalaiphus		
Imp. Caesar Augustus appellatus est		
iix. Fl. Lupicinus	Fl. Iouinus	

Hoc anno ex ante diem x iii. cal. Septembreis

FL. GRATIANVS VALENTINIANI AVG. F. IMP. CAES.
AVGVSTVS APPELLATVS EST.

ix. Imp. Caesar Fl. Valentinianus	Augustus ii. Imp. Caesar Fl. Valens	Augustus ii.
Iulius Felix	Valentinianus Sex. Aurelius	Victor
i. Imp. Caesar Fl. Valentinianus	Augustus iii. Imp. Caesar Fl. Valens	Augustus iii.
ii. Imp. Caesar Ti. Gratianus	Augustus ii. Sex. Anicius Petronius	Sex. F. Probus
iii. Fl. Modestus	Fl. Arintheus	
iv. Imp. Caesar Fl. Valentinianus Augustus iiii. Imp. Caesar Fl. Valens	Augustus iiii.	
v. Imp. Caesar Fl. Gratianus	Augustus iii. Fl. Equitius	
vi. Post Consulatum Imp. Gratiani	Augusti iii. Et Fl. Equitij	

MCII.

Hoc anno ad x v. cal. Decembreis
Imp. Caesar Fl. Valentinianus Augustus mortuus est.

Eodem anno ex ante diem x. cal. Decembreis

FL. VALENTINIANVS IVNIOR DIVI VALENTINIANI F.
IMP. CAESAR AVGVSTVS APPELLATVS EST.

vii. Imp. Caesar Fl. Valens	Augustus v. Imp. Caesar Fl. Valentinianus Iunior Augustus

kk. iij.   BELLVM

CATALOGVS CONSVLVM

BELLVM HVNNICVM PRIMVM.

III. Imp. Caesar Fl. Gratianus	Augustus IIII.	Fl. Aurelius	**Merobaudes**

BELLVM GOTHICVM SECVNDVM.

IX. Imp. Caesar Fl. Valens   Augustus VI.   Imp. Caesar Fl. Valentinianus Iunior Aug.   **IL.**
Hoc anno ad V. Idus Augustas
Imp. Caes. Fl. Valens Augustus in Praelio occisus est

MCCLI.   D. Ausonius Magnus Poconius   Gallus   Q. Clodius Hermogenianus   **Olybrius**

PAX CVM GOTHEIS FACTA.

Hoc anno ex ante diem XVII. Kal. Februarias

FL. THEODOSIVS IMP. CAESAR AVGVSTVS

APPELLATVS EST.

I. Imp. Caesar Fl. Gratianus   Augustus V.   Imp. Caesar Fl. Theodosius   **Augustus**
Imp. Caesar Fl. Theodosius Pius Felix Perpetuus Augustus Cos.
De Scytheis & Gothreis ex Thracia
VIII. Kal. Decembris

II. Postumus Syagrius	Fl. Annius	**Euchrius**
III. Fl. Antonius	Postumus Syagrius	**II.**
IV. Fl. Aurelius	Merobaudes II. Fl. Saturninus	

Hoc anno ad VIII. Kal. Septembris
Imp. Caesar Fl. Gratianus Augustus occisus est

V. Fl. Ricimer   Fl. Cleuchus

Hoc anno ex ante diem XVII. Kal. Februarias

FL. ARCADIVS THEODOSII AVG. F. IMP. CAES.

AVGVSTVS APPELLATVS EST.

VI. Imp. Caesar Fl. Arcadius   Augustus   Fl. Bauto
VII. Fl. Honorius Theodosii Augusti F. qui postea Fl. Euodius
Imp. Caesar Augustus appellatus est.

Imp. Caesar Fl. Theodosius Pius Felix Perpetuus Augustus
Iterum
De Scytheis & Gotreis ex Germania

IIX. Imp. Caesar Fl. Valentinianus Iunior Aug. III.   Fl. Eutropius   Fl. F.   **Valerianus**
IX. Imp. Caesar Fl. Theodosius   Augustus II.   Fl. Syriegius
MCCL.   Fl. Timasius   Fl. Promotus
Imp. Caesar Fl. Theodosius Pius Felix Perpetuus Aug.
III. Cos. II. pro Cos.
De Maximo Tyranno ex Gallia //// Ianas

I. Imp. Caesar Fl. Valentinianus Iunior Augu- Fl. Neoterius
stus   IIII.
II. Ti. Fabius   Titianus Q. Aurelius L. F. Antonius Symmachus
III. Imp. Caesar Fl. Arcadius   Augustus II. Fl. Rufinus

Hoc anno Idibus Maijs
Imp. Caes. Fl. Valentinianus Iunior Augustus **mortuus est.**

FL. EVGENIVS IMP. CAES. AVG. APPELLATVS EST

IV. Imp. Caesar Fl. Theodosius Augustus   III.   Fl. Habundantius

Hoc anno ex ante diem IIII. Idus Ianuarias

FL. HONORIVS THEODOSII AVG. F. IMP. CAESAR

AVGVSTVS APPELLATVS EST.

V. Imp. Caesar Fl. Arcadius   Augustus III.   Imp. Caesar Fl. Honorius   **Augustus II.**

Imp. Caesar Fl. Theodosius Pius Felix Augustus IIII. Cos. II.
De Eugenio & Arbogaste Tyrannis ex Gallia
///////// Octob.

                                             Sex Anicius

vi. Sex. Anicius Sex. F. Hermogenianus Olibrius Sex. Anicius Sex. F.
Hei Fratres germani fuerunt.

Hoc anno ad xvi. kal. Februarias.
Imp. Caesar Fl. Theodosius Augustus mortuus est.

vii. Imp. Caesar Fl. Arcadius	Augustus iiii.	Imp. Caesar Fl. Honorius Augustus iiii.
iix. Fl. Caesarius		Pomnius Atticus
ix. Imp. Caesar Fl. Honorius Augustus iiii.		Fl. Eurychianus
MCL. Fl. Mallius	Theodorus	Fl. Eutropius in Magificatu occisus est.
i. Fl. Stilico Magister vtriusque Militiae		Fl. Aurelianus
ii. Ragonius Vincentius	Celsus	Fl. Fravitta
iii. Imp. Caesar Fl. Arcadius	Augustus v.	Imp. Caesar Fl. Honorius Augustus v.

Hoc anno ex ante diem xvii. kal. Februarias

FL. TEODOSIVS IVNIOR ARCADII AVGVSTI F. IMP.
CAESAR AVGVSTVS APPELLATVS EST.

iv. Imp. Caes. Fl. Theodosius Iunior Augustus Fl. Rumoridus

BELLVM GOTHICVM TERTIVM.

v. Imp. Caesar Fl. Honorius Augustus vi. Fl. Aristaenetus
vi. Fl. Stilico Magister Vtriusque Militiae ii. Fl. Anthemius
vii. Imp. Caesar Fl. Arcadius Augustus vi. Sex. Anicius Sex. F. Sex. N. Petronius Probus
iix. Imp. Caesar Fl. Honorius Augustus vii. Imp. Caesar Fl. Theodosius Iunior Augustus ii.
ix. Anicius Bassus Fl. Philippus

Hoc anno kalend. Maijs
Imp. Caesar Fl. Arcadius Augustus mortuus est.

MCLX. Imp. Caesar Fl. Honorius	Augustus viii.	Imp. Caesar Fl. Theodosius Iunior August. iii.
i. Post Consulatum Imp. Caes. Honorij Aug. viii.		Et Imp. Caes. Theodosij Iunioris Augusti iii.
Ex K. Iulijs.	Fl. Tertullus	Ex K. Februar. Fl. Varari

Hoc anno ad ix. kalend. Septembreis.

VRBS ROMA A GOTHEIS PRIMO CAPTA EST.

ii. Imp. Caes. Theodosius Iunior Augustus iiii. Sine Collega.
iii. Imp. Caesar Fl. Honorius Augustus ix. Imp. Caes. Fl. Theodosius Iunior Augustus v.
iv. Fl. Lucianus Fl. Heraclianus
v. Fl. Constantius Magister vtriusque Militiae, qui Fl. Constans
postea Nobiliss. Caesar appellatus est.

PAX CVM GOTHEIS IVRE. FACTA.

BELLVM VVANDALICVM ET ALANICVM.

vi. Imp. Caesar Fl. Honorius Augustus x. Imp. Caes. Fl. Theodosius Iunior Augustus vi.
vii. Imp. Caesar Fl. Theodosius Iunior August. vii. Iunius Quartus Palladius
iix. Imp. Caesar Fl. Honorius Augustus xi. Fl. Constantius Magister vtriusque Militiae. ii.

Imp. Caesar. Fl. Honorius Diui Theodosij. F. Pius Felix
Perpetuus Augustus. Gothicus Cos. xi.
De Gotheis et Attallo Tyranno Ex Gallia
///// /////// //////

ix. Imp. Caesar Fl. **Honorius**	Augustus xii.	Imp. Caes. Fl. Theodosius Iunior Augustus viii.
MCLXX. Fl. Monaxius.		Fl. Plintha
i. Imp. Caes. Fl. Theodosius Iunior Augustus. ix.		Fl. Constantius Nobilissimus Caesar. iii.
ii. Fl. Agricola.		Fl. Eustachius
iii. Imp. Caes. Fl. Honorius	Augustus xiii.	Imp. Caes. Fl. Theodosius Iunior Augustus. x.
iv. Rufius Praetextatus		Marinianus Fl. Asclepiodotus

Hoc anno ad xviii. Kal. Septembreis
Imp. Caesar Fl. Honorius Augustus mortuus est

v. Fl. Constantinus Magister Vtriusque Militiae Fl. Iulius Victor
vi. Imp. Caes. Fl. Theodosius Iunior Augustus xi. Fl. Placidus Fl. F. Valentinianus Nob. Caesar
Hoc anno

CATALOGVS CONSVLVM

Hoc anno ex ante diem Idus Octobris

FL. PLACIDIVS FL. CONSTANTII CAESARIS F.

VALENTINIANVS IMP. CAESAR AVGVSTVS

APPELLATVS EST.

VII. Imp. Caef. Fl. Theodofius Iunior Augustus xii.	Imp. Caef. Fl. Placidius Valentinianus Augustus. II.
IIX. H. Hierius	Fl. Ardaburius

PAX CVM VVANDALEIS FACTA.

IX. Fl. Felix		Fl. Taurus
MCXIC. Fl. Florentius		Fl. Dionyfius
I. Imp. Caef. Fl. Theodofius Iunior Augustus xiii.		Imp. Caef. Fl. Placidius Valentinianus Aug. III.
II. Anicius	Baffus	Fl. Antiochus
IIII. Fl. Aetius	Magister Vtriufque Militiae	Fl. Valerius
IV. Imp. Caef. Fl. Theodofius Iunior Augustus xiiii		Fl. Anicius Maximus qui
		postea Imp. Caefar Augustus appellat. est
V. Fl. Licinius	Afpar	Fl. Areobindus
VI. Imp. Caef. Fl. Theodofius Iunior Augustus xv.		Imp. Caef. Fl. Placidius Valentinianus Aug. IIII
VII. Fl. Ifidorus		Fl. Senator

PAX CVM HVNNEIS FACTA.

IIX. Fl. Aetius	Magister Vtriufque Militiae II.	Fl. Sigisuultus
IX. Imp. Caef. Fl. Theodofius Iunior Augustus xvi.		Anicius Acilius Glabrio Fruftus
MCXC. Imp. Caef. Fl. Theodofius Iunior August. XVII.		Fl. Festus
I. Imp. Caef. Fl. Placidius Valentinianus Aug. V.		Fl. Anatolius
II. Poft Confulat. Imp. Caef. Valentiniani Aug. V.		Fl. Cyrus Panopolites fine Conlega
III. Fl. Diofcorus		Fl. Eudoxius
IV. Fl. Anicius	Maximus II.	Fl. Paterius
V. Imp. Caef. Fl. Theodofius Iunior August. xviii.		Caecina Decius Albinus
VI. Imp. Caef. Fl. Placidius Valentinianus Aug. VI.		Fl. Nonius
VII. Fl. Aetius	Magister Vtriufque Militiae III.	Q. Aurelius Symmachus

BELLVM HVNNICVM SECVNDVM.

IIX. Faltonius	Probus Alypius	Fl. Ardaburius
IX. Rufius Praetextatus	Poftumianus	Fl. Zeno
MCC. Turcius Secundus	Afterius	Fl. Protogenes
I. Imp. Caef. Fl. Placidius Valentinianus Aug. VII.		Genadius Valerius Coruinus Arelatus

Hoc anno id V. kal. Augustas

Imp. Caef. Fl. Theodofius Iunior Augustus mortuus est.

FL. MARCIANVS IMP. CAES. AVGVSTVS

APPELLATVS EST.

II. Imp. Caefar Fl. Marcianus	Augustus Cludius Adelphius
III. Herculanus	Afporacius
IV. Fl. Opilio	H. Vincomalus
V. Fl. Aetius	Fl. Studius
VI. Imp. Caef. Fl. Placidius Valentinianus Aug. VIII	Fl. Anthemius, qui postea Imp. Caef. Augustus appellatus est.

Hoc anno id x VI. kal. Aprileis

Imp. Caefar Fl. Placidius Valentinianus Aug. occifus est

FL. ANICIVS MAXIMVS IMP. CAES. AVGVSTVS

APPELLATVS EST.

Eodem anno Pridie Idus Iunias

Imp. Caef. Fl. Anicius Maximus Aug. occifus est

Eodem die

VRBS ROMA A VVANDALEIS ITERVM CAPTA EST

Eodem anno ex ante diem VI. Idus Iulias

FL. MAECILIVS AVITVS IMP. CAES. AVGVSTVS

APPELLATVS EST.

FL. Ioan-

vii. Fl. Ioannes

Fl. Varari

Hoc anno ad xvi. kal. Iunias
Imp. Caef. Fl. Marcilius Anitus Aug. coactus a Fl. Ricimere
Magiftro Vtriufque Militiæ, Imperium abdicauit.

iix. Fl. Conftantinus

Fl. Rufus

Hoc anno ad vii. kal. Februarias
Imp. Caefar Fl. Marcianus Aug. mortuus eft.

IMP. CAES. FL. LEO AVG. IMPERIVM ACCEPIT.

Hoc anno ex ante diem kal. Apruleis.

FL. IVLIVS VALERIVS MAIORIANVS IMP. CAES.

AVG. APPELLATVS EST.

ix. Imp. Caefar	Fl. Leo	Auguftus	Imp. Caef. Fl. Iulius Valerius Maiorianus Aug.
MCCX. Fl. Ricimer	Magifter Vtriufque Militiæ	Fl. Patricius	
i. Magnus		Apollonius	
ii. Fl. Seuerinus		Fl. Dagalaiphus	

Hoc anno ad iiii. Nonas Auguftas
Imp. Caef. Fl. Iulius Valerius Maiorianus Aug. coactus a
Fl. Ricimere Magiftro Vtriufque Militiæ,
Imperium abdicauit.

Eodem anno ad viii. Idus Auguftas
Fl. Iulius Valerius Maiorianus qui Imperator fuerat occifus eft.

Eodem anno ex ante diem xxxi. kal. Decembres

FL. VIBIVS SEVERVS IMP. CAES. AVG. APPELLAT. EST.

iii. Imp. Caefar Fl. Leo	Auguftus ii.	Imp. Caef. Fl. Vibius	Seuerus Auguftus
iv. Cæcina Decius Bafilius	Felix	Fl. Vibianus	
v. Fl. Rofticus		Fl. Aurelius	Olybrius
vi. Fl. Hermunericus		Fl. Bafilifcus	qui poftea Imp. Caefar
		Auguftus appellatus eft.	

Hoc anno ad xxxx kal. Septembres
Imp. Caef. Fl. Vibius Seuerus Aug. mortuus eft.

vii. Imp. Caefar Fl. Leo	Auguftus iii.	Sine collega	
	Suffectus Ex kal. Iulijs	Ti. Fabius	Titianus
iix. Fl. Pufeus		Fl. Ioannes	

Hoc anno ex ante diem Pridie Idus Apruleis

FL. ANTHEMIVS IMP. CAES. AVG. APPELL. EST.

ix. Imp. Caefar Fl. Anthemius	Auguftus ii.	fine collega	
MCCXX. Fl. Marcianus		Fl. Zeno Ifauricus	qui poftea Imp.
		Caefar Auguftus appellatus eft.	
i. Fl. Seuerus		Fl. Iordanes	
ii. Imp. Caefar Fl. Leo	Auguftus iiii.	Fl. Probianus	
iii. Fl. Feftus		Fl. Marcianus	ii.

Hoc anno ad v. Idus Iulias
Imp. Caefar Fl. Anthemius Auguftus occifus eft.

FL. ANICIVS OLYBRIVS IMP. CAES. AVGVSTVS

APPELLATVS EST.

Eodem anno ad x. kal. Nouembres
Imp. Caefar Fl. Anicius Olybrius Auguftus mortuus eft

iv. Imp. Caefar Fl. Leo	Auguftus v. fine collega

Hoc anno ex ante diem Pridie Nonas Februarias

FL. LEO IVNIOR AVG. F. A PATRE IMP. CAES.

AVG. APPELLATVS EST.

ii. Eodem

Eodem anno ex ante diem III. Nonas Martias

FL. GLICERIVS IMP. CAES. AVG. APPELLATVS EST

VI. Imp. Caesar FL. Leo Iunior   Augustus sine conlega

Hoc anno ad //////// Idus Ianuarias
Imp. Caesar Fl. Leo Augustus mortuus est.
Eodem anno ex ante diem XIIII. Kal. Februarias

FL. ZENO ISAVRICVS IMP. CAES. AVGVSTVS
APPELLATVS EST.

Eodem anno ad VIII. kal. Iulias
Imp. Caes. Fl. Glycerius Aug. coactus Imperium abdicauit.

FL. IVLIVS NEPOS IMP. CAES. AVGVSTVS
APPELLATVS EST.

VII. Imp. Caesar Fl. Zeno Isauricus   Augustus II.   sine conlega
Hoc anno Imp. Caesar Fl. Leo Iunior Aug. mortuus est. Et
Imp. Caesar Fl. Zeno Isauricus Aug. Imperio exactus.

FL. BASILISCVS IMP. CAES. AVGVSTVS
APPELLATVS EST.

Eodem anno ad V. kal. Septembreis
Imp. Caes. Fl. Iulius Nepos Aug. coactus ab Oreste Patricio Imperium abdicauit.

Eodem anno ex ante diem Pridie kal. Nouembreis

FL. MOMYLLIVS AVGVSTVLVS IMP. CAES.
AVGVSTVS APPELLATVS EST.

III. Imp. Caesar Fl. Basiliscus   Augustus II.   Fl. Armatus

Hoc anno ad X. kal. Septembreis
Imp. Caes. Fl. Momyllus Augustulus Augustus coactus ab Odouacre
Gothorum Rege, Imperium abdicauit, fuit in Occidente
Interregnum annorum CCCXXIIII. mensium,
IIII. usque ad annum primum Imperij
Caroli Magni

Eodem anno ad VII. Idus Nouembreis
Imp. Caesar Fl. Basiliscus Augustus coactus ab Imp. Caesare Zenone
Isaurico Augusto Imperium abdicauit.

IMP. CAES. FL. ZENO ISAVRICVS AVGVSTVS
IMPERII ITERVM RECEPIT.

IX. Fl. Illus		Augustus III.	sine conlega	
MCCCXX. Imp. Caesar Fl. Zeno			sine conlega	
I. Fl. Basilius Iunior			sine conlega	
II. Fl. Placidus			sine conlega	
III. Fl. Seuerinus			Ti. Trocundus	
IV. Amicius		Faustus	sine conlega	
V. Rex Gothorum Theodericus		Amalus	Fl. Venantius Decius	
VI. Q. Aurelius Q. f.		Symmachus	sine conlega	
VII. Decius		Maurus Coccina	Fl. Longinus	
IIX. Anicius Manlius		Seuerinus Boetius	sine conlega	
IX. Claudius Iulius		Aedesius Dynamius	Fl. Sibidius	
MCCCXI. Animus		Probinus	Eusebius	Chronio
I. Auienus Faustus		Iunior	Fl. Longinus	II.
II. Fl. Olybrius Iunior			sine conlega	

Hoc anno ad VIII. Idus Aprileis
Imp. Caesar Fl. Zeno Isauricus Augustus mortuus est.

IMP. CAES. FL. ANASTASIVS DICORVS AVG.
IMPERIVM ACCEPIT.

Imp. Caesar

iii. Imp. Caesar Fl. Anastasius Dicorus Augustus		Fl. Rufinus	
iv. Decius	Albinus	Eusebius	Chronio. il.
v. Turcius Secundus	Albinus	Fl. Pentadius	
vi. Fl. Viator		Fl. Aemilius	
vii. Fl. Paullus		Sine conlega	
iix. Imp. Caesar Fl. Anastasius Dicorus Aug. ii.		Sine conlega	
ix. Decius	Paullinus	Ioannes Scytha	
MCCL. Fl. Ioannes	Gibbus	Fl. Asclepius	
i. Fl. Patricius		H. Hypatius	
ii. Rufius Magnus Faustus Auienus	Senior	Fl. Pompeius	
iii. Rufius Magnus Faustus Auienus	Iunior	Fl. Probus	
iv. Fl. Decoratus		Fl. Volusianus	
v. Fl. Cethaeus		Sine conlega	
vi. Fl. Manlius	Theodorus	Fl. Sabinianus	
vii. Fl. Messalla		Fl. Arcumbus	
iix. Imp. Caesar Fl. Anastasius	Dicorus Aug. iii.	Venantius	Decius
ii. Basilius Venantius	Decius Iunior	Fl. Celer	
MCCLX. Importunus Decius		Sine conlega	
i. Anicius Manlius	Severinus	Boetius	Eucharicus
ii. Felix	Felicis F.	Gallus	Secundinus
iii. Fl. Paullus		Fl. Muscbianus	
iv. Anicus		Probus	Fl. Clementinus
v. M. Aurelius	Cassiodorus Senator		Sine conlega
vi. Fl. Florentius		Fl. Anthemius	
vii. Fl. Petrus		Sine conlega	
iix. Imp. Caesar Fl. Anastasius Dicorus Aug. iiii.		Agapitus	
ii. Fl. Magnus		Fl. Florentius	

Hoc anno ad v. Idus Iulias

Imp. Caesar Fl. Anastasius Dicorus Aug. mortuus est.

IMP. CAES. FL. ANICIVS IVSTINVS AVGVSTVS

IMPERIVM ACCEPIT

MCCLXX. Imp. Caesar Fl. Anicius Iustinus	Augustus	Fl. Euphemius	Gillus Amalus
i. Fl. Rusticus		Fl. Vitellianus	in Magistratu occisus est
ii. Fl. Valerius		Fl. Anicius	Iustinianus, qui postea
		Imp. Caesar Augustus appellatur est	
iii. Q. Aurelius Anicius	Symmachus	Anicius Manlius Seuerinus	Boetius. il.
iv. Fl. Anicius	Maximus	Sine conlega	

BELLVM VVANDALICVM SECVNDVM.

v. Imp. Caesar Fl. Anicius Iustinus Aug. ii.		Fl. Opilio	
vi. Anicius Probus	Iunior	Fl. Philoxenus	
vii. Anicius Olybrius	Iunior	Sine conlega	
iix. Fl. Mauortius		Sine conlega	

Hoc anno et ante diem xal. Aprilis

FL. ANICIVS IVSTINI AVG. F. IVSTINIANVS

A PATRE IMP. CAESAR AVGVSTVS APPELLATVS EST.

Eodem anno xal. Augusti.

Imp. Caesar Fl. Anicius Iustinus Augustus Mortuus est.

ix. Imp. Caesar Fl. Anicius Iustinianus Aug. ii.		Sine conlega	
MCCLXXX. Caecina Mauus Decius	Basilius Iunior	Sine conlega	
i. Posthumius Lampadius		Fl. Orestes	
ii. Post Consulatum Posthumij	Lampadij	& Orestis	
iii. ii. Post Consulatum Posthumij	Lampadij	& Orestis	
iv. Imp. Caes. Fl. Anicius Iustinianus Augusti. iii.		Sine conlega	

       B. ij.   Imp.Caes.

v. Imp. Caef. Fl. Anicius Iuftinianus Auguft, 1111.   Decius Theodorus   Paullinus

Fl. Belifarius Magifter vtriufque Militiae Cof. Defignatus
De VVandaliis et Rege Gilimere
ex Afixca //////// ////////

BELLVM GOTHICVM ITALICVM.

vi. Fl. Belifarius			Sine conlega
vii. Poft Confulatum	FL.	Belifary	
iix. ii. Poft Confulatum	FL.	Belifarij	

Hoc anno Menfe Decembri.

ROMA EXACTIS GOTHEIS RECVPERATA.

ix. Fl. Ioannes			Fl. Volufianus
MCCXC. Fl. Appio Aegyptiis			Sine conlega

Fl. Belifarius Magifter Vtriufque Militiae
Pro Conf. iterum
De Gotheis et Rege VVitige
ex Italia
/////// ////////// /////

x. Fl. Iuftinus		Germani F.	Sine conlega
xi. Fl. Bafilius		Iunior	Sine conlega
iil. Poft Confulatum	Fl.	Bafilij	Iunioris
iv. ii. Poft Confulatum	Fl.	Bafilij	Iunioris

Hoc anno ad iiil. Non. Februar.

VRBS ROMA A GOTHEIS TERTIVM CAPTA.

v. iii. Poft Confulatum	Fl.	Bafilij	Iunioris
vi. iiii. Poft Confulatum	Fl.	Bafilij	Iunioris
vii. v. Poft Confulatum	Fl.	Bafilij	Iunioris
iix. vi. Poft Confulatum	Fl.	Bafilij	Iunioris
ix. vii. Poft Confulatum	Fl.	Bafilij	Iunioris

Hoc anno ad xvii. kal. Aprilis

VRBS ROMA A GOTHEIS QVARTVM CAPTA.

HVBERTI GOLTZII.

DE ORIGINE ET STATV POP. RO.

MAGISTRATVVMQVE APVD ROMANOS

INITIIS ET MVTATIONIBVS.

ROIA CAPTA in cæteros fæuitum est Troianos, a duobus tantùm Ænea atque Antenore cum focijs, tum propter vetustum ius hospitij, tum pocissimum quòd pacis reddendæque Helenæ femper auctores fuissent, omne ius belli abstinuere Achiui. Ex his Æneas patria profugus nouas quærens sedes, primò in Thessaliam appulit: inde in Siciliam delatus, postremò e Sicilia in Italiam cum classe traiecit: ibique Laurentem agrum tenuit, locoque Troiæ nomen indidit. Vbi quum Troiani munitionibus suis egressi prædam ex agris agerent, Rex Latinus Aboriginesque, qui tum ea loca tenebant, ad arcendam aduenarum vim armati ex vrbe atque agris concurrunt. Qui postquam audissent eam multitudinem Troianos esse, ducem verò Æneam, dextris iunctis, foedus iniisse, & fidem futuræ amicitiæ fauxisse traduntur: Æneamque Latini hospitio vsum, & Latinum apud Deos Penates domesticoque publicam foedus adiunxisse, Lauinia filia hospiti Æneæ in matrimonium tradita.

LAVINIVM CONDITVM

Hinc oppidum conditur, quod Æneas ab nomine vxoris Lauinium appellat. Ibi postquam tribus annis regnasset Æneas, Ascanius ipsius filius regnum excepit. Hic abundante Lauinij multitudine, fub monte Albano nouam vrbem condidit, Albamque nominauit. Cúmque XXXVIII, regnasset annos, Siluium Postumum heredem regnúque fuccessorem instituit.

ALBA CONDITA, REGES ALBANI,

Hunc quidam fratrem Ascanij, alij filium fuisse tradidere. Postumo fuccessit Æneas Siluius, Æneæ Latinus Siluius, qui Albam genuisse, fuccessorémque habuisse fertur. Alba Atyn genuit, Atys Capyn, Capys Caperum, Caprus Tiberinum. Ex Tiberino Agrippa fuperfuit, qui Romulum Siluium progenuit. Ea Siluio natus est Procas qui quum XXII, regnasset annos, decedens duos fuperstites reliquit filios, Numitorem & Amulium. Ex his Amulius Numitorem fratrem natu maiorem e folio deijcit, ftirpéque ipfius viril interempta Rheam Siluiam fratris filiam, vt partum auerteret & fpem fobolis præriperet, virginem Vestalem facrat. Sed illa a Marte (vt creditur) in fomnis compressa geminos vno partu Remum & Romulum edidit. Id vbi Amulius Rex intellexit, matre in vincula coniecta, natos regio edicto in aquam profluentem mitti iubentur. Quos postquam aqua decrescens in ficco destituit, fama est Faustulum pastorem regium, cafu in Lupam geminos qui ab vberibus pendebant lambentem incidisse, raptóque a feræ vberibus paruulos vxori Accæ Laurentiæ nutriendos tradidisse. Iam adulti iuuenes, corporísque & animi vires adepti, cognita origine & conditione fua, Amulio interfecto, Numitori auo regnum restituunt: coactáque pastorum manu vrbem condunt; hanc Romulus Remum fratrem augurio fuperans Romam a fe vocauit.

ROMA CONDITA, PARILIA

Condita autem est fexta Olympiadis anno quarto ad XI. kal. Maij, qui dies natalis vrbis postea Parilia appellatus est. Ad tutelam nouæ vrbis sufficere vallum videbatur, cuius dum angustias imder Remus etiã transilire aufus, a Fabio Celere centurione, dubiú an iussu fratris, occisus traditur. Incolæ deerant: Hinc Asylum Romulus aperuit, & ex varijs quafi elementis corpus vnum congregauit, populúmque Romanum appellauit. Connubia nouæ multitudini derant, idcique matrimonia a finitimis petita: quæ quia non impetrabantur, fimulatis ludis equestribus, ad quorum fpectaculum vicini conuenirent populi, manu capta funt. Mulierum, & virginum raptus caussa bellorum fuit. Hinc primi fugantísque

SABINAE RAPTAE,

H. iij.   Veientes,

Veientes oppidum Ceninenfium captum & dirutum; primúmque Triumphum egit
Romulus, qui & Acrone Ceninenfium duce cæfo fpolia opima humeris reportans
eadem Ioui Feretrio in Capitolio confecrauit. Sabini quoque per id tempus ob ca-
ptas quum filias tum forores & coniuges, bellum aduerfus Romanos fufcepére: qui cum
Romæ appropinquarent, portæ ipfis per virginem Tarpeiam prodatæ funt: eiúfq; illa
mercedem proditionis, id quod Sabini brachio finiftro geftabant ex pacto fibi dari
petijffet, de armillis aureis intelligens, a Sabinis fecus interpretantibus, clypeis, quos
itidem in brachio finiftro habebant, obruta, perfidiæ impietatífque in patriam dę
bitas exoluit pœnas. Vrbe a Sabinis capta, eo tandem deuentum eft, vt pace cũ T. Ta-
tio Sabinorum rege facta, & fœdere percuffo, Sabini relictis fedibus auitis in nouam vrbem commigrarent: & Romani a Curibus Sabinorum oppido Quirites deinceps vocarentur. Æt tunc quidem primùm iura legéfque Romanis data cœpta: cen-
tum Senatores creati, qui ab auctoritate & ætate prouectiori Patres appellati: infti-
tutæque tres equitum centuriæ: Reliqua verò plebs in triginta Curias diftributa.
His fic conftitutis Romulus quum ante vrbem apud Capreæ paludem ad populum
concionem haberet, anno ab vrbe condita XXXVII. repente e medio fublatus,
Diuorum numero adfcriptus, & Quirinus appellatus eft. Anno infequenti interregnum viciffim apud patres fuit. Cæterum populo graui vifa eft ea regnandi condi-
tio: Quúnq; placuiffet vt populus regem iuberet, fi patres auctores fierent, adeò id gratum plebi fuit, vt iuberet ftatim Senatum decernere, qui Romæ regnaret. Celebrabatur
ea tempeftate Pompilij Sabini iuftitia & religio. Hunc igitur fecundum a Romulo Populo & Patribus regnare placuit, anno ab vrbe condita XXXIX. Hic bellum quidem nullum geffit, fed non minus quam Romulus ciuibus fuis profuit. Primus enim nouam
Rempublicam optimis falubérrimífq; legibus, decretis & inftitutis firmauit atq; ornauit: Romanófque, qui propter latrociniorum & prœliorum confuetudinem hactenus
pro femibarbaris a vicinis habebantur, cerimonias atque omné alium vitæ cultum edo-
cuit, varijfque pacis artibus affuefecit. Annum artea confufum in menfes XII. digeffit.
Tum dies quofdam Faftos, alios Nefaftos effet iuffit. Et vt religione iniecta, Deorúm-
que timore animos truces ad mitiora flecteret, ad curam rerum Diuinarum conuerfus,
facra præfcripfit: facerdotes, augures, & virgines Veftales, Pontifices minores, ipfúmq;
Pontificem Maximum creauit: aliófq; facros ordines inftituit, & per collegia diftribuit.
Ancilia atq; Palladium, quafi fecreta quædam æterni Imperij pignora, Romanis colen-
da, religiofiffimífque adferuanda dedit: & pace vbique parta an. ab vrb. cond. XLII.
Ianum primus clufit. Atque hæc quidem omnia quafi monitu & inftinctu Ægeriæ cu-
iufdam Deæ, cuius fe colloquio familiarius vti, & confilijs iuuari fingebat: quo apud ru
dex etiamnum fibi decretúfque fuis ampliorem auctoritaté & fidem conciliaret. Poftre-
mò poftquam maxima tam fanctimoniæ quàm fuorum eum ob lenitatem & reuerentia annos tres & quadraginta regnaffet, ex morbo decedens in Ianiculo fepultus eft. Tullus
Hoftilius exinde tertius creatur Rex: cui propter virtutem regnum vltro delatum eft.
Hic ad bella promptiffimus fuit, ipfo etiam Romulo animofior. Primum bellum contra Albanos fufcepit, fed quod paucorum cruore & fortuna finiretur. Nam trigeminis
Horatijs Romanorum & trigeminis Curiatijs Albanorum res hoc fœdere committi-
tur, vt qui ex ijs viciffent populus pro quo pugnarent alteri imputaret. Vicére Hora-
tij, ita Albani fub imperio Romanorum fuére. Sed haud diu in fide remanfére. Fi-
denati namque bello Metius quidam Fuffetius Albanus a Tullo rege in auxilium &
ad belli focietatem vocatus, copias fuas in collem fubduxit, vt belli fortunam ope-
riretur ac fequeretur. Qui quum poftridie deuictis Fidenatibus ad Tullum veniffet,
tanquam victoriam hefternam ipfi gratulaturus, iubente Rege quatuor equis manibus
pedibúfque alligatus ac in diuerfa diftractus, meritas perfidiæ pœnas dedit. Albaque
diruta vrbis Romæ amplianda cauffa fuit, adiecto atque intra pomerium recepto
monte

PRIMVS
TRIVMPHVS

BELLVM
SABINVM

ROMA
CAPTA.

DIVVS RO
MVLVS QVI
RINVS.

INTERRE-
GNVM.

NVMA POM
PILIVS REX
II.

IANVS
CLVSVS.

TVLLVS HO
STILIVS
REX III.

ALBA DI-
RVTA.

monte Cælio. Demum Tullus Fulminis ictu cum tota domo absumptus, postquam annos triginta duos regnasset, interijt. Post hunc Ancus Martius Numæ ex filia nepos regnum suscepit, vir pace iuxta ac bello clarus, nec minus armorum quàm religionis promouendæ studiosus. Ad sacra tamen primùm & templa condenda ornandáque animum appulit. Mox a sacris ad arma conuersus, Latinos bello domuit. Post hæc ampliato pomœrio Auentinum & Ianiculum montes vrbi inclusit: nouáque vrbi mœnia circundedit. Pontem sublicium supra Tiberim fecit: siluas ad vsum nauium publicauit: salinarum vectigal instituit: Ostiam coloniam maritimam commeatibus opportunam in ostio Tiberis deduxit. His rebus intra paucos annos magna cum laude effectis, anno regni sui vigesimo quarto immatura morte præreptus, qualem se promiserat regem præstare non potuit. Anno deinde ab vrb. cond. cxxxviii. L. Tarquinius Damarati filius, qui postea Priscus appellatus est, regnum tenuit. Hic Senatorum & Equitum numerum duplicauit, insignia atque ornamenta triumphalia ab Etruscis retulit. Circum Maximum ex manubijs extruxit: muro lapideo vrbem cinxit, & cloacas fecit: Capitoliúmque inchoauit. Ludos magnos siue Romanos instituit. Et tádem cum annos regnasset triginta septem per Anci filios occisus est. Post hunc Seruius Tullius regno potitus est, nobili quidem femina, sed captiua & ancilla genitus. Octauia illi nomen erat. Hinc Seruio ipsi nomen inditum voluit. Hic primus iniussu Populi & sine Patrum auctoritate regnauit. Vrbem in quatuor tribus partitus, Lustrum primus condidit anno ab vrb. cond. cxxcvii, Censúmque instituit, quo pace & bello opportuna redimerentur. Populum in classes & centurias diuisit. Montes tres Viminalem, Quirinalem & Exquilinum vrbi adiunxit. Ludos Compitalicios instituit: pondera & mensuras præscripsit: æreúm nummum primus signauit, numúmque vibes a Prisco inchoatum perfecit. Postremò a L. Tarquinio Prisci filio genero suo, anno regni quadragesimo quarto in instinctu filiæ obtruncatur. L. inde Tarquinius regnum inuadit anno ab vrb. cond. ccxix. qui imperium per scelus partum ita contumaciter rexit, vt Superbi inde cognomen acceperit, in Patres & Senatum sæuiens, iniussu populi & sine Patrum & Senatus auctoritate ad lubitum agens omnia. Templum Iouis, quod Priscus pater ipsius in Capitolio ex manubijs inchoauerat, magno sumptu & labore absoluit. Ferias Latinas instituit. Demum ob stupri a Sexto ipsius filio Lucretiæ per vim illati dedecus & inuidiam, Iunij potissimùm Bruti opera imperio abrogato, regno atque vrbe pulsus cum scelesta coniuge ac filijs in exilium profectus est, anno regni trigesimo quinto, ab vrbe verò condita ccxliiii. Ita postquam Romæ a septem regibus per annos ducentos quadraginta tres regnatum esset, exactis cum stirpe regis ipsius rege, Libertas populo Romano asserta est. Et quo die Tarquinius in exilium actus est, is dies postea Regifugium appellatus. Anno dehinc ab vrbe condita ducentesimo quadragesimo quarto pulsis iam regibus, sub consulibus iura Romana fuêre: Consulésque duo pro vno rege creari cœpti. Placuit autem ne imperium longius quàm annum haberent, ne diuturnitate ipsi potestatis & consuetudine imperandi insolentiores redderentur, qui se anno expleto in priuatorum ordinem redigendos scirent. Primíque post reges electi anno ab vrbe condita ccxliiii. creati sunt L. Iunius Brutus, L. Tarquinius Collatinus Lucretiæ maritus. Sed Collatino propter communem Tarquiniæ gentis inuidiam statim dignitas abrogata est. Cautum enim fuerat ne quis hoc nomine in vrbe remaneret. In eius locum suffectus est P. Valerius Poplicola. Haud multò post Porsenna rex Etruscorum collectis validis copijs Tarquinium regem, qui regno pulsus ad ipsum confugerat, reducebat. Hinc bellum Etruscum exortum est, Brutúsq; Cos. in prima quæ commissa est pugna, Aruntem Tarquinij filium sua manu occidit, mutuoque vulnere super ipsum in prœlio expirauit. Romani autem postquam Tarquinios repentinos Porsennam occupato Ianiculo ipsis vrbis faucibus incubantes aliquandiu sustinuissent, demum pulso rege cum Tarquinijs, victores

ANCVS
MARTIVS
REX IIII.

OSTIA
CONDITA.

L. TARQVI-
NIVS PRI-
SCVS REX
V.

SER. TVL-
LIVS REX
VI.

CENTVRY
PRIMVM
CONDITVM
CENSVS
INSTITV-
TVS.

L. TARQVI-
NIVS SV-
PERBVS
REX VII.

REGIFV-
GIVM.

PRIMI
CONSVLES.

BELLVM
ETRVS-
CVM.

victores euafêre. In Bruti occifi locum T. Lucretium Tricipitinum Lucretiæ patrem Valerius Poplicola fibi collegam adfciuit: fimúlque cum ipfo primus Confulum triumphauit, Luftrúmque fecit anno ab vrb. cond. ccxiv. Nono inde anno poft reges exactos, quùm gener Tarquinij iniuriam foceri vindicaturus, ingentem collegiffet exercitum, populófque finitimos aduerfus Romanos concitaffet, nouus Romæ magiftratus creatus eft, ifque Dictator appellatus: cuius poteftas atq; auctoritas etiam fupra ipfos Confules effet, & a quo prouocatio ad Populum non effet. Primus autem

DICTATOR PRIMVS. Dictator creatus eft T. Lartius Flauus anno ab vrb. cond. ccxii: ifque fibi Magiftrum Equitum Sp. Caffium Viscellinum dixit. Poft hæc quùm propter nobilium & potentium acerbitaté & feruitutem, qui plebem magno ære alieno & fœnore fibi obftrictos in vinculis detinebant, atrociffimæ inter patricios & plebem exortæ effent feditiones, ita vt plebs armata maximo cum terrore nobilium trans Anienem in montem, qui

SECESSIO PLEBIS IN MONTEM SACRVM. Sacer dierbarum federeret: non prius inde abduci potuit, quàm ad fui tutelam Tribuni plebis crearentur. Quos anno infequenti ccix tanquam peculiarem fibi magiftratum Populus Ro. e plebe creauit, per quos contra Senatus & nobilium poteftatem deinceps tutus effe poffet. Creatíque funt primùm duo C. Licinius & L. Albinus.

TRIBVNI PLEBIS PRIMI. Hi tres alios collegas fibi adfciuerunt, in quibus Sicinius præcipuus feditionis auctor fuiffe traditur: qui reliqui fuerint haud fatis conuenit. Anno ab his trigefimo feptimo, qui fuit vrbis conditæ ccxcvi, Tribuni Plebis decem creati funt, bini videlicet ex fingulis **clasibus**, cautúmque vt fic poftea crearentur. Mox a confulibus ad Decemuiros **res venit.** Anno enim trecentefimo altero, imperium confulare ceffauit, & pro Confulibus, legum ferendarum cauffa, decem facti funt apud quos fumma

DECEMVIRI LEGVM FERENDARVM CAVSSA. poteftas effet, qualis hactenus apud Confules fuerat, iíque Decemuiri appellati funt. Qui quùm anno vno atque item altero modefte cum magiftratum geffiffe vifi effent, tertio tandem anno ob App. Claudij vnius Decemuirorum atrociffimúmque ingenij hominis facinus, qui Virginiam T. Virginij viri plebeij filiam, mota quæftione ftatus, in feruitutem afferere voluerat, vt ei poftea ftuprum inferret, occifa a Virginio patre filia, quó eam ab Appij violentia & ftupri dedecore vendicaret, altera plebis feceffione in

SECESSIO PLEBIS IN AVENTINVM. montem Auentinum facta, Decemuiri magiftratu fe abdicare coacti funt. In fublata Decemuirali poteftate, eodem anno ccciii. fumma rerum ad Confules redit; & plebs quæ in Auentinum fecefferat, poftquam Tribunos Plebis fibi reddi poftulaffet, domum rediit. Nec multò poft Tribunis plebis (poriffimùm autem Canuleio) legem promulgantibus, vt Confulum alter e plebe crearetur, refragantibus patribus, noua iterum feditio exorta eft neque prius plebis placari potuit, quàm inter cæteras pacificationis conditiones a patribus obtinuiffet, vt ficut plebeij hactenus, ita & militares Tribuni crearêtur, iíque fex; tres e plebe, totidem e Patriciis. Itaq; anno cccviii.

TRIBVNI MILITVM. Tribuni militum Confulari poteftate primùm creati funt, A. Sempronius Atracinus, T. Cloelius Siculus, L. Atilius Longus: atque hi tres tantùm & ex patriciis. Eo enim plebs primùm contenta fuit, quòd fui ratio in comitijs habita fuiffet. Hi tamen quòd vitio facti effent, haud multò poft abdicarunt: factíque in locum ipforum iterum Confules duo L. Papirius Mugillanus, L. Sempronius Atratinus, idíque non fine contentione inter plebem & patres; his quidem Confules, illa verò alios Tribunos militum pofcentibus: fed vicere tandem patres. Anno infequenti, qui fuit vrbis códitæ ccix. Cenfores primùm creati funt: hæc potiffimùm occafione, quòd quum Populus diu incenfus permanfiffet, neque propter bellorum ingruentium onera & impenfas, Cenfus commode diutius differri poffet, neque iterum Confules rebus fuis gerendis intenti huic muneri vacare poffent, placuit huic functioni, quæ aliquanto plus operæ quàm dignitatis habere videretur, peculiarem magiftratum deputare, cui fcribarum

CENSORES PRIMI. minifterium, Tabularum cura & cuftodia, formulæque cenfendi committerentur. Primi itaque Cenfores hoc anno facti L. Papirius Mugillanus, L. Sempronius Atratinus,

tinus, ijdem qui anno superiori, postquam Tribuni abdicassent, per reliquum anni tem
pus Consules fuêre, ijque Lustrum condiderunt. Quincto ab hoc anno, qui fuit tre-
centesimus quartus decimus, novus ortus est tumultus propter Sp. Melium equestris
ordinis virum: qui in summa annonæ caritate frumentum sua pecunia mercatus, id
populo distribuerat: vnde gratiosus apud plebem factus & elatior, de regno cogitasse
creditus à C. Seruilio Ahala magistro equitum, approbante factum L. Quinctio Cin-
cinnato (qui Dictator regni opprimendi & seditionis sedandæ caussa creatus fuerat)
securi percussus fuerat. Hinc Plebs commota, iterum per Tribunos plebis Tribunos
Militum pro Consulibus flagitare instituit: maximáque Tribunorum contentione effe-
ctum vt anno sequenti cccxv suffragijs populi tres iterum Tribuni militum Consulari potestate crearentur. Hi fuêre M. Aimilius Mamercinus, L. Quinctius Cincinnatus eius qui proxime Dictator fuerat filius, & L. Iulius Vopiscus. Anno insequenti sedatioribus iam plebeiorum animis iterum ad Consules reditum creatúque M. Ge-
ganius Macerinus iii, L. Sergius Fidenas. Nullaque plebis indignatione aut dissen-
sione per tres annos insequentes comitia Consularia fuêre: donec anno cccxx Tribunis plebem per assiduas conciones concitantibus & comitia Consularia impedien-
tibus, res tantum non ad Interregnum perducta est. Nec prius destitêre Tribuni plebis, quàm Tribuni militum iam tertio crearentur: factique rursus tres, ijque patricij:
Nec facta anno insequenti vlla Consularum comitiorum mentione, alij iterum tres
Tribuni militum creati sunt. Cæterùm anno proxime insequuto, qui fuit cccxxii
nuntiato tumultu ab Aequis & Volscis, rursùm Consules creati sunt, T. Quinctius
Pennus Cincinnatus, C. Iulius Mento. Sicut & per quatuor annos proximos summa rerum penes Consules fuit. Quincto verò post annos, qui fuit ecccxxvii rursus
Tribuni militum facti vti & duobus qui proxime insequuti sunt annis. Ab illo tempore per plures annos subinde variatum: ita vt nunc Consules, interdum Tribuni militum crearentur, prout vel Patrum auctoritas, vel Plebis insolentia & pernicax Tribunorum contentio præualebant, vsque ad annum cccxl v, a quo ad annum vsque
ccexcvii fere apud Tribunos militum summa in Republica potestas fuit: ijque di-
uersimodè nunc tres nunc quatuor, postea sex simul creati sunt: Totoque eo tempore quod medium fuit duobus tantùm annis Consules fuêre, anno videlicet cccix
cum insequenti. Anno ab vrbe condita cccixii Roma a Gallis Senonibus obsessa
est, eadémque anno insequenti fusis ad Alliam flumen Romanis capta, Capitolio tamen, in quod se robustissimi quique atque ætate minus prouecti receperant, seruato.
In quod quum Galli nocturnas excubias fallentes per auersam collis partem euasis-
sent, anserum clangore prodici, potissimúmque opera M. Manlij (qui a Capitolio seruato postea Capitolinus dictus est) deiecti sunt. Coactis deinde Romanis propter fa-
mem despondere, vt mille auri talenta darent, eoque pretio obsidionem redimerent,
Furius Camillus, qui ad temporis Ardeæ exulabat, Dictator absens creatus, dum au-
rum appenderetur, cum exercitu in promptis superueniens, Gallos septimo quo Capitolium obsidere coeperant mense vrbe expulit cecidítque. Annus qui hunc insequutus
est ccclxiiii, sine Consulibus & Tribunis militum suit, Camillo ad preces Senatus
Populíq, Romani Dictaturam continuante. Anno deinde ab vrb. cond. ccclxvii.
nouæ rursus turbæ nouíque motus extitêre. C. enim Licinius Caluus siue Stolo & L.
Sextius Tribuni plebis legem promulgarunt, qua Tribunorum militum comitia tolle-
rentur, vt in locum eorum rursum Consules crearentur, altérq, eorum e plebe. Quam
legem, quum per conlegarum, qui in hoc a Senatu comparati fuerant, intercessionem
perferre prohiberetur, Licinius vicissim & Sextius reliquorum magistratuum Curulium
comitia intercessione tollentes, solos Aediles & Tribunos plebis creari passi sunt: factíque Tribuni plebis anno ccclxxvii ipse C. Licinius Caluus & L. Sextius sine
alio Curuli magistratu: durauítque ea Magistratuum solitudo quinquennium, summa

TRIBVNI
MILITVM
ITERVM
CREATA

ROMA
CAPTA.

terùm interim apud eosdem illos Tribunos plebis remanente, sublatisque pertinaci
& perpetua Tribunorum intercessione reliquorum magistratuum comitijs, donec
tandem anno CCCXXXII Tribunis intercessionem remittentibus, subinsique ab Interrege comitijs, rursùs Tribuni militum facti sunt. Anno CCCXXXV cùm propter leges a Licinio & Sextio promulgatas nouus exortus esset tumultus, ita vt res tantùm
non ad manus veniret, & ne conlegarum quidem intercessio proficeret, quin leges
perferrentur, Patres trepidi Dictatorem creârunt M. Furium Camillum III. II. qui
postquam abdicasset, in eius locum factus est, P. Manlius Capitolinus, isque Magi-

MAGISTER EQVITVM E PLEBE.
strum equitum sibi adsciuit C. Licinium Caluum primum e Plebe: ita hic annus
præter duos Dictatores & Magistros equitum sine alio Magistratu fuit. Anno insē-
quenti CCCXXX vt rursùs Tribuni militum creati sunt. Anno deinde proximo perlatis
legibus Tribunicijs, cedentesque Tribunorum violentiæ tam summo ipsius Dictatoris

CONSVLVM ALTER E PLEBE.
imperio quàm Senatus auctoritate, habitis comitijs Consularibus, Consulum alter e
Plebe & primus creatus est Q. Sextius, qui ante Tribunus plebis legem cum Licinio
conlega promulgarat. Cui rei Patres vel auctores fuerunt solo secessionis metu (eo
enim iam res spectare videbatur) adacti sint, adlaborante potissimùm in id propter
componenda Plebis & Patrum dissidia, M. Camillo Dictatore. Sed Plebs pro Consule Plebeio sibi tandem a nobilitate permisso, Patribus vicissim duos nouos magistra-

PRAETOR PRIMVS.
tus concessit, qui e patricijs tantùm crearentur, Præturam scilicet & Aedilitatem Cu-
rulem. Ita hoc anno primus prætor creatus Sp. Furius Camillus M. F, qui ius in
vrbe diceret. Item Aediles Curules duo Cn. Quinctius Capitolinus. P. Cor-

AEDILES CVRVLES PRIMI. DICTATOR E PLEBE.
nelius Scipio. Anno deinde CCCXXVII C. Marcius Rutilus primus e Plebe Dictator a M. Popillio Cos. dictus est, qui imitem Magistrum Equitum sibi e Plebe legit C. Plautium. Anno ab vrbe condita CDXXVII bello Samnitico, cùm Publilius
Philo Cos. Palæpolim Græcorum oppidum obsideret, obsidionéque etiamnum
durante tempus Comitiorum incidisset, ne Consule ab obsidione ad Comitia reuo-
cato, imperióque abrogato, quo minus Palæpolim caperet impediretur, placuit Se-
natui & populo, vt Philo tamen Consulatu abisset, prorogato tamen imperio Con-

PROCONSVL PRIMVS.
sulari, dum cùm Palæpolitanis debellatum esset, pro Consule rem gereret: ita primus Proconsul tum factus est. Anno CDLXIX implicitis etiamnum bello Samnitico Romanis, ita vt Comitia haberi commodè non possent, L. Papirius Cur-
sor, qui anno præcedenti a L. Camillo Cos. graui morbo apud Samnites impedito
Dictator dictus fuerat, Dictaturam cum Magistro Equitum sine Consulibus continuauit: ita & hic annus absque Consulibus fuit. Quod & anno CDXLIIII. item &
CDXII. accidisse Tabulæ Capitolinæ testantur. Priori enim idem hic Papirius Cur-
sor sine Consulibus Dictaturam iterum gessit, adscito sibi Magistro Equitum C. Iu-

CONSECTO? VM AVGV-RVM.
nio Bubulco Bruto. Posteriori, duo Dictatores fuêre cum suis Magistris Equitum: prior M. Fabius Maximus Rullianus, alter M. Valerius Coruus. Sequenti anno conlegio Augurum, qui quaterni hactenus fuerant, quinque alij sunt additi. Anno

SECESSIO IN IANI-CVLVM.
CDLX Triumuiros Capitales primùm creatos tradit Florus. Anno CDLXII
Plebe nimio ære alieno prægrauata, aliæ rursus eæque grauissimæ extitêre seditiones:
ita vt Plebs in Ianiculum tandem secesserit: fuítque hæc tertia secessio. Sed inde a Q.
Hortensio Dictatore Plebs mox deducta est, lata lege, vt quidquid ipsa iussisset, eo
reliqui Quirites tenerentur. Anno CDLXXI C. Fabricio. Q. Aemilio Coss.
Bellum Tarentinum cum Pyrrho rege grauissimum exarsit. Pyrrhum enim Epy-

PRIMVM ARGENTVM SIGNATVM.
ri regem vt sibi suppetias contra Romanos ferret, Græcia exciuerant Tarentini.
Anno deinde CDXCIV C. Fabio Pictore Q. Ogulnio Gallo Coss. primus
nummus argenteus Romæ procusus est. Anno ab hoc quinto Ap. Claudio, M.

BELLVM PVNICVM.
Fuluio Coss. Bellum Punicum exortum est. Anno DX duo Prætores primùm
creati sunt; vnus qui ius in vrbe diceret, alter qui cum C. Lutatio Consule bellum

foris ad-

foris administratet. Anno D XXVI, Sicilia & Sardinia in potestatem Pop. Ro. reda- **PRAETO-**
ctis, duo Praetores superioribus additi sunt, qui in nouas prouincias Siciliam & Sardi- **RII DVO.**
niam mitterentur. Anno D XLV. C. Claudio Nerone, M. Liuio Salinatore Coss. **PRAETO-**
Populus Ro. primùm aureum nummum signauit. Anno D LVI Hispania in citeriorem **RIO IIII.**
& vlteriorem diuisa est, factaeque duae prouinciae, & duo noui Praetores in eas missi: ita **AVRVM**
sex Praetores tum creari coepti. Anno D XXCI vterque Consul e plebe creatus, C. **PRIMVM**
Popillius Laenas, P. Aelius Ligus: quod vt ita fieri posset multo ante cautum erat, lata **SIGNATVM.**
lege anno D DXI, qua iubebatur vti liceret ambos Consules e plebe creare. Nec temere **PRAETO-**
post id tempus accidit, vt duo Patricij simul Consules essent, sed aut vterque Plebeius, **RII VI.**
aut vnus Patricius Plebeius alter. Anno DC. Consules magistratum kalend. Ianuarijs
inire coeperunt: isque dies postea Consulatui ineundo solennis fuit. Prius enim vel
Idibus Martijs, vel alijs anni temporibus inire solebant. Anno DCXLII Censor vterque primùm e plebe creatus Q. Caecilius Metellus, Q. Pompeius. Anno DCLXX **CENSORES**
L. Cornelio Cinna altero Consulum, postquam orta inter exercitum eui praeerat sedi- **E PLEBE.**
tione abdicasset, a militibus interemto, Cn. Papirius Carbo conlega solus nullo in
locum interfecti subrogato in reliquum anni tempus Consulatum gessit. Anno
DCLXXI cùm Marianarum Syllanarúmque partium odijs & factionibus vniuersa
pridem infestaretur Italia, omniaque latè tam in vrbe ipsa quàm extra caedibus faedo-
que luctu complerentur, caesis inter caeteros vtroque Consule, C. quidem Mario Prae-
neste, Cn. vero Carbone in Sicilia, res ad Interregnum rediit: creatúsque Interrex
comitiorum causâ C. Valerius Flaccus, cum fere Princeps Senatus, ex ipsius L. Sul-
lae sententia legem ad populum tulit, vider e Republica Sullam Dictatorem dici: cuius potestas, non quidem certo tempore, vti hactenus consueuerat, finiretur, sed tan-
tisper duraret, dum ille Rempublicam ac vniuersam Italiam armis adijsque ciuilibus
turbatam deformatámque constituisset. Ita L. Sulla post annos CXX primus Di- **SVLLAE**
ctator factus est, isque Magistrum equitum sibi dixit M. Valerium interregem: prae- **DICTATVRA**
terque morem & exemplum XXIIII Lictores cum fascibus, tum & alios ad corpo-
ris custodiam sibi adhibuit, Felicémque se deinceps cognominari voluit. Et adiectis **PRAETO-**
priori numero Praetorum alijs duobus, octo constituit, auctóque simul publicarum **RII VIII.**
perpetuarúmque quaestionum numero, instituit vt & de falsis, de perjurijs, de sica-
rijs, deque iniurijs quaereretur. Anno DCXXV mortuo ipso magistratus initio
Caecilio Metello Consule antequam iniret, nulloque in defuncti locum suffecto Q.
Marcius Rex solus magistratum continuauit. Anno DCCI quum propter faedissi-
mas impotentissimásque competitorum contentiones, immo violentas nec sine armis
concertationes, Respublica primis aliquot anni mensibus, tam sine Consulibus quàm **CONSVL**
alio magistratu fuisset, factum ex sententia M. Bibuli Senatusconsultum, vt Cn. **SINE CON-**
Pompeius a Ser. Sulpicio interrege solus Cos. crearetur: is itaque hoc anno pri- **LEGA.**
mus sine conlega Consul dictatoria potestate creatus est. Cúmque sub Kalendas
Martias iniisset, ad inuidiam vitandam Q. Caecilium Metellum sub Kalendas Sexti-
les in quinque postremos anni menses conlegam sibi adiscuit. Anno DCCV victo **DICTATV-**
profligatóque ad Pharsalum in Thessalia armis ciuilibus Cn. Pompeio, C. Iulio Cae- **RA ANNVA.**
sari Dictatura annua cum Tribunicia potestate perpetua & Consulatu quinquennali
a Populo delata est. Anno ab hoc secundo, qui fuit DCCVII, idem Caesar Africa rece- **DICTATV-**
pta, Dictator in decennium creatus est, simúlque Praefectus moribus Censoria pote- **RA DECEN-**
state in triennium. Eodémque anno, Praetores decem creauit, & Censum vicatini sine **NALIS.**
conlega egit, sed lustrum non fecit. Anno insequenti DCCVIII Caesar Cos. creatus **PRAETO-**
sine conlega, retento dictaturae honore, eóq; contextus Consulatu se abdicauit, subsitu- **RII X.**
tis in locum suum Q. Fabio Maximo, C. Trebonio Aspero, & ex hoc primùm tempore
m m. ij. Consules

Consules suffecti siue honorarij in certos anni menses creari coepti. Eodem anno Cæsar x i i i i Prætores creauit: Et post Hispaniam a Pompeij liberis interceptam, confectis iam omnibus bellis ciuilibus, p a t e r p a t r i a e & Dictator perpetuus appellatus atque Imperator prænominatus est. Anno ab hoc proximo Prætores x v i Cæsar creari instituit: Et præter quatuor Aediles hactenus creari solitos, e quibus duo Plebij, totidem Curules dicebantur, insuper alios duos creauit, quos, quòd annonæ & rei frumentariæ præessent, Cereales vocauit: hosque e Patribus creari instituit, nam reliqui quatuor Plebeij erant. Occiso autem eodem anno a Bruto & Cassio cum coniuratorum manu Cæsare, anno insequenti n e c x, M. Aemilius Lepidus M. Antonius & C. Cæsar Octauianus (qui a Cæsare adoptatus fuerat,) inita societate Rempublicam occuparunt: seque ipsos Triumuiros Reipublicæ Constituendæ Consulari potestate & cum summo imperio in quinquennium renuntiarunt. Quo finito anno d c c x v i, in alterum quinquennium se iterum Triumuiros pari potestate creari. Sed anno insequenti M. Lepidus a Cæsare collega coactus Triumuiratum abdicauit. Interim ob grauissimas inter Caesarem & Antonium simultates, orto inter ipsos bello ciuili, victóq; anno d c c x x i i, & profligato tandem ad Actium cum Cleopatra Aegypti Regina M. Antonio, atque ita sublato imperij consorte, summa Reipublicæ ad Cæsarem Octauianum deuoluta est. Anno ab hoc secundo d e c x x i i i i, vti prius Iulius Præfectus moribus, ita & Cæsar Octauianus Rector morum legúmque in locum Censorum creatus est: eaque potestate accepta sine Censuræ honore Censum Pop. Ro. ter egit. Eodémque anno p a t e r p a t r i a e appellatus est. Anno proxime insequente Cæsar potestatem Reipublicæ constituendæ in decennium a Senatu Populóq; Ro. accepit. Anno verò d c c x x. Dictator perpetuus a Populo appellatus, odiosum & icem e Republ. sublatum magistratum, & quasi cum patre conspicuum admittere noluit, Tribunicia interim potestate, quam simul deferebatur, accepta: quâ honoris prærogatiua summa rerum deinceps penes vnú Cæsarem fuit. Nam præterquam quod inuiolabilis esset, & tam dicto quàm facto læsus etiam iudicis caussâ pœnas pro arbitrio repetere posset, aliorum quoque magistratuum acta, si minus probarentur, rescindere & abrogare poterat: ita vt reliqui posthac magistratus non tam re quàm nomine tenus gererentur. Anno tamen ab hoc quinto d e c x x x v a Tribuniciam, ita & Reipublicæ constituendæ potestatem M. Vipsanio Agrippæ genero suo communicauit, vtiq; & ipsi a populo deferretur auctor fuit, iam cum imperio successorem hoc ipso designans. Quo mortuo Tiberium quoque Claudium Neronem, priuignum, generum simul & filium adoptiuum, eiusdem honoris & potestatis socium, pariter & imperij successorem delegit. His itaque initijs imperium Populi Ro. singulare per Cæsarem dictatorem primùm inchoatum, deinde varijs artibus & rationibus per Augustum confirmatum & stabilitum, tantis postea successibus progressibúsque in tam magnitudinis molem coaluit, in qua per plura annorum sæcula, inter omnia alia longè maximum florentissimúmque perdurauit.

HVBERTI GOLTZII
IN ALIQVOT FASTORVM LO-
COS ANIMADVERSIONES.

In praenomine Sulpicij Pateruoli, qui hoc anno Cos. fuit, ipse inter se Tabulae Capitolinae di-
screpant, illæ scilicet in quibus Triumphi adnotati sunt a Tabulis Consularibus & reliquorum magistratuum. In his enim Quinctus, in aliis Caius vocatur. Hinc haud immerito videri posset, non
eundem fuisse auctorem, tabularum Triumphalium & Consularium. Cui rei præter alia & hoc argu-
mento esse potuit, quòd Augustus in tabulis magistratuum saepissimè & ferè semper, IMP. CAESAR
DIVI F. C. V. scribitur, in Triumphis verò non semel IMP. CAESAR DIVI F. C. V. Sed nos
Sulpicio hic Caij nomen præposuimus, idque eo libentius, quòd numisma quo Sulpicij Triumphos
exprimitur Caium nominant. Quod & Sigonio & Marliano magis placuisse video.

Cuspianus ratus stationem alteram Cos. istius anni eunde esse qui prius anno CDXXCIII.
Consul fuerat, scilicet Locij Silam, adscripsit secundum Consulatum fuisse: quum & alij quicumque
hactenus fastos digesserunt in hos sequuntur. Sed quum præter Cuspinianum, quod sciam, id alius
nemo tradat, utque præter M. Laurinum nominas antiquissimum Cn. Blossonis Cum filio, ius vi re-
etiam lictet, qui anno iam proximo dicto Consul fui, adscripsimus hunc Cn. filium L. nepotem
fuisse, non addito.

Qui ex numero antiquo, qui infra pag. 206. expressus est ad Dictaturam Q. Fabij Maximi
constat: M. Minucium Rufum ipsius Magistrum Equitum Publij filium Quincti Nepotem fuisse
ideo hic adscripsimus P. F. Q. N.

C. Terentij Varronis Consulatus anni partem fuisse Aedam inuenio in antiquo nummo qui hic
adscribitur est. Quare A. filium fuisse in tabella adnotauimus, ab alijs præter eum.

M. quinque Heluij Blassonis, qui hoc anno Præe. triumphauit, patris nomen, scilicet Publij,
ex antiquo nummo adscripsimus est.

Tabulae Capitolinæ & qui has sequuti sunt, duos tantum L. Aemilij Paulli Triumphos agno-
scunt priorem, qui anno DLXXII. actus est de Liguribus, alterum, qui de rege Perse in Macedonia. Solus Onuphrius tertium triumphum inseruit, eúmque primum a tuba ab hoc anno ab Aemilio
actum fuisse ex Hispania Victriore: atque ad quum ex Velleio Paterculo, cum auctoritatem sequeretur
inscriptionis Capitolinæ vetustissimæ, & numm argenteu petant qui, quem postea Paullus Lepidus
in honorem Aemilij Paulli figuri curauit. Quorum quidem auctoritas, vel publicorum monumento-
rum, tum a pud me non leuioris sit momenti, quam ipsarum Tabularum Capitolinarum, non possu
non hic in parte Onuphrij sententiam amplecti, eúndemque primum Aemilij Triumphum hic adscri-
" bere. Verba autem Paterculi sunt hæc. Tum (scilicet quonia) &. Qui bellum cum Perse rege Macedonum
" gessit, | Senatus Populusque Ro. L. Aemilium Paullum, qui & Prætor & Consul triumphauerat,
" Consulatu creauit: (scilicet I Lucio secundo anno DLXXI Consul fuerat) In Præsenti ingenti praelio
" apud vrbem Pydnam in Macedonia Persem fugauit, eiusque castris exuit: deleuitque eius copias de dita-
" tum omni spe, coëgit Macedonia perfugere, quam ille reliquens in insulam Samothraciam profu-
" git, templúmque & religioni sempiterni credidit: ad eum Cn. Octauius Pr. qui classi præ erat persecut,
" & ratione magis quam vi persuasit, vt se Romanorum fidei committeret. Ita Paullus maximam no-
" bilissimúmque regem in triumpho duxit. Inscriptio autem antiqua de & illa hic desideratur hæ habet L. AEMILIVS L. F. PAVLVS COS II. EFFERR AVGVR TRIVMPHAVIT TER.
Nummus verò infra pag. 154. ad Censuram eiusdem L. Aemilij Paulli adhæer cernitur.

m m. iij. Quando

DLXII. Quando A. Terentium Varronem, qui hoc anno Propr. triumphauit, certum est filium fuisse C. Varronis, qui anno DLXXVII. consul fuit, cuius patrem fuisse Aulum ibi ex nummo antiquo ostendimus, hunc a nobis hic additum hunc Aulum Auli Nepotem fuisse.

DLXG. C. Cicereium qui hoc anno Propr. triumphauit, ex antiquo nummo Intelligo Titi filium Titi inim nepotem fuisse, quam parerit & cui nomen ab alijs omissum hic a nobis restitutum est.

DCXVII. Nomen patris P. Furij Phili Cos. scilicet Ca. ex nummo antiquo similiter adscriptum est.

DCXXII. Hic C. Sextij triumphum cum octu integrentibus ad verbum transcripsit est ex antiquo fragmento marmoreo triumphorum, haud ita nuper (anno videlicet a Chr. Nat. M DLXIII) Romae inter rudera effossa, quod eodem fere anno a nobis Roma transmisit amantissimus eruditissimusque Nicolaus Florentius Batauus, cuius opera & studium quum hoc in instituto tam alijs in rebus magno anno fuit usu. Fragmentum ipsum in hoc Fastorum nostrorum adil consumium ea prorsus forma atque ordine quo exemplar Roma ad nos missum descriptum fuerat. Ab hoc fragmento multum variant triumphi quos alij hactenus hoc loco prodiderunt: dum quosdam ea bis omittunt, rursus alios supponunt, & reliquorum ordinem inuertunt, vel ex collatione ipsorum cum hoc fragmento cuilibet constare poterit.

DCXXVI. Errort eorū qui hactenus ante nos Fastos digessere no eroq; in similem errorē pertraxit, dum hos L. Caecilij Metelli & Q. Marci triumphos ex fragmento antiquo in hos nostros Fastos transcriberemus, qui dictos triumphos huius anni consulibus subiecerunt, vt anno proxime sequenti reponendos, vti ex fragmento manifestum est, prodente tam Caecilium Metellum quam Marcium Proconsules triumphasse & non Consules. Caecilijque triumphum praeponit triumpho Q. Marcij.

DCXXXVII. Nomen patris C. Licinij Getae Cos. hactenus obscurum ex nummo antiquo repositum est, in quo C. Licinium Getam Publij filium fuisse discere perscriptum est.

DCXLIII. Iunium quoque Silanum Cos. patrem habuisse Lucium nummus antiquus restatur.

DCXLV. L. Hortensius qui hoc anno Cos. designatus, antequi iniret dominatus fuerat, Lucij filius fuisse ex nummo antiquo didici: qui nummus, refercdere est, cum ille alio aliquo magistratu fungeretur, forsan Aedilitate, Quaestori, aut Praetura proculus fuerat.

DCXLVII. Cn. Manlij cos. patrem fuisse Cnaeum ia nummo antiquo inuenio.

DCXLIX. C. Flauij Fimbria Cos. patris nomen ex nummo antiquo repositum est, scilicet Titi.

DCLI. M. Antonium, qui hoc anno Praetor triumphauit, & anno DCLIIII. consulatum gessit, Caij filium fuisse numismata antiqua declarant.

DCLIII. D. Iunium Silanum, qui hoc anno Propr. triumphauit Lucij filium fuisse nummus antiquus arguit.

DCLV. Nomen patris M. Herennij Cos. Caius ex nummo similiter antiquo reponitur.

DCLXIIII. Publium Lucium patrem fuisse Lu. ij Licinij, qui hoc anno Propr. triumphauit nummus etiam antiquus non docet.

DCLXIV. Qua, vt supra dicimus, ex nummo antiquo inuenio Lucium Hortensium patrem Quincti Hortensij Cos. istius anni, filium eidem fuisse Lucij, proinde ac nomen hic a nobis additum est. L. N.

XODXM. M. Pisoni, qui hoc anno Procos. triumphauit, cognomen FRVGI adscriptimus ex duobus nummis antiquis, quorum vnus hic expressus est, alter ad Consulatum ipsius anni DXCII.

DCLXXXVII. L. Volcatium Tullum Quincti filium fuisse prodit nummus antiquus.

DCLXC. Quod superius M. Antonium Caij filium fuisse diximus, ideo & hic C. Antonio M. filio Cos. aui nomen Caij adscripsimus.

DCXCI. M. Iunium Silanum Cos. anno a DLXIII. patrem D. Silani qui hoc anno consul fuit filium fuisse L. Silani supra a ostendimus, hinc & aui nomen hic subnimo iunur.

DCXCXIII. M. Calpurnium Bibulum patrem habuisse Lucium, vt in nummo videre licet.

DCXCIX. Ex nummo antiquo constat C. Postumium qui hoc anno Propr. triumphauit, Auli filium fuisse.

DCC. M. Valerius Messalla Cos. Caij filius fuit, vt ex nummis antiquis liquet.

DCCV. Et Diuum bis adiecissimus Caesarem post victum in Pharsalia Pompeium, Tribuniciam potestatem in perpetuii cum anno Dictatura accepisse victum auтem a Caesare Pompeiano III Kal. Sextili, in nostris ad hanc Fastorum locum commentationibus quas cum Iulio nostro edidimus quum ex kalendario antiquo, tum ex varijs auctorum locis inter se collatis ostendimus.

Dictatura secunda Caesaris. Secundam autem Caesaris Dictaturam hoc anno constituimus, quam tabulae Capitolinae in annum sequentem reijciunt, erratu cum ipsi, vti videtur, Dictatura inchoauerit constitueretque idem anno a Dictatura initium, dicta scilicet linea inter secundum Caesaris Consulatum & hanc Dictaturam, quod & alij qui Fastos Capitolinos postea suppleuit vel commemorati sunt, sequuntur. Sed nos auctores sequimur aliquos, Dionem imprimis sequimur, malumus secudam dictaturā collocare sub hoc anno DCCV, tanquam tum tum decretum & geri coeperat, ita tamen vt eam ex anno siue serie fuerit, neu negem pro maiori parte gestam anno sequenti, scilicet DCCVI. In hanc secundam me pertraxere,

primum

primùm ipsa Dionis verba, qui scribit Populum Romanum audita Pompeij morte, si aliui inter ceteros honores annuum ipsi Dictaturā decreuisse, eamque Cæsarem statim iniisse, etiamnum extra ita-
lium existentem. Tum id quod Plutarchus in Antonio tradit Cæsarem post Pharsalicam pugnā Dictatorem factum fuisse. Ceterum idem Plutarchus in eo quod de M. Antonio subiicit halluciuari videtur. Addit enim, quam Cæsar Pompeium persequi instituisset, Antonium à Cæsare tum Tribunum in
vrbem remissum fuisse, eamque potestatem si præsens si Dictator, secundam esse: si absens, primam
ut fermè solent: hæc enim de potestate Magistri equitum potius intelligenda videntur. Nam Cæsarem in secunda sua dictatura Magistrum equitum habuisse Antonium constat. Et Cicero ipse Philipp. II. author est, M. Antonium Cæsare ignaro quum ille Alexandriæ esset, beneficio Dolabellæ
Magistrum equitum esse constitutum. Hinc Dion tradit, quum ipso anni sequentis initio omnium
ferè Magistratuum in vrbe solitudo esset, & proinde omnia plena tumultu, M. Antonium Magistrum
equitum cum veste purpurea & sex lictoribus in publicum progressum & comitijs interfuisse. Superioribus accedit, quod Dion scribit, Cæsarem, quum de Ptolomæi & Cleopatræ causa cognosce-
ret, quod fuit primo statim ad Alexandriam accessu, Dictaturam gessisse. Alexandriam autem per-
uenisse traditur eo die, post interfectum Pompeium, quâ scili. cet primus mensis Octobris diebus.
Nam Pompeius quidem pridie, alij postridie eius diei cæsum proditur; quo de Mithridate etiam
triumphauit, qui fuit pridie Kal. Octob. Cæsarem autem non maturè secundam hanc Dictaturam
iniisse nō inspectatis Kal. Ianuarijs, minùs mirum videbitur, si consideremus Dictatorem quouis anni
tempore creari solitum, eumque Magistratum vt pote extraordinarium non kalendis Ianuarijs, aut
alio aliquo certo & stato die aut tempore, vt Consulatus & alios plerosque Magistratus, initis solitum,
sed quandocunque res hoc exigeret, aut ex vsu Reipub. videretur. Vt autem die a ipse quan Cæsar hâc
Dictatura iniit, incertus est, ita sub Idus Nouemb. iniisse probabile, intrce demubus scilicet a primo eius ad Alexandriam appulsu ad Id. Nouem. quadragintos dicbus, quod tempus ut sufficere potuisse
videtur, cursu & recursu Alexandria Romam, & rursus Roma Alexandriam enauigando, tuncilisque
vltro citroque perferendis; maximè quando in tam congesto reflantem gerio in hauld sit veri similis, sed omnia
quammaxima celeritate hinc inde constituta, & vtra cumque peracta.

In aliorum Fastis hic annus adscribitur secundæ Cæsaris Dictaturæ, cuius Dictaturæ initium
quinto à me in superiori annotatione... annum Consulibus adscripsit, vt in superioribus annis
factitatum est, quāquam hi Consules serò adtundum, & sub extrum ipsi anni creati sunt, post Cæsaris à bello Alexandrino & Pontico in vrbem reditum. Nam quinto inter ceteros honores & prero-
gatiuas qui Cæsari post victoriam Pharsalicam decreti fuerunt, etiam ius comitiorum omnium ferè
Magistratuum ipsi concessum fuisset, de latis in adsctum ipsius comitijs, serius hoc quō a. creati fuere.
Cæsarem autem seriùs ad vrbem rediisse, vel hinc intelligi potest, quod tradit Appianus rebus ad
Alexandriam & in Ægypto gestidis, haud minus quàm nouem menses impendisse: quæ si ab eo
tempore quo Cæsar Alexandriam appulit (quod fuit initium mensis Octobris) computari incipias,
inuenies Cæsarem sub mensem dextum Quintilem bello Alexandrino ceterisque rebus in Ægypto
constituendis finem imposuisse. Nam quum bello Pontico aduersus Pharnacem ceterisque postea
rebus, atque ipsi itineri conficiendo plures menses impendit: esse certum sit, vix est vt ante mensem
Nouembrem Cæsar Romam redire potuerit. Quin & Plutarchus testatur, Pharnace deuicto sub
exitum illius anni quo secundùm Dictator fuit, Romā reuersum. Quod tamen nō minùs mensis quàm
dies ipsi consulatus illius anni in incertu sit, locum vacuum relinquimus : hoc solum adscripturus
S M x x die Nouember mēsis ille fuerit, siue December. Hoc autem anni in numo qui ad Consulatum
Q. Caleni expressus est, ponctula quædam minuta vistorum litterarii vestigia referentia, quod quidem
studio in a proba factum, quod littera ipsæ vix aut eg &diphantæ delucide a nobis legi nō poterant.
Quare quia nō videretur esse fidei nostræ, emere ex eo quod quicex litterarū qui intcresse videretur vi-
detabur adcitationdo falsa pro vera subfficuer, fas habuimus indicare aliquid in ora nūmi scriptorum
fuisse, quod hi quibus nūmus magis integer contigerit facile legendo assequentur. Ex ipsis autem littere,
cum vestigijs videbatur istam scopum fuisse, M. CALE V. A. Q I P F T V S. Decem Prætores hoc anno

designatos ex Dione adscidimus, qui tradit Cæsarem post sui in vrbem reditum, quo pluribus gratiam referret, in lodi quenam annum decem Prætores designasse : simulque numerum eorum qui sacris præessent, auxisse. Pomponius item I. C. cap. 2. de origine iuris, author est, Sullanis temporibus
decem Prætores creatos, adiectis ab ipsa Sulla quatuor supra numeru sex, qui prius creati sole ibant.

Hi adscriptsmus huic annum quindecim mensium fuisse, quod & Suetonius scriptum reliquit.
Nam quum Fasti vitio & iniuria Pontificum ita corrupti & turbati essent, vt ferarū eiusdem temporibus in contrarias coeli partes caderent, Cæsar eos correxit: annūmque qui hactenus c c c l x v
quinūm dierum fuerat, ad rationem cursus solaris accommodans, dierum trecentis sexaginta
quinque diebus constare voluit, additis in singulos annos decem diebus : & pro mense illo
intercalari, quem quoque anno diem vnum intercalari iussit, Vbi mensis antea solebat : scilicet

uate quinque nouissimos Februarii dies, idque hodiernum volunt appellari, quia bis diceretur, vt. Kal.
Martias, scilicet xxiii. & xxv. die mensis Februarij. Ergò ex Kalendis Ianuariis proximis
temporum ratio deinceps congruerer, quo anno hæc constituebar, inter Nouembrem & Decem-
brem duos alios menses inseruit: ne vt quam forte in eundem annum mensis quoq; intercalaris incidisset, hic annus quindecim mensium esset. Et secundum hoc intelligi debet quod dicit Cicero lib.
Famil. vi. in Epistola ad Q. Ligarium, i r. vbi scribit se venisse ad Cæsarem ad. ii. Kalendas inter-
calares priores.

Andor est Dion, Scipione & Iuba rege debellatis, Afei aque subacta, Cæsarem inter cæteros ho-
Dictatura nores Dictatorem in decennium creatum, & Præfectum moribus in triennium: quod Censoria no-
decennalis. men intra dignitatem eius, & haud satis honorificum videretur. Hinc & Cicero in Epist. alicubi Præ-
Præfectura fectum moribus eum appellat. Tranquillus etiam inter cæteros honores ipsi concessos Præfecturam
morum. morum enumerat.

Dictatura Tertiam hanc Dictaturam alij sequenti primam anno collocant, Fastos Capitolinos in hoc se-
tertia Cæ- quuti, qui docti inter tertium Cæsaris, Consulatum & hanc Dictaturam linea, videntur annum ipsius
saris. Dictaturæ initæ ab anno tertij consulatus Cæsaris distinguere: adiunctque Dionem, Tranquillum, &
ipsum Hircium qui putarit Cæsarem vtrumque Magistratum, Dictaturam & Consulatum, hoc anno
tertium gessisse, â Fastis dissentire, proinde falli & errare. Sed egò quod cum pace & saluo ipsorum honore dixerim, tum alijs rationibus permotus, tum potissimum antiquorum numismatum auctoritate, qui
non inferiorem, imò potiorem existimo, quàm sit Fastorum Capitolinorum vel aliorū, aliter censeo,
scilicet non Cæsarem tertiam Dictaturam cum tertio Consulatu simul & eodem anno gessisse. Nec proinde sibi Dionem aut reliquos supra scriptos, vtpote qui cum numismate consentiant: licet ipsi cum
Capitolinis tabulis minus conuentiat. Et Dion quidem de tertio hoc Consulatu & Dictatura, ipso
libri xliii. initio sic habet: Sequenti anno Cæsar Dictoriam Consulatumque tertiò vtrumque Magistratum, collegáque Lepido gessit. Idem postea eodem libro in oratione quam Cæsar statim post
subactam Africam adiacentem, & post Dictaturam decennalem aliósque honores sibi decretos in Senatu
habuit, inducit Cæsarem sic loquentem: Se in omnibus quæ Reipub. causâ agenda forent, Consulem & Dictatorem in sedendo quopiam priuati loco futurum. Eodem postea libro dicit, Lepidum
Magistratum Equitum, Cæsarem bellum gerenti aduersus Pompeij liberos (quod sequenti demum
anno gestum est) interuisse, consensúque ciuis res grata populo. Consulem illum anni creatū, quem re-
trahit Magistrum Equitum Lepidus anno præcedenti Consul, sibi contra malorem instituta suppleret.
Et hæc Dion de tertio Cæsaris Dictatura & tertio Consulatu. Suetonij verò de iisdem Magistratib.
verba hæc sunt: Tertium & quartum Consulatum titulo tenus gessit, contentus Dictaturæ potestate
cum Consulatibus simul decretæ. Hircius autem libro de bello Hispaniensi tradit, Cæsarem Africa
receptâ, quum expeditionem in Hispaniam aduersus Pompeios iuuenes pararet, Dictatorem fuisse
tertium, designatum iiii. Receptam autem Africam ipso Cæsare iii. & M. Lepido coss. in consesso
est Horum sententiam accedere videtur & Eutropius in epitome, dum ait, Cæsarem Pharnace deuicto
Romam regressum tertium se Dictatorem & Consulem fecisse cum M. Æmilio Lepido. Ex quibus
verba suis constat, quæ fuerit illorum auctorum, Dionis nimirum, Suetonij, Hircij & Eutropij sententia, Cæsarem videlicet eodem anno, quo tertium Consul fuit, simul & tertiam suam Dictaturam
gessisse. Quod vir minimè falli crediderim, ita perque eos à vero aberrare puto, qui tradunt Cæsarem
tertiatò suam Dictaturam anno sequenti cum quarto Consulatu gessisse. Ceterùm si qui in ea sunt opinione, vt putent Cæsarem cum tertio Consulatu statim deuertium iniisse Dictaturam tanquam simul
cum Consulatu decretam, (quod Suetonius & Eutropius sensisse videntur) hos non minùs errare
existimo, quàm nos qui putant Cæsarem tertiam Dictaturam quarti ipsius Consulatus anno, qui est
b c v t i i. proximè sequens, primùm iniisse: quæ videtur fuisse Fastorum Capitolinorum sententia,
aliorúmque doctissimorum virorum, qui eos hactenus vel suppleunt, vel commentati sunt. Sed
ego vt aliter sentiam, præter cætera efficere numismata aliquot antiqua, e quibus primum quod in
Capite ia numismatum Iuliorum primum locum obtinet, ab vno latere habet caput Cereris cum
literis dict. iter. cos. tert. in parte verò auersa, quæ proximè sequitur in eadem tabula,
sunt insignia Auguralia Pontificalésque, & litteræ avgvr. pont. max. Exesius verò numest,
cuius pars auersa est inter caput Cæsaris loco xix cum his literis, caesar. imp. qvart.
pars verò auersa Capite nono loco xvii nihil præter has litteras obtinens avgvr. pont. max.
cos. qvart. dict. qvart. Alterum verò caput siue pars aduersâ spectantur inter capita Cæsaris loco xviii, cum literis caesar. avgvr. imp. qvint. cos. qvar.
pars auersa Capite nono loco xiii cum Tripode & signis Pontificalib. & literis dict. qvar.
parens patriae è quibus nominis primò in quo legitur dict. iter. cos. tert. docen-
mur Cæsarem non quidem simul Dictatorem iterum fuisse, & Consulem tertium, quando secunda
illâ Dictaturâ, quæ magna fuerat Cæsari post victoriam Pharsalicam decreta, anno præcedenti quo
                                                                                          Q. Calenus,

le facta clam, Sardinia Romanis perijffet: non est etiam dubitandum, quin Cæsar vt pristinam ad sedem venit, Dictaturam inierit, sive ad functurus eam. Scaliger, qui ipsi hortus modi, Sextilis initio quod & ipsam Dion sictè testatur, dum vndicitè Cæsarem in ordinem quam statim prò Vrbicus ad vrbem redditum in Senatu habuit, dicentem, se in omnibus eius Reipub. causâ agendâ fore; Consolem & Dictatorem, in sedendo privati loco futurum. Hæc supra ipsum Dictaturam aliâ triumphos a x v i i i. quod cum ad finem mensis Quintilis, quámq; Sextilis initium referri potest, idem ipsum in vsum reliquimus.

Quartus Cæ-
saris triumph.
Hi quatuor Cæsaris triumphi a Carolo Sigonio vito doctissimo vertit: Cæsaris Dictaturæ præponuntur. De his etiam in Eutropio: Post annum inde Cæsar Romam cum quatuor triumphis ingressus. Sed no tam propter eas rationes quas ex iis quæ proximè adnotauimus facile est intelligere, nam quod Dion diligentissimus obseruator scribit Cæsarem post annum tum in Senatu quàm ad populum de suo imperio honoribusque sibi decreti habitum censere omnibus rebus magnificè adornatus vti par erat tot tantisque victoriæ partis, quatuor continuis diebus singulos triumphos ductus; eo rationes hos triumphos tertiæ Dictaturæ subiecimus. Suetonius autem dicit eos quidem eodem mense, sed interiecti diebus.

Census a Cæ-
sare actus.
Onuphrius Panuinius vir non modò eruditus quàm sagax, omnis antiquitatis lustrator & obseruator diligentiss. putat Censum a Cæsare anno sequenti, quarto scilicet ipsius Consulatu actum, Cæsoni autem Sigonio, & magister Pighius hoc anno, quorum opinioni quam & Dion & Appianus accedere videantur, subuenior & nos recensionem populi a Cæsare factam hoc loco restituere. Dion enim tradit factam statim post triumphos ante profectionem ipsius in Hispaniam, quod & Appianus prodidit.

DCCVIII.
Quartus Cæ-
saris Consula-
tus.
De quarto Cæsaris Consulatu sic habet Eutropius: Post annum inde Cæsar cum quatuor triumphis ingressus, quartò Dictator & Consul creatus, disposito republicæ Reipub. statu continuò in Hispaniam contra Pompei filios profectus est. Appianus item sic: Cæsar tum quartum Consul expeditionem contra iuniorem Pompeium fecit in Hispaniam. Plutarchus autem in Cæsare dicit, Cæsarem quartò Consulem designatum aduersus Pompei liberos expeditionem fecisse. Cæterùm quem Dion apertè tradit, Cæsarem Consulatum hunc tertiò & sub extitum detulisse ut iis missis, finitó tam bello Hispaniensi, falsò supponi relinqui Eutropius statim post triumphum quartum Dictatorem & Consulem designatum. Similiter Plutarchus & Appianus quartum Consulem, hoc est iam Consulem iam expeditionem fecisse. Quanquam alioqui verum sit eo anno quo quartum consulatum gessit Pompei liberos in Hispania vicisse. Dionis autem de quarto Cæsaris consulatu verba, sic se habe sunt, primùm in indice quidem præfigitur Iulius Cæsar Dictator iter. Æmilio Lepido Magistro Equitum, & Consul iter. solus. Iam in ipso historiæ contextu hæc autem importa: *solum quædam Cæsares ad Aliquiem consulium de veneratis, præterea, ni Kal. Martiis in sedatiem vero breui* Cæsar Dictaturam gero hoc, (nimirum tertiam, ut ipse interpretes) & iam etiam dein de anni Consul (scilicet quartum) creatus fuit, convocato eius rei gratia populo per Lepidum, qui tum Magister Equitum erat. Item paulò de eadem, quarto Consulatu: Consulatum ineuntem (scilicet postquam intellecti Consilio fuit sic aduersus ipsum Lepidi sui Magistri Equitum creatum) etiam antequam vrbem iniraret, accepit, non autem toto anno gessit. Sed postquam in vrbem venit, eo se abdicauit, Consulesque fecit: Q. Fabium ac C. Trebonium. Fabioque extrema Magistratu die mortuo, in reliquas horas C. Caninium Rebilum substituit. Hac in re duplicater permiratatum est a Cæsare contra instituta maiorum, quòd Consulatu non toto anno, nec reliquo anni tempore (scilicet eo quoad Cæsar tamdiu iniisset) gestus est. Sed ipse vt antea ac neque legibus parcat, neque edicto quodam iustus eo se abdicauit, aliumque subrogauit. Hæc Dion. Non itaque manifestam Dionis sententiam sequuti, adscripsimus Cæsarem Consulatum quartum iniisse sub mensem Quintilem, coniecturæ vti tam necessarijs, quàm probabilibus. Neque enim videri potest, diu ante illud tempus iniisse, quum dicat Dion sub extitum demum anni Consulem creatum; mensis autem Quintilis quoart Septimus sit, haud absurdè dicitur annum tum ad extitum tendere. Neque iterum multò post illud tempus, quam vel ipso mense Aprili Cæsar bello Hispanico finem imposuerit, & victoria Cæsaris Hispanica Romam nuntiata fuerit pridie Parilium, hoc est x v i i. Kal. Maias; qua intellectâ, verisimile est Consulatum illum statim Cæsari decretum, populo per Lepidum Magistrum Equitum eius rei gratia conuocato. Diei etiam Dion Consulatum statim iniisse, antequam vrbem iniraret. Addidimus in hac quarti Consulatus tabella (Dictaturæ honore contentum sub mensem Octobrem abdicasse, quod præter Dionem & Suetonium prodidit. Dion etiam, eo quem supra adduximus loco, sic habet: Consulatum non toto anno, gessit, sed postquam in vrbem venit eo se abdicauit; Consulesque fecit Q. Fabium ac C. Trebonium. Venisse autem in vrbem mense Octobri refert Pa-

mensium

Quinta Cæsaris Dictatura.

arculus. Suetonius verò auctor est, Cæsarem Dictaturâ honore continuum, in urenos nouissimos quarti consulatus menses, binos Consules sibi substituisse. Hinc suspicabor & trimestrem Consulem vocat Fabium, qui alter substitutorum fuit, ita Cæsar haud multò amplius quàm duos menses aut tres ad summum hunc Consulatum gessit. Ex ijs quæ suprà ad ternam Cæsaris Dictaturam verbosius aliquanto commentati sumus, intelligi potest, quare quartam hanc Dictaturam hoc loco statuamus. Nam quum annum tertiæ Dictaturæ præcedentis posuimus fuisse in tabellis is eius decennij, in quod Cæsari annus Dictaturæ dat tota fuerat, quumque tum ex ipsis annis antiquis, quàm scriptorum antiquorum testimonijs ostenderimus, Cæsarem tertiam Dictaturam sub mensem Sextilem anni præcedens quo & III cos. suit iniisse necesse est, vt tertiam istam Dictaturam eodem tempore huius anni, quo IIII cos. suit finitam, statim excepetit quarta Dictatura, sub eundem scilicet mensem Sextilem tum vt Cæsar simul & eodem anno cos. IIII, & Dictator IIII, fuerit, vti videre est ex ipsis illis duobus annis, qui suprà in confirmationem huius nostræ sententiæ adducti sunt. Hinc it& Dion in indice lib. XLIIII præfat. Cæsarem Dictatorem IIII, & Consulem IIII simul prodijt, quod & Xiphilinus sensisse videtur, dum dixit Cæsari cum quartæ triumphus ingressum & Dictaturam & Consulem fuisse creatum. Fasti tamen Capitolini & quibus sequor sunt, quum in hunc Cæsaris Dictaturam cum anno sequenti, quo Cæsar cos. suit cum M. Antonio, incipiunt. Sed apud me potior fuit tam nummorum quàm antiquorum scriptorum authoritas, quam huic sequi malumus: & hæc de quarta Cæsaris Dictatura.

Magister Equitum.

Quod ad Magistrum Equitum attinet, Fasti tam Capitolini quàm Coloniani produnt Magistrum Equitum hoc anno Cæsari fuisse M. Æmilium Lepidum: in quæ sententia & ipse Dion suisse videtur, tum in indice cuius supra sæpe meminimus, sic habet: C. Iulius Cæsar Dictator IIII Æmilio Lepido Magistro Equitum. Quanquam tamen in ipsa historia contextu aliter videatur sensisse, scilicet primùm quidem M. Antonium sibi Magistrum equitum adlegasse, & postea in eius locum M. Lepidum substituisse, quod Antonius Consularem anni sequentis gesturus esset, Appianus autem sic diserte tradit. Cæsar excepit primis honoribus, absque de Africa Consularis, in annum frequentem designauit Consules, seipsum & M. Antonium suum Magistrum equitum, Lepido in eius locum sufficerit, qui tum per annum administrabat Hispaniæ prouinciam. Cicero quoq. Philipp. II videtur Antonio obijcere, quòd quod Magister equitum esset, Cæsari est Hispania rediens occurrerit. Consularatum in proximum annum rogaturus, vt ipse loquitur. Et verba quæ Cicer. hæc sunt Ex omnibus vt minima sit q. p; nulla turpius vidi, nulla indignius, quàm quod qui Magister Equitum fuisset sibi videretur, in proximum annum Consulatu peteret, vel potius rogaret. Item paulò pòst scribit Antoniū Cæsari è Hispania reuertenti obuia longissimæ processisse, scilicet Consulatum in proximum annum petiturus. Mox errato de eodē Antonio: His igitur rebus (inquit) præclarè commendatus iussit est renuntiari Cōs. & quidem cum ipso, scilicet Cæsar. His tum Ciceronis & potissimum Dionis & Appiani verbis addictus, quum tamen quòd adsumto sibi in præcedenti tertia Dictatura Magistro equitum M. Lepido, veri simile non sit eodē tam dignitatem in biennio edituasse, maxime cum ea prius ex antiquo instituto semestris esse tantum soleret, quumq. Lepidum Galliæ Narbonensi & Hispaniæ exterior iam præfecisset, facilè mihi persuadam Cæsarem in quartæ hac Dictatura non Lepidum, sed M. Antonium sibi Magistrum equitum adsciuisse, cuius & ipsum Cæsar plurium sciebat, cuique pro ipsius in se meritis & studio, non minus quàm alij cuiquam gratiam referre & benefacere studebat. Cæterum postquam M. Antonius Consul in insequentem annum designatus, cum Magistratum deposuisset, excedendum est M. Lepidum secuturum in eius locū esse suffectum. quod & hic adnotamus. Sed quia videmus Fasti Dictatorum Cæsaris cum anno sequente incipere, M. Lepidum Magistrum equitum constituunt, qui tam in locum Antonij tam Consularis successerat. Hunc Cæsaris ex Hispania Triumphū præcedunt Consulib. suffectis, quod credendum sit Cæsarem prius cum Triumpho Romam ingressum, quàm deposito Cōsulatu alios sibi substituerit. His etiā ex Dione innotescunt Cōsules suffectos siue Prætores ex XIIII Prætores hoc anno primùm creatos, addit: Dion & quadraginta Quæstores esse factos: idque à Cæsare factum tradit, quod aliam non haberet rationem postulandi ea quæ promitteret. Vt igitur suppeteret materia vnde pluribus gratificaret & satisfaceret, seorsum q. plurib. obstrictam quàm vt per se soluendo esset liberaret, non solùm sacerdotiorum ac reorū sunt, sed & alios honores multiplicauit. Appianus, Dion, & alij qui honores Cæsari post reditum ex Hispania in senatum decreto enumerant, inter primos recensent, quod PARENS PATRIÆ appellatus siquo titulo & alijs plerisque in nummis insignitur, præter illum qui in Fastis nostris hoc loco adspicitur: vt illo qui iotur capita Cæsaris XXXII loco conspicitur, in quo legitur, CÆSAR PARENS PATRIÆ. tum illo qui capite octo XLII locum obtinet, primus scilicet tabulæ secundæ istius Capitis, qui sic habet: DICT. QVART. PARENS PATRIÆ. Præterea & hoc addunt quod LIBERATOR sit dictus, eoq. nomine in Fastos relatus: quod apud Dionem est, quod IMPERATORIS

pronuncia

Triumphus Cæsaris ex Hispania. Consules suffecti. Prætores XLIIII.

Cæsar Parens Patriæ.

Dictator Perpetuus.

DCCII.

Praetores XVI.

Aediles Ceriales.

Perpetua Dictatura Caesaris.

praenomen primum acceperit: denique quòd ΔΙΚΤΑΤΩΡ ΠΕΡΠΕΤΥΥΣ & Consul in decimum anno creatus sit.   C. Caninij consulatum, quem externo anno die in paucas horas tenuit, hîc in fine ipsius anni subtexuimus. Quæ de hoc consulatu cum apud Ciceronem, tum apud alios scriptores legantur, diligenter adnotatam Sigonius & Onuphrius.

Qua super in ijs quæ ad quartam Caesaris Dictaturam commentati sumus, quibus antiquia numismatibus tum ex ipsis auctoribus ostendimus, Caesarem eam Dictaturam iniisse quarto suo consulatu, non hîc memorum moveremur quinto Caesaris consulatu adscripsimus, Dictaturae initio ad annum praecedentem retracto. Ex Dione hîc suscipimus hoc anno Praetores sedecim, & Aediles Ceriales primum creari coeptos. Nam quum quatuor prius situm erant solitæ esset, itaque plebei, dum scilicet Aediles plebis, duo item Curules, Caesar duos eis Praetorijs adiecit: quos quia annonae & rei frumentariae procuraterent, Ceriales vocarunt. De Aedilibus Cerialib. a Caesare adiectis tradit & Pomponius 1. 2. de origine iuris, cap. 11. Sedecim tamen Praetores scribit ab Augusto primùm constitutos: quod ego puto intelligi debere, quòd uersso eodem hoc anno Caesar, vocabiquo in dubio dum eius adiectiб. & decrevit, Augustos postea ut & alia pleraque a Caesare sancita, hos quoque Praetores confirmarit: hinc factoconsultum pendidisse ab Augusto primò constitutos. Dion tradit Caesarem hoc anno Dictatorem fuisse v. collega assumpto M. Antonio: quod ego miror. Nam ut maximè verum sit Caesarem quartam Dictaturam iniisse & gessisse anno praecedente, quum tamen sub mensem deuum Sextilem eam inierit, ut supra a nobis demonstratum est, eaque non minus quàm praecedentes annua esse debuerit, cumque Caesar interfectus sit Idibus Martijs, hoc est, mensis duos eius diei die post quintum consulatum inirum, & ut ut quinquinicium intersit anni honorum quater dictaturas annuas, quatuor Dictaturae titulo ut nullo modo potuit.   Quare paratim in exemplaribus Dionis notata librariorum menduum irrepuisse, & perpetuam pro *Consuli* scriptum *Dictator*, maximè cùm dicat, cum collega M. Antonio. Certum est enim Magistrum equitum non dici collegam Dictatoris, sed collega appellari eos, qui æquali potestate simul fungantur, ut Consulum, Praetorum, Aedilium, Consulum alter alteri collega est.   Magister autem equitum sede suspectus a Dictatore ipsique quasi vicarius, idque eò magis suspicor, quòd infra sæpius nominatus ponat Caesarem Dictatorem cum M. Lepido Magistro equitum Consulum auctorev, quum M. Antonius: Cuius consulatus in ipso conuentu nulla alicqua sit mentio, nisi obiter in fine quinquihiber, ubi dicit, Caesar Dolabellam pro se Consulem esse iussit, Antonio consulatum ad finem eius anni gesturo, quem tamen priùs unquam dixerit, Consulem eo anno cum Caesare fuisse creatum aut designatum.   Quare istud legendum existimo, Caesarem anno sequente c o s. vi. fuisse, adsumpto collega M. Antonio: quum certum sit M. Antonium hoc anno non fuisse Magistrum equitum.   Recenti Fasti Capitolini & Coloroni produnt Caesarem Dictatorem iiii. quum M. Lepido Magistro equitum.   Nam quinquenam verum sit Caesarem eam Dictaturam hoc anno non iniisse, certum est tamen eam annuam fuisse absolutam, imò ne ijsquidem quibus interfectus est Idib. Martijs.   Quamobrem non quintò huic Caesaris Consulatui Dictaturam Caesaris Perpetuam subiecimus, unde quorum solces numeravurus auctoritatem sequuti, quibus Caesar non hiuiet Cos. v. Dictator perpetuus appellatur.   Veluti primùm duobus illis qui inter capita Caesaris loco xxxiiii. & xxxvi. expressi sunt, quorum uni sic inscribitur, caesar avgvr imp. sext. cos. qvint. & puro uteris que est cap. 12. iocc...i. inscriptum est. pont. max. dic. pern. Alteri uero fic, caesar cos. qvint. dict. pern. Deinde in duobus alijs qui sunt eodem Cap. 12 loco 1 x. & xxiiij. sic legitur caes. avg. pont. max cos. v. dic. perp. &c. caesar. cos. qvint. imp iii. dic. perp. Nam quum ut supra a nobis retulimus, &, Appianus tradidit, Caesar sub finem ihni praecedentis ex Hispania Romam reuersus, confectius iam omnibus bellis ciuilibus, praeter alios honores Dictatura perpetua cum Consulatu in decemum decem & esset, delata ad se ab unice sa Senatu praemitibus Cos., Q. Fabio & C. Trebonio: quos sibi subsecerat, honoratissimus Senatus decreuit, praeter Consulatum in decennium reliquos honores admisit: seque in annum sequentem cum M. Antonio Cos. v. designarit: reliquasque cum quarto Consulatu quarta Dictaturae titulo gessit, quae non adeo absoluta, quae ea Dictatura annò, & reuera adhuc IIII. Dictator statuum tamen cum ipsi quinto Consulatu Dictaturam Perpetui titulo uti cepit: sicut quoniam a me adnotata plenum faciunt, Magistros autem Equitum duos adscripsimus, quos ex Fastis cum Capitolinorum, tum ex Dionis sententia, tradimus, Caesarem, qui duobus annis quibus sit Parthici belli causa absiturum crederet, Dictaturam gesturus erat, hoc scilicet praesenti & sequenti, in locum M. Antonij qui Consulatum toto eo anno gesturus erat, & M. Lepidi cui praediam in Galliam Narbonensem, & Hispaniam citeriorem prouincias sibi a Caesare decretas proficiscendum erat, duos alios Magistros Equitum suffecisse. Octauianum scilicet nepotem ex sorore in annum praesentem, ut item M. Lepidus quindam existeret, inirent: uterum Domitium Calunium in insequentem annum, qui Octauian succederet. Nisi is interfecto Caesare non iniit.   Quis ex Fastis Capitolinis certum est, Caesare omnium est Al-

Ouatio Caesaris.

etiam circa Brundusium facta, Saluidienus Antonij indicio prodimur, tanquam res nouas & insidias Cæsari molitus, ab ipso Cæsare apud Senatum accusatus, demum condemnatus & hostis iudicatus occisus est. Eutropius ex Liuio condemnatum quidem scribit, sed sibi manus attulisse, idque eo anno quo Cn. Domitius Caluinus, C. Asinius Pollio Coss. fuere D C C X I I I. Hunc Saluidienum Rufum ego prorsus eundem esse credo, qui in nummo, quem hoc anno post consulatum Cen sorinij & Sabini a nobis repræsentatum videre licet, Q. Saluius vocatur, Imperator & Consul designa tus, videlicet ab Augusto retentorum Triumuirorum Reipublicæ constituendæ, vt pars nummi aduersa testatur, cui inscriptum est, C. CÆSAR III VIR. R. P. C., neque enim alium Q. Saluium so lo tempus aut Cos. designatum aut Imperatorem exercitus fuisse, aut apud Dionem (qui rei di ligentissimè exactissimeque omnia persecutus est) aut apud alium quenquam legere memini, quæ vtraque de Saluidieno auctores super memorati tradunt. Nam Imperatorem appellatum vel salutatum verisimile est, siue post captum Seminacium oppidum siue post Pompeium ab Italia repul sum. Facit præterea vt id ita esse facilius credam, fulmen in auersa nummi parte expressum, quod Saluidienus prodigium, quo summam aliquam potestatem sibi prætendi cœpebat, hoc symbolo pu blicare, & fulgure nummo impresso quasi Ioui acceptum referre voluerit, tanquam cælesti igne siue fulgure æternitatem: de quo hæc sunt Dionis verba. Et Saluidienus obscurissimo genere nato pas centi gregem flamma e capite emicuit, eumque Cæsar ad id dignitatis euexerat, vt Consul quum Se nator nunquam fuisset designaretur. Quædam nominis diuersitatem arbitror inter Saluium & Saluidienus, omnino existimarim ipsum prius Saluidium fuisse dictum: Ceterùm ignobilem & forsan in municipio aliquo natum, se nobili aliquæm ciui Romano in adoptionem dedisse: adque propter nominis affinitatem Saluio cuidam. Nam & non ignobilem fuisse Roma Saluiorum gentem, & in ea plures familias, testatur inter cetera quod enim ipsi Augusti, in quibus legimus Saluium Otho nem, Triumuirem, x. A. A. F. F. & fragmentum quoddam antiquum Fastorum Consularium & aliorum magistratuum, quod inter Marochiana legimus, in quo Cæsar Augusto III. C. Valerio Messalla Coss. anno D C C X I I. C. Saluius Bubulcus Quæstor fuisse legitur. Hinc igitur Saluidi um à Saluio Rufo adoptatum, quod adoptatis in adoptantis nomen & familiam transire solebat, dictum deinceps Q. Saluium Saluidienum Rufum: quanquam a scriptoribus familiarius & pro pter breuitatem Saluidienus Rufus appelletur, vel à Augustus semi Octauianus Cæsar nu adiecto C. Iulij patris adoptiui nomine. Nec mirum videri debet à Saluidio deriuatum esse Saluidienus & non potius Saluidianus, cuius id nomen non sit, & non raro à præmissis in ius, desinentibus de riuantur in ænus terminationem sic obtinuisse, Gallus, Allius, Pupius, Vorius, Messius, & Manius, facti Aufidieni, Gallieni, Allieni, Pupieni, Vorieni, Messieni, & Manieni.

DCCIV.

Hoc anno, qui fuit quintus & vltimus primi Triumuiratus, Antonius post Parthos ducem Ven tidio deuictos a Senatu laudatur & Imperator Antonius appellatus est, vt nummi manifestum faciunt inter quos vnus huius anni Triumuiratus tabella annexa alter atque item tertius inscribens ad Ven tidij de Parthis triumphum, & ad secundum Antonij Triumuiratum, & quartus id secundum Anto nij Consulatum expressi censentur, in quibus legitur IMP. ANTONIVS AVGVR. III VIR.

Imperator Antonius.

DCCXVI

Hoc anno, qui fuit primus Triumuiratus in altero quinquennalium mio, aut certè sequenti Si cilia à Sex. Pompeio recepta, Augustus Imperatoris prænomen accepit, & Imperator Cæsar appel latus est, vt anno præcedenti Antonius. Id inter cetera testantur nummi antiqui, in quibus statim à secundo triumuiratu inito, Cæsar ferè semper Imperator Cæsar inscribitur, vt in plurimis ipsius nummis, qui spatium hoc in opere vbi repræsentabant inferti sunt, videre licet. Perperam igitur ex Dione tradit Onuphrius, Cæsar sextus Imperatoris prænomen accepisse, anno scilicet D C C X X I I I. quin et suo Consulatu squamquam vsurpasse quidem eum honorem vel antea cõfessatur, sed non dum legibus concessum. Sed nummi non sine publica & senatus auctoritate percusi contrariam euincunt.

DCCVIII

C. Memmium Bitus auus Cos. C. filium fuisse ex nummo antiquo additum est, vt in ipso nummo videre est.

DCCIX

Nomen patris L. Saturi Cos. Caius ex nummo petitum est, vt nummus ipse hic additus testa tur. Similiter ex alio eius nummi auctoritate Vinicium Cos. siue Quum non Venucium scripsimus, vt alij plerique.

DCCXI

Nomen patris & aui Cn. Pompeij Ruf. Cos. suffecti ex antiquo nummo restituimus, in quo diserte legimus Cn. Pompeium Rufum Quinti filium Quinti item ex patre fuisse.

DCCXXIII

Patrem C. Antistij Coium ex nummo antiquo habemus.

DCCXXIII

Onuphrius in suis ad Fastos commentationibus scribit Augustum anno demum D C C X L V I L. Valerio Messalla, Cn. Cornelio Cinna Coss. post trinum decimum & vltimum Cõsulatum Patrem Patriæ appellatum: idque nulla auctoritate. Nam quod Suetonium & Ouidium in Fastis huius sententiæ auctores faciat, ex hoc quidem illud tantum intelligi potest, Nonis Februarij aut sub Nonas
honorem

COD. ANNO.

Seuerum Hostilianum qui in locum M. Matrij interfecti electus fuerat in ... antiquo ingenio appellatum fuisse L. Aurelium Seuerum Hostilianum, quare prænomen & nomen genuit-
em hic addidimus.　Nomen inscriptio sic habet IMP. C. L. AVREL. SEV. HOSTILIAN. P.
P. AVG.

Tyranni xxx.

Nomine trigintà Tyrannorum qui sub Gallieno fuerunt cum prænominibus ex antiquis nu-
...matis hæc descripta sunt, quorum quædam hactenus apud nullos leguntur, alia verò aliter ab alijs
hactenus tradita sunt.

M. L. VII.

Seuerum qui à Maximiniano Augusto Iuniore, ... adoptatus, ab eodem hoc anno Cæfar & anno insequenti ab exercitu Augustus appellatus est, ... numum antiquis Fl. Valerium
Seuerum nominauimus. Omnibus verò vtique M. Aurelium Seuerum, ... nominis
... adoptionem haberet. Ceterùm quam ex nomine ... ... sit Maximianum Cuj prænomen habuisse, ... adoptatum non solùm in fato illi sed & in nomen adoptationis transire, omnium
dicendum est hunc Seuerum & ante adoptionem Flauij prænomen habuisse, idque etiam iam à Maxi
miniano adoptatum retinuisse non accepto Cuj adoptantis nomine ... quod potius crediderim,
à Flauio Valerio Constantio Aug. adoptatum in nomen & familiam eius transiisse, ...
Fl. Valerium Seuerum, quum prius M. Aurelius diceretur ... ... facit, quòd
ante Constantium illum, nullum Flauij prænomen vsurpasse ... & quòd absurdum sit dice-
re Seuerum hunc à C. Galerio Maximiano adoptatum, quùm nec nomen nec prænomen ipsius retineat.　Credendum igitur quod Fl. Valerius Constantius & C. Galerius Maximianus cùm simul
imperarent, vt vtrãque æqualitas seruaretur, singuli singulos adoptarint & Cæsares crearint, ille
quidem Fl. Valerium Seuerum : hic autem C. Galerium Maximianum.

DANIELIS ROGERII ALBIMONTA-
NI IN LAVDEM HVBERTI GOLTZII
METROPOLITAE ANTIQVARII.

Hveberte, antiquos Latij cui noscere ritus,
　Ingeniumque dedit Suada diserta suum:
Quas tibi, restituis regni dum iura Quirini,
　Pro meritis grates grata iuuenta dabit?
An dabit illustris præstantia dona metalli?
　Et feret auriferi munera futua Tagi?
Vestraque magnificis æquabit munera donis
　Pro meritis reddens præmia clara tuis?
Non hæc quisque tenet quæ donet munera ... LVII,
　Cunctaque sunt meritis dona minora tuis,
Sed tibi serta ferens lauri de frondibus vdæ,
　Posteritas cinget grata libensque caput.

EIVSDEM,
AD HVBERTVM GOLTZIVM.

Prisca suis mandas dum Fastis gesta verustis,
　Et reuocas veteres arte modoque dies:
Dignus eras GOLTZI Fastis inscribier ipse,
　Dignus & æterni marmoris effigie.

ΤΟΥ ΑΥΤΟΥ.

Ταῖς ξυμπάσαις τὰ πολλοὺς πᾶσαις τοῦ ...
Τόσον καὶ ἀριθμὸς τὰ γε νεωτερισμὸν.

NOTARVM

NOTARVM SINGVLARIVM, ET EORVM QVÆ
per nexus & comprehensiones literarum sibi implexarum, vel alioqui
paucioribus literis in hisce Fastis, tam in tabellis, q̃ ipsis numima-
tibus contractiùs, & per compendium scripta sunt, explicatio.

C

A. Aulus
A. F. Auli filius
A. F. A. N. Auli fil. Auli Nepos
A. A. A. F. F. Aere, Argento, Au-
ro, Flando Feriundo.
A. Pu. Argento publico, pag. pri.
Nummus. t. pag. 2. nummus.
A. P. F. Argento publico feriundo.
A. vel An. vel ANN. Anno.
A. D. Ante diem.
ABD. vel ABDIC. abdicauit.
Æ. Æ. Ali.
ACT. Actiacus siue Actium.
AD FRV. EMV. Ad fruges
emundas, pag. 142 numus 6.
AED. CVR. Aedilis Curulis.
Æ. Aere.
Ж. AET. vel ATE.
APR. Africa.
AGR. vel AGRIP. F. AG. N.
Agrippa fil. Agrippae nepos.
A. AL.
Ж. ALV. vel AVL.
Vi. vide L. A.
ALEXANDR. AEGYPT.
Alexandria Aegypti.
M. AM.
AN. ANL. vel AVL.
N. AN. vel AV.
N. ANT. vel AVT. vel AT.
ANT. vel ANTON. Antonius.
AP. vel Ap. Appius.
AP. F. Appii filius.
AP. F. AP. N. Appii filius Ap-
pii nepos.
APPELL. vel APPELLAT,
appellatus.
AQVA M. Aqua Marcia.
A. AR. Argento.
AV. ARV.
ASI. Asia.
Ж. AT. vel TA.
N. AV.
AVG. Augustus, vel Augur.
AVG. F. Augusti filius.
AVGG. vel AVGGG. Augusti
vel Augustorum.
AR. AVR.

B

BAL B. Balbus.
BARBAT. Barbatus.
BON. EVEN. Bonus Euentus.

C

C. Caius.
C. F. Caii filius.
C. P. C. N. Caii fil. Caii nepos.
CAES. AVG. Caesaris Augusti.
CAES. Caesar.
CAESS. vel CAESSS. Caesares
vel Caesarum.
C. Æ. CALD.
C. I
A. N. Caldus Imperator
L. P. Augur Decemuir.
D. N. Pag. 160. Num.
V. X. num. 9.
CA. Galus.
CAVS. vel CAVSS. Caussa.
CENS. vel CENSS. Censores.
CENSO. Censorinus.
CIVIB. ET SIGN. MILIT.
A PARTHIS REST.
Ciuibus & signis Militaribus
à Parthis restitutis.
CN. Cnaeus.
CN. F. Cnaei filius.
CN. F. CN. N. Cnaei filius
Cnaei nepos.
CN OV. CN. FOVLVIVS.
Fagio. nummus. 9.
COACT. Coactus.
COL. IVL. AVGV. Colonia
Iulia Augusta.
COL. N. M. Colonia Ne-
mausum.
COND. Candita.
CONL. Conlega.
COMIT. vel COMITIOR.
Comitiorum.
COM. ASI Æ. Comunitas Asiæ
COS. Consul.
COS. DES. vel DESIGN.
Consul designatus.
CVTT. fol. 130. ignotum.

D

D. Quinquaginta
D. Decimus.
D. F. Decimi filius.
D. F. D. N. Decimi filius De-
cimi nepos.
D. P. Di Penates.
DES. vel DESIGN. Designat
DIC. vel DICT. vel DICTAT.
Dictator.

DOM. DOMITIVS.

E

E. Eius.
E. EII.
EQ. Equitum.
EVR. Europa.
EX. A. D. Ex ante diem.
Ex A. PV. ex Argento publico
Pag. 82. nummus.
Ex S. C. ex Senatus consulto.

F

F. vel FACT. factum. (tus
FEB. vel FEBRVAR. Februa.
FEC. vel FECER. fecerunt.
F. Filius.
FL. Flauius.
FL. F. FL. N. Flauii filius
Flauii nepos.

G

G. P. R. Gen. populi Romani.
GERM. vel GERMANIC.
Germanicus.
H. P. M.
Æ. HE.

I

I. Et vel 12.
II. Secundum.
III. Tertium.
IIII. vel IV. quartum.
IAN. CLV. Ianus clusus.
IAN. vel IANVAR. Ianuarij.
I D. Iou. IDIB. Idibus.
IMP. Imperator.
IMPP. vel IMPPP. Imperato-
res, vel Imperatorum.
IMP. CAES. AVG. LVD.
SAEC. Imperator Caesar Au-
gustus Ludos Saeculares, vel
Imperatoris Caesaris Augusti
Ludi Saeculares.
IN D. M. EIN E. L. F. E. vel
IN MAG. MORT. E. IN
EIVS LOC. FACT. E.
In magistratum mortuus est,
in eius locum factus est.
IN MAG. OCCIS. E. In ma-
gistratu occisus est.
IN. PROEL. OCCIS. E.
In Praelio occisus est.
IN. SEQVENT. AN. DES.
E. NON INIT. In sequen-
tem annum designatus erat,
non iniit.

L. S.

I.N.M.R.P... ignoratur.
III.VIR. Duumvir, vel duumviri.
III.VIR. vel III.N. Triumuir.
III.VIR.R.P.C. Trium uir reipublicae constituendae.
IIII.VIR. Quartumuir.
IIII.VIR. A.P.P. Quartumuir, Argento siue Auro publico feriundo.
IV. Quartum.
IIX. Octauum.

K
K. Kaeso.
K.F. Kaesonis filius.
K.F.K.N. Kaesonis filius, Kaesonis nepos.
K. vel KAL. Kalendas.

L
L. Lucius.
L.F. Lucii filius. (pos...
L.F.L.N. Lucii filius Lucii ne-
L.F. Lotium feciorunt...
LEG. PRO COS. Legatus Proconsulis.
LEG. PRO. PR. vel PR.P. Legatus Propraetoris.
LIC. Licinius.
LIME.N. Limetanus.
LVSTR. Lustrum.
LVSTR.FEC. Lustrum fecerunt.

M
M. Marcus.
M.F. Marci filius. (pos...
M.F.M.N. Marci filii Marci ne-
M. vel M. Manius.
M.F. Manii filius.
M.F.M.N. Manii filius Manii nepos.
M. BA. (nepos.
MAM. Mamercus.
MAM.F. Mamerci filius.
MAM.F. MAM.N. Mamerci filius Mamerci nepos.
MAG. EQ. Magister equitum.
MAG. vel M. Magistratu.
M. MAN. vel MAL.
M. MAR.
MART. Martius, vel Martius.
ME. ME.
ME. MET.
MIL. vel MILIT. Militum.
M. vel MORT. Mortuus.
M. MP.
M. MV.
M. MVT.

N
N. Numerius.
N.F. Numerii F.

N.F.N.N. Numerii filius Numerii nepos.
NE. NE. N. NE.
NON. Nonis vel Nonas.

O
OB. CIV. SER. Ob ciues seruatos.
OCCIS. Occisus.
OCT. vel OCTOB. Octobris.
OCVL. Ogulnius.

P
P. Publius.
P.F. Publii filius. (pos...
P.F.P.N. Publii filii Publii ne-
P.P. Pater Patriae.
P.M. vel PONT. MAX. Pontifex Maximus.
PEC.P. Papenius.
P. vel POT. Potestate.
P.R. Populos Romanus, vel Populi Romani.
PR. Praetor. (tore.
PR.P. Propraetor vel Propraetore.
PR.Q. Proquaestor.
PRAEF.VRB. Praefectus urbis.
PR. vel PRID. Pridie.
PRIM. Primus vel Primum.
PRO COS. Proconsul vel Proconsule.
PRO.PR. Propraetor, vel Propraetore.
PROLL. Picello.
E. PL. E. PVL.

Q
Q. Quintus.
Q.F. Quinti filius.
Q.F.Q.N. Quinti filius Quinti nepos.
Q.V. Quaestor Vrbani. 98.
QVART. Quartum.
QVINT. Quintum.
QVINQ. Quinque. 4.
Q.V.M.S.EX.EA.P.Q.IS.AD A.D.K. Quod vim munitam sunt ex ea pecunia quae iussu Senatus ad aerari delata est.

R
R.G.C. vel REI GER. CAVSS. Rei gestae causa.
R.P.C.C. Reipublicae constituendae causa.
ROM. ET AVG. Romae & Augustus.
RE. RVE.
R. RVF. N. RV.

S
S. Nota Semissis. (tum.
SAL. Pag. 197. nomus. Igno-

S.C. Senatus consulto.
SEDAND. Sedandae.
SER. Seruius.
SER.F. Seruii filius.
SER.F. SER.N. Seruii filius Seruii nepos.
SEX. Sextus.
SEX.F. Sexti filius.
SEX.F.SEX.N. Sexti filius Sexti nepos.
SEXT. Sextilem.
S.P.Q.R. Senatus Populusque Romanus.
SP. vel S. Spurius.
SP.F. Spurii filius.
SP.F.SP.N. Spurii filius Spurii nepos.
SVBROG. Subrogatus.
T.TE. T.TH.
TE.TH E. T. Titus.
T.F. Titi filius.
T.F.T.N. Titi filius Titi nepos.
TI. Tiberius.
TI.F. Tiberii filius.
TI.F. TI.N. Tiberii filius Tiberii nepos.
TR. MIL. Tribuni militum.
TR.PL. Tribuni Plebis.
TR.P. vel TRIB. POT. vel TRIBVNIC. POTEST. Tribunicia Potestate.
VALE.V. Valerudo.
V. Quintum.
VT. VAT.
VA. VA.
VAL. VAL.
VB. VB.
VE. VE.
VE. VET.
VF. VF.
VIC.S. Victoria Sicula.
V. VL.
VE. VEP. VM. VM.
VOT.P. SVSC. PRO SAL. ET RED. I.O.M. SACR. Voto publici suscepti pro salute & reditu Ioui Optimo Maximo sacrum.
VR. VR. & Vrbanus.
VRB. Vrbs.
V. VR.
VT. VT.
X Denarii/nota.
X. Decimum.
XIV. Decimus quartus.
XIIX. Decimus octauus.
XV. S. F. Quindecimuir Sacris faciundis.

INDEX

INDEX PROPRIORVM NOMINVM, ET MA-

giſtratuum, aliarumq́, rerum obſeruatione dignarum, quæ in numiſmatibus ſpectantur & leguntur, in quo prior numerus notis
numeralibus aſcriptus Paguam, alter literis Romanis
numeralibus annotatus Nummum indicat.

INDEX MAGISTRATVVM, TRIVMPHORVM,

PROPRIORVM NOMINVM, TAM PERSONARVM, QVAM GEN-
tium, & locorum, aliarumque rerum memorabilium,
quæ in tabellis Faſtorum leguntur.

ΣΣ iij · · · · · L. Man.

INDEX IN TABELLAS FASTORVM.

i

f f ij

li iiii   L. Ver-

ERRATA SIC CORRIGITO.

A.3. facie, 1. versu. 31. lege Hoc quanam ratione auctor confecit.
Pag. 65. colum. secunda, versu. 10. lege Poculum.
Pag. 140. col. 1. versu. 31. lege Messallinus.
Pag. 163. col. 1. versu. 16. lege Tertullus.
Pag. 269. versu. 14. lege Ex Schiua

Pag. 183. versu. 8. lege Quod ad ibid. versu. 14. lege absque
Pag. 184. versu. 54. lege ab anno
Pag. 187. versu. 6. lege Spartianus
ibid. versu. 13. lege tabella quinque
ibid. versu. 15. lege statuæ

EXEMPLA PRIVILEGIORVM,

Pontificis Maximi, Imperatoris Cæsaris, Catholici Regis Hispaniæ, & Christianiss. Gallorum Regis.

PIVS .IIII. PONT. MAX.

MOTV proprio, &c. Cum, sicut accepimus, dilectus filius noster Huberto Goltzius Herbipolensis numismata antiqua quæ in variis Principum & antiquitatis studiosorum museis reperiuntur, tanta diligentia, arte, & industria suis unde ad unum, parte præcipua expresserit, eaque statuis repræsentaverit, ut numisma ista sua oculis posita voluantur, eaque in ordine suis quasi loco reddita, & in plurctilibus difficultas, ut ea referre & vindicare cuperit, & eadem additio in pro cuiusq; varietate historiarum argumentis, explicationibusq; ad publicam utilitatem edendi facere, ac in lucem edere intendat, & iam primum librum sub titulo: Historiæ Imperatorum Cæsarum, Romanorum ex antiqua numismatis, restituere: additis illorum numismatum & verissimis exactissimis, dedicationib; edere, ac insuper alios de ordine Imperatorum, cum vitas Consulariam, ac Græcorum numismatum libros edere præparat, Nos ut ipse post immensos huiusmodi labores atq; expensas, libri ipsi postquam editi fuerint, ad alios excipiantur, ac etiam in reliquis ornantur, ipsiq; proinde telegraphi fructu, in magnam sui cassionem priventur, eius indemnitati consulere volentes, motu simili, & ex certa scientia idem Huberto cauendum, quod intra decennium post singulorum eorundem librorum impressionem & editionem, nullus nisi dicto Huberto in toto vel in parte, vboque per unius suam Italiam imprimere, aut aliqui imprimi, venum exponere, habere, vel vendere, vel inmentare, seu minuere possit. Districtius inhibentes universis impressoribus, Bibliopolis, ac quibuscunque aliis, quorumque privilegio suffulti, tam in alma urbe, ac aliis citramontan., terræ, & provinciis, dictam Sanctæ Romanæ Ecclesiæ mediatæ, vel immediatæ subiectis, quam quacunque alia parte totius Italiæ, sub Excommunicationis maioris latæ sententiæ, aliisq; sententiis, censuris. &c. Et ulterius quod eos qui nobis mediate vel immediate subiecti sunt in temporalibus, ut præsertur, iam compulsum si deusdem sub pœna quinquaginta ducatorum auro de Camera, pro una Camera Apostolicæ, & aliis mediætatib. ipsi Huberto, vel ab eo causam habentibus applicandis, ac districtionis & perditionis omnium librorum, totiens quoties contravenerint fuerit, alisq; aliis declarationis incurrenda, ne per decem annos præfatos, ex re tempora quo singuli libri ipsi imprimentur & edentur, dictos libros aut quæcunque huiuscemodi opera partem, etiam sub nomine præfati Huberto imprimere, excudere, vel imitari seu imprimi aut imitari procurare, vel ibi aut alibi impressos & excusos transferre vel adiuhere, seu promissa aut quauis alia inscriptione, additione, transformatione, mutatione, vel alio excogitata via edere, habere, vel producere audeant quomodocunque seu præsentem, ac mandamus universis venerabilib, fratrib, nostris Archiepiscopis & Episcopis, necnon, venerum in Spiritualibus generalibus, pro in statu temporalis S. Ro. Ecclesiæ etiam Legatos & Vicelegatos sedis Apostolicæ, ac ipsius status gubernatoribus, quatenus ipsi quoties pro ipsius Huberto parte fuerint requisiti, Eidem Huberto, & pro iis agentib. efficacis defensionis præsidio assistentes, ad Executionem præmissorum etiam manu regia procedant, inobedientes & rebelles per prædictas aliasq; censuras & pœnas, litteras latis & facti remedia quæcunque appellatione remota compescendo, eisq; sæpius aggravando, innotari, &c. securari. Non obstantib præmissis ac constitutionib. & ordinationibus Apostolicis, mentis similibus vel dissimilibus, ac quibuscunq; aliis specialibus vel generalib in privilegiis & indulsis quibuslibet in contrarium quomodcunque concessis & concedendis, ceterisq; contrariis quibuscunque. Et quia difficile esset præsentes ad quasluet loca quibus opus erit deferri, volumus, & Apostolica authoritate decernimus, quod earum transsumptis vel Exemplæ etiam in ipsis operibus impressis, plena & eadem prorsus sidet, eaq; tam in iudicio quam extra adhibeatur, quæ præsentibus adhiberetur, si forent ibidem vel ostensæ: ac etiam volumus, quod præsentæ nostræ cedulæ manu propria, etiam alicuius illius registratum, solo signatum sufficiat, & absque solita solita, in iudicio & extra illud, ubique in contrarium edita non obstante. Datum Romæ nunc a nativitate Domini M. D. LXII. Indictione quinta, die vero XII. mensis Maij, Pontificatus nostri anno tertio.

MAXIMILIANVS *secundum diuina fauente clementia electus Romanorū Imperator, semper Augustus, ac Germaniæ, Hungariæ, Bohemiæ, Dalmatiæ, Croatiæ, & Sclauoniæ. &c. Rex, Archidux Austriæ, Dux Burgundiæ, & Silesiæ. &c. Marchio Morauiæ ac Lusatiæ. &c. Comes Tirolis, &c. Notū facimus tenore præsentium vniuersis, Ingenuas hominis ad Rempub. maxime literariam, iuuandam animos applicantium conatus & labores beneuolentia & patrocinio nostro premdebt, fouere, atq; adeo ardentius excitari inter eximia munera, Cæsarei nostri iustitia non postremam esse semper duximus. L'um igitur nostra & sacri Imperij fidelis dilectus Hubertus Goltzius Herbipolensis, antiquarius & incola ciuitatis Brugensis sub Comitatu Flandriæ, nobis humiliter exponat sese summa diligentia, industria & incomparabili semper nuper ad publicam vtilitatem compeluisse & conscripsisse, atque typis cudenda suscepisse opera aliquot ad historicam antiquitatem & rerum cipriani vtilitas quarum titulus est. Primus quidem, Fasti magistratuum & triumphorum Romanorum, ex antiquis tam marmorum, quam numismatum monumentis restituti. Cæsar Augustus siue Historiæ Impp. Cæsarumque Rom. ex antiquis numismatibus restituta liber secundus. Tiberius Cæsar, siue Historiæ Impp. Cæsarumque Rom. ex antiquis numismatibus restituta liber tertius. &c. cum totum Græcorum numismatum libros. Verus autem, ut laboris sui immensi in his conscribendis poste, & sumptus grauissimi in conquirendæ vtriusque eiusmodi numismatibus, risibusque sculpturæ & impressioni adspiciendo, ac in æreis figuris & formis exprimendis, fruitus, & laudem sperautem & desiderium aliud fore semper ane impresser init. fines Sacri Imperij primo editionem huiusmodi librorum, eosdem formis, & typis suis imitando, excipiendo, excudendo, denuo diuulgando & diuendendo sibi præreptos, præter summam expensam rationem, in summum rerum ipsius dispendium: Oret itaq; suppliez, ve eiusmodi incommodo, quod indigni in ipsum redundare posse, Cæsarea nostra authoritate occursum, Rescriptio siue Priuilegio impressum, quo quidquemque typographus vel sculptorisue per Sacrum Romanum Imperium tam commemoratos libros totos certum à prima aueho cia editione tempor, excudere, aut imprimere & distrahere vohibretur, indo immissi sine clementer consultatione: Nos sane precibus illius benigna annuentes fouere & animo bene deliberato, ex Cæsarea nostra authoritate expressa indulcemus omnibus ijs, qui quidem in Sacro Romano Imperio & hæreditarijs nostris Prouinciæ, suspendi, imprimendi artem prouentura siue alia quacunque ratione literariam mercenurum exerceant, ne ipsi aut aliquos eorum conuentibus vel denuo eis prænditum vel eundem ipsius Huberti Goltzij suorum hæredum, siue mandatum seu actionem ab aliarumis habentium sub eius nomine, aut siue ipsius consensu siue eiusdem mandatorium, indeser præfatos Fastos, Imperatorum Rom. atque Græcorum numismatum libros per ipsum Goltzium edendos Excipere, sculpere, imprimere, edere, producere, æmulari vel imitari præsumant, aut eosdem libros & opera alibi extra fines Sacri Imperij forsan, præterquam ab ipso Auctore Goltzio edita, sculpta, impressa, aut imitata, intra fines eiusdem Imperij venum exponere, habere, vel transmittere seu permutare palam, occulte, directe vel indirecte, aut aux ani sub prætextu, vsque ad terminum decem annorum, qui ab editione cuiusque libri seu operis proxime numerabuntur, sub pœna confiscationis omnium eiusmodi librorum contra Mandatum seu Rescriptum hoc nostrum Decuforum, & decem insuper marcarum auri in singula opere Dulaxendarum, media quidem Fisco nostro Cæsareo, alterius vero parte ipsi Huberto, eiusue hæredi huiusue vel mandatarijs. Mandamus igitur vniuersis & singulis nostri & Sacri Romani Imperij subditis ac fidelibus dilectis, tam Ecclesiasticæ quam Laicæ, cuiusiuncq; gradus, statuæ, & conditionis existant, in magistratu præsertim constitutio, vel eum superiarū suorum nomine gerentibus, ut Rescriptum & Priuilegium hoc nostrum à quibusuis inuiolatum atque inuemoratum tueantur, & violata præscripta violatores, si qui erunt, & alia quæcunque rationæ euitentem, siquidem indignationem nostram grauissimā, & eandem multam subterfugere voluerunt. Ex re forma nitiqi hæc omnia vos habere omnium velle apertius constat, nostro & sigilla communitas, & manu subscriptas hasce literas extare voluimus. Datæ in Ciuitate nostra Fluena Austriæ. XVII. die mensis Iunij. Anno M.D.L.XV. Regnorum nostrorum Romani tertio, Hungariæ secundo, Bohemiæ XVII. XVII.*

Maximilianus.   ad mandatum sacræ Cæsareæ

I. V. Las.   maiestatis proprium.   Schuanbach.

SVMMA PRIVILEGII HISP. REGIS PHILIPPI

PHILIPPI Hispaniarum Regis Catholici priuato iure sanctum est, ne quis hos Fastos magistratuum, & triumphorum Romanorum, ab vrbe condita ad Augusti obitum, ex antiquis tam numismatum, quàm marmorū monumentis restitutos, ab Huberto Goltzio Herbipolita Venloniano Senatu, Populoq; Romano dedicatos, citra ipsius Huberti Goltzij assensū & typographi consensum, à die impressionis absoluta intra decennium imprimat, aut alibi impressos importet, venales ve habeat. Qui secus faxit, inū̄ ab illis esse confiscationem librorum, & triumphorū̄ omnium auctorum ex singulis libris dimidia parte fisco Regis, alteri eidem Huberto, ab eo ve confisum officientiq; habeant Exsoluendus: prout latius in Regio diplomate expressum est. Datum Brusellæ, XIX. Kalend. Februarij Anno à Christo nato M. D. LXVI.

Signat.   I. DE LA TORR.

CAROLVS IX. FRANC. REX.

CHARLES par la grace de Dieu Roy de France, Au Preuost de Paris, Seneschal de Lyon, & à tous noz autres Bailliz, Seneschaulx, Iuges, & Officiers qu'il appertiendra, & chascun d'eux Salut. Nostre bienaymé Hubert Goltz Allemant nous à fait entendre, que auec grand peine, trauail, fraiz, & despens il a recherché toutes les Medailles des anciens tant Grecs, Consuls, & Empereurs Romains, que autres. Et pour cest effaict s'est transporté par toutes les Allemaignes, Italies, & nostre Royaume, où il a fait grands despens, fraiz, & mises. Et estant de retour à Bruges en Flandres, il les a mesme tailler & grauer en cuyure. Lesquelles Medailles ledit Hubert Goltz desireroit volontiers pour le bien publicq les mettre en lumiere auec la declaration d'icelles, & des histoires anciennes en faisant mention: mais il doubte que les ayant imprimées, plusieurs autres personnes les voulussent semblablement contrefaire & imprimer, qui seroit par ce moyen le frustrer de sesdits peines, labeurs, fraiz, & despens, s'il n'estoit sur ce nez lettres, qu'il nous a fait humblement supplier & requerir luy impartir. Nous à ces causes, ne voulans les labeurs, fraiz, & despens, que ledit Hubert a faiz pour le recouurement desdites Medailles & histoires anciennes, luy estre inutiles, & estre à le releuer de peines & hommages. A icelluy, pour ces causes, & autres, à ce nous mouuant, auons permis & octroyé, & de noz grace speciale, plaine puissance, & authorité Royal, Permettons & octroyons, que pendant & durant le temps & terme de dix ans ensuiuans consecutifz, à commencer du iour & date qu'il aura acheué d'imprimer, il puisse & luy soit loisible faire lesdites Medailles imprimer auec lesdites histoires anciennes, par celles personnes que bon luy semblera, les mettre en vente & distribution prudans & durant lesdits temps. Durant lequel nous auons deffendu & deffendons à toutes personnes de quelque estat, qualité, & condition qu'ilz soyent, d'icelluy ny lesdites histoires & empreintes imprimer, sur peine de confiscation d'iceulx, & d'amende arbitraire. Si voulons, & vous mandons, que de noz presentes grace, permission, & contenu cy dessus, vous faites ledit Hubert Goltz ioyr & vser plainement & paisiblement, cessans & faisans cesser tous troubles & empeschemens au contraire. Car tel est nostre plaisir. Nonobstant quelsconques lettres, restrictions, mandemens, deffences, & lettres à ce contraires. Donné à S. Germain en Laye, le XIII. iour de Feburier, l'an de grace M. D. LXII. & de nostre regne le deuxiesme.

Par le Roy à vostre relation.

Coignet.

LVCAE FRVTERII BRVGENSIS
in Symbolum Huberti Goltzij, siue Aeris.

Hæc Dea quæ pleno diuersa nomismata cornu
Fundit, & antiquæ plurima signa notæ,
Verè HVBERTE tibi est HVBERTAS AVREA SAECLI:
Iure itaque ex auri nomine nomen habes.

AVREA

HVBERTAS

SAECVLI

BRVGIS FLANDRORVM
EXCVDEBAT HVBERTVS GOLTZIVS
ANNO A CHR. NAT. M.D.LXVI.
MENSE MARTIO.

www.ingramcontent.com/pod-product-compliance
Lightning Source LLC
Chambersburg PA
CBHW021109270326
41929CB00009B/800